Αιρετικός
Επενδυτής

Αιρετικός Επενδυτής

Ένας έξυπνος και εύκολος τρόπος για κέρδη στα Χρηματιστήρια!

Παναγιώτης Β. Σοφιανόπουλος

Η ελληνική έκδοση είναι συμπληρωμένη και εμπλουτισμένη σε σχέση με την αρχική, στην αγγλική γλώσσα.

Στη Δημιουργική Περιέργεια!

Σημαντική Σημείωση: Πολλές από τις πληροφορίες και αναλύσεις που περιέχονται σε αυτή την έκδοση, έχουν συγκεντρωθεί από ένα πλήθος πηγών που προέκυψαν μετά από έρευνα στο internet. Θεωρούμε ότι οι πηγές αυτές είναι αξιόπιστες αλλά ο Συγγραφέας και ο Εκδότης δεν λαμβάνουν θέση όσον αφορά την σωστή τους παρουσίαση, την ακρίβειά τους και την πληρότητά τους και δεν δέχονται καμία υποχρέωση που μπορεί να προκύψει από τα ανωτέρω. Επίσης, οποιαδήποτε πληροφορία περιλαμβάνεται στο παρόν βιβλίο δεν πρέπει να την λαμβάνετε ως συμβουλή ή πρόταση για αγορά ή / και πώληση μετοχών και άλλων προϊόντων των χρηματιστηριακών αγορών.

Οι επενδύσεις στα χρηματιστήρια είναι απρόβλεπτες και μπορεί να οδηγήσουν σε κεφαλαιακές ζημιές. Οι αναγνώστες αυτού του βιβλίου, εάν αγοράσουν ή πουλήσουν μετοχές ή και άλλα χρηματιστηριακά προϊόντα, θα πρέπει να το κάνουν με δική τους ευθύνη.

Αντί Προλόγου

Λίγα λόγια για τον Συγγραφέα και το βιβλίο:

Ο Παναγιώτης Σοφιανόπουλος, πρώτα απ' όλα, είναι παθιασμένος με το χρηματιστήριο. Σε ηλικία 18 χρονών εισήλθε στον μαγικό κόσμο των χρηματιστηριακών επενδύσεων. Μαγικός και γοητευτικός διότι μπορεί να πλουτίσεις αλλά μπορεί και να καταστραφείς οικονομικά. Σπούδασε οικονομικά και εννοείται ότι αργότερα, εργάστηκε και στον χρηματιστηριακό τομέα, ως αναλυτής για πολλά χρόνια, επικεφαλής τμημάτων αναλύσεως και σε σχετικές εργασίες με τον χρηματοοικονομικό τομέα.

Τώρα, έχει συμπληρώσει άνω των 25 ετών εμπειρίας στον τομέα των επενδύσεων στα χρηματιστήρια.

Έγραψε το βιβλίο HERETIC INVESTOR, A work smart, not hard, way to profit on Wall Street, όταν περίπου το 2015, ολοκλήρωσε στο μυαλό του το παζλ των χρηματιστηριακών επενδύσεων. Το παζλ που παιδεύει τους ενασχολούμενους με τις χρηματιστηριακές αγορές (διεθνώς) εδώ και δύο περίπου αιώνες. Του πως λειτουργούν οι χρηματιστηριακές αγορές και ποιος, ο πλέον ενδεδειγμένος τρόπος διαχείρισης αυτών, προκειμένου κάποιος να κερδίσει με ασφάλεια. Και ο τρόπος αυτός να είναι εύκολος και προσιτός στον καθένα, ακόμα και εάν δεν έχει ένα υπόβαθρο γνώσεων στα οικονομικά / χρηματιστηριακά.

Το HERETIC INVESTOR, A work smart, not hard, way to profit on Wall Street, είναι ίσως το πρώτο διεθνώς, **ολοκληρωμένο** βιβλίο στον τομέα των χρηματιστηριακών επενδύσεων. Διαβάζοντάς το και εφαρμόζοντάς το, θα μπορείτε πλέον **μόνοι σας**, να επενδύετε και να *επιτυγχάνετε αποδόσεις καλύτερες από την μεγάλη πλειοψηφία των επαγγελματιών του χώρου των επενδύσεων* και συν τω χρόνω, να φτάσετε να απολαύσετε, ιδιαιτέρως θετικά αποτελέσματα.

Πίνακας Περιεχομένων

1

Εισαγωγή

Τικ-τακ, τικ-τακ, ο χρόνος περνά
και θα 'ταν καλύτερα να κρατάτε σάκο ευρύ.
Θα είστε ευλογημένος και με κανέναν τρόπο μπερδεμένος,
έχοντας επενδύσει σε μια 'χρυσή φωλιά'.
Εδώ θα βρείτε τον τρόπο για να πετάξετε μακριά,
στων επενδύσεών σας την επιτυχία.
Καθαρά θα σας πω, πως νικητές να είστε
έστω κι αν τώρα, αρχάριοι είστε.

Έκανα αυτή την εισαγωγή ποιητικώ τω τρόπω, για να υποδείξω ότι οι επενδύσεις στις χρηματιστηριακές αγορές είναι περισσότερο τέχνη, παρά επιστήμη. Και αυτό μπορεί να είναι συνάμα καλό και κακό. Καλό διότι ως τέχνη, οι επενδύσεις δεν χρειάζονται πολλά για να ασχοληθείτε μαζί τους και συνεπακόλουθα, ο καθένας μπορεί να εμπλακεί στο εν λόγω πεδίο. Κακό διότι όπως σε κάθε τέχνη, χρειάζεται ταλέντο και επίκτητες ικανότητες. Και το ταλέντο είναι κάτι που είτε το έχετε είτε δεν το έχετε, όμως οι επίκτητες ικανότητες είναι κάτι που μπορείτε να μάθετε. Ακόμα και εάν δεν έχετε ταλέντο, εάν εκπαιδευθείτε και αποκτήσετε τις ικανότητες που απαιτούνται, μπορείτε να γίνετε ένας πετυχημένος επενδυτής.

Γνωρίζετε ότι πρέπει να επενδύετε. Πείτε αυτό και στους φίλους και αγαπημένους σας. Εάν δεν γνωρίζουν να επενδύουν, πρέπει να μάθουν και πρέπει να επενδύουν. Γιατί; Διότι είναι ο ολιγότερο κοπιώδης τρόπος να βγάλεις καλά χρήματα. Διότι είναι βασικός τρόπος για να διατηρήσεις ένα καλό επίπεδο διαβίωσης. Διότι στις χώρες του δυτικού κόσμου, στα χρόνια που έρχονται, εκτιμάται από έγκυρους φορείς ότι η εισοδηματική ανισότητα θα γίνει ακόμα μεγαλύτερη από ό,τι ήδη είναι. Συνεπώς θα καθίσετε και θα γκρινιάζετε ή θα κάνετε κάτι γι'αυτό; Ένας ευφυής άνθρωπος, βλέποντας την εισοδηματική ανισότητα να αυξάνεται, θα δράσει με τρόπο που να ενισχύσει το εισόδημά του. Και οι επενδύσεις στις χρηματιστηριακές αγορές, είναι εκ των καλύτερων τρόπων για να αναπτύξετε το εισόδημά σας. Έχετε το ακόλουθο στο μυαλό σας: Μια έρευνα που έγινε από το αμερικάνικο πανεπιστήμιο Northeastern University, βρήκε ότι τα επιχειρηματικά κέρδη καρπώθηκαν το 88 τοις εκατό της ανάπτυξης του πραγματικού Εθνικού Εισοδήματος των ΗΠΑ, κατά την ανάκαμψη μετά την ύφεση του 2008, ενώ συνολικά οι μισθοί και αμοιβές των εργαζομένων καρπώθηκαν μόλις λίγο παραπάνω από το 1 τοις εκατό της ανάπτυξης μετά την ύφεση. Αυτό ήταν κάτι το πρωτόγνωρο για τους αμερικανούς εργαζόμενους, να λάβουν δηλαδή ένα τόσο μικρό ποσοστό της ανάπτυξης του Εθνικού Εισοδήματος κατά την διάρκεια μιας ανάκαμψης - ανάπτυξης, καθώς το μερίδιο της ανάπτυξης του Εθνικού Εισοδήματος που πήγαινε στις αμοιβές των εργαζομένων, ήταν σημαντικά μεγαλύτερο κατά τις τέσσερις ανακάμψεις που είχαν συμβεί μετά από υφέσεις κατά τις προηγούμενες τρεις δεκαετίες. Τώρα, πιστεύω ότι κατανοείτε γιατί είναι ουσιώδες να επενδύετε: τα κέρδη πηγαίνουν στις επιχειρήσεις και όχι στους εργαζόμενους· ο μόνος 'εύκολος' τρόπος να διατηρήσεις το εισόδημά σου και να το αυξήσεις, είναι να συμμετάσχετε στο μηχανισμό του καπιταλιστικού συστήματος, που ο μηχανισμός αυτός συγκεντρώνει τον πλούτο μέσω των μετοχών και των χρηματιστηρίων.

Πρέπει βέβαια να μάθετε ορισμένα βασικά – άλλωστε οι επενδύσεις δεν είναι επιστήμη. Γι'αυτό και οι καλύτεροι επενδυτές δεν είναι οι καλύτεροι επιστήμονες: Φαντάζομαι ότι θα έχετε προσέξει ότι επιφανείς οικονομολόγοι όπως κάτοχοι βραβείων Νόμπελ κ.λπ., δεν συμπεριλαμβάνονται μεταξύ των κορυφαίων επενδυτών. Σε αυτό μάλιστα το σημείο είναι απαραίτητο να υπενθυμίσω για όσους γνωρίζουν ή να θέσω για όσους δεν γνωρίζουν, την υπόθεση του επενδυτικού κεφαλαίου Long Term Capital Management (LTCM): επρόκειτο για ένα hedge fund, στο οποίο οι επικεφαλής που το 'έτρεχαν', ήταν βασικά δύο κάτοχοι Νόμπελ (στα Οικονομικά και μάλιστα για μελέτη τους, πάνω στα Παράγωγα). Οι δύο αυτοί λοιπόν, επικεφαλής του LTCM, είχαν την απόλυτη επιστημονική γνώση που μπορεί κάποιος να έχει. Αρχικά, κατά τα πρώτα τρία χρόνια, τα πήγαν αρκετά καλά καθώς το LTCM υπεραπόδωσε σε σχέση με την αγορά αλλά στα χρόνια που ακολούθησαν, έχασε πολύ περισσότερα από τα κέρδη που είχε αποκομίσει πριν, με αποτέλεσμα την αποτυχία του Fund το 1998 και την ρευστοποίησή του και διάλυσή του στη συνέχεια.

Με την παραπάνω αναφορά, νομίζω ότι είναι ξεκάθαρο ότι σας αποθαρρύνω εντόνως, από το να ασχοληθείτε με την Αγορά των Παραγώγων (Derivatives market), καθώς αυτή η Αγορά είναι από την φύση της βραχυπρόθεσμη και πολύ επικίνδυνη. Σε αυτό το βιβλίο, όταν αναφέρομαι σε *επενδύσεις* ή όταν αναφέρω *χρηματιστηριακές αγορές* ή σκέτα, *αγορές*, εννοώ τις παραδοσιακές επενδύσεις και τις παραδοσιακές χρηματιστηριακές αγορές και όχι την σχετικά σύγχρονη αγορά των παραγώγων (Derivatives). Ο νομπελίστας οικονομολόγος Paul Samuelson, το έθεσε ωραία, λέγοντας "Η επένδυση πρέπει να είναι περισσότερο όπως το να βλέπετε την μπογιά να στεγνώνει ή να παρακολουθείτε το γρασίδι να αναπτύσσεται. Εάν θέλετε κάτι που να σας ενθουσιάζει, πάρτε $800 και πηγαίνετε στο Λας Βέγκας ".

Επιπλέον, με τα προηγούμενα που ανέφερα, δεν εννοώ ότι δεν χρειάζεται να έχετε οικονομικές γνώσεις για να εμπλακείτε στο παιγνίδι των χρηματιστηριακών αγορών. Φυσικά και χρειάζεται να έχετε οικονομικές γνώσεις αλλά τις βασικές. Άλλα πράγματα είναι πιο σημαντικά για να πετύχετε στο πεδίο των επενδύσεων – η γνώση ενός φοιτητή οικονομικών είναι αρκετή. Άλλα πράγματα είναι σπουδαιότερα, όπως το να έχει κανείς ένα κοφτερό μυαλό, ένα καθαρό μυαλό και να διαθέτει αυτό-πειθαρχεία.

Μην φοβάστε όμως με τον όρο 'κοφτερό μυαλό', καθώς δεν εννοώ ότι θα πρέπει να είστε κάτι σαν τον Άϊνστάιν· εννοώ ότι θα πρέπει να είστε λογικοί, να έχετε την ικανότητα να αναλύσετε, να φιλτράρετε και να αξιολογήσετε την σημαντική ποσότητα πληροφοριών που λαμβάνουμε στην εποχή μας και να είστε ικανοί, να φτάσετε σε κάποιες χρήσιμες διαπιστώσεις. Για να σας εφησυχάσω πάνω σε αυτό, σας λέω ότι πολλοί απόφοιτοι γνωστών πανεπιστημίων, δεν διαθέτουν αυτές τις ικανότητες ενώ άλλοι που δεν έχουν πάει σε πανεπιστήμια και έχουν μόνο την βασική μόρφωση Λυκείου, διαθέτουν αυτό το κοφτερό μυαλό. Ένα απλό τεστ για να ελέγξει κανείς εάν έχει ή όχι, αυτό που αναφέρω ως κοφτερό μυαλό, είναι το ακόλουθο: μερικά μηνύματα εμφανίζονται περιοδικά στο γνωστό μας Facebook, που τα μηνύματα αυτά καλούν τους χρήστες να αντιγράψουν στους Τοίχους τους κάποιο κείμενο, προκειμένου να σώσουν το προφίλ τους, αλλιώς (εάν δεν το αντιγράψουν) ο Λογαριασμός τους θα μπλοκαριστεί, θα διαγραφεί ή και θα χρεωθεί με κάποιο χρηματικό ποσό – υποτίθεται ότι αυτά κυκλοφορούν από το ίδιο το Facebook. Αυτοί λοιπόν που αντιγράφουν αυτά τα μηνύματα, πιθανότατα – αλλά όχι σίγουρα – να μην έχουν αυτό το κοφτερό μυαλό που απαιτείται για να επενδύσει κανείς επιτυχώς σε έναν μακροπρόθεσμο ορίζοντα.

Πολλοί άνθρωποι νομίζουν ότι οι επενδύσεις είναι κάτι δύσκολο· σας λέω ειλικρινώς ότι δεν είναι. Τότε γιατί τόσοι πολλοί αποτυγχάνουν; Ο βασικός λόγος σε αυτούς που αποτυγχάνουν, είναι ότι δεν έχουν τον έλεγχο των εαυτών των, δεν είναι συστηματικοί στις δράσεις τους και δεν είναι πειθαρχημένοι σε κάποια μέθοδο· με άλλα λόγια, αυτοί αποτελούν ένα κομμάτι του όχλου. Και ακόμα και τα πιο έξυπνα άτομα, εάν χάσουν τον έλεγχο του εαυτού τους και γίνουν μέρος του όχλου, καθίστανται από επενδυτικής απόψεως, ανόητοι. Σας αναφέρω σχετικά, τον Ισαάκ Νεύτωνα, πιθανότατα έναν από τους πιο ευφυείς ανθρώπους κατά τους τελευταίους αιώνες. Πίσω στον δέκατο όγδοο αιώνα, ο Νεύτωνας επηρεασμένος από το πλήθος που είχε κυριευθεί από απληστία, αποφάσισε να τοποθετήσει και αυτός, μεγάλο μέρος από τα χρήματά του στην χρηματιστηριακή αγορά που είχε εξελιχθεί σε φούσκα, προκειμένου να βγάλει "εύκολο χρήμα"· μετά από λίγο, καθώς η φούσκα έσκασε, ο Νεύτωνας έχασε πολλά χρήματα και λίγο έλειψε να χρεοκοπήσει. Λέγεται από την παράδοση ότι τότε ο Νεύτωνας δήλωσε "Μπορώ να υπολογίζω την κίνηση των αστέρων, αλλά όχι την τρέλα των ανθρώπων". Αναμφίβολα ο Νεύτωνας θεωρείται και είναι εκ των πλέον λαμπρών μυαλών της ανθρωπότητας αλλά σε αυτή την συγκεκριμένη περίπτωση των επενδύσεων, έδρασε ανόητα. Γιατί; Διότι δεν έλεγξε τον εαυτό του και όταν εισήλθε στην χρηματιστηριακή αγορά, δεν εισήλθε ως το άτομο με τον ισχυρότατο νου που διέθετε αλλά απερίσκεπτα, όπως όλη η «μαρίδα» (η στην ελληνική επονομαζόμενη, ήτοι το απερίσκεπτο και απείθαρχο πλήθος, ο όχλος, που εντέλει συμπεριφέρεται ιδιαιτέρως ανόητα). Ο Νεύτωνας δεν ανέλυσε εάν οι μετοχές που αγόρασε ήταν ορθώς αποτιμημένες ή εάν ήταν ακριβές ή εάν οι προοπτικές ήταν στιβαρές και ισχυρές ή αν ήταν αδύναμες και περιέχοντες υπερβολή. Για να μην αναφέρω ότι δεν είχε ένα σύστημα ή μία στρατηγική, που περιέχει και στρατηγική εξόδου - και αυτό φάνηκε εκ του αποτελέσματος. Αυτό το λαμπρό μυαλό, διέπραξε μοιραία επενδυτικά λάθη, που φαντάζομαι ότι και πολλοί από εσάς που ήδη ασχολείστε με τα χρηματιστήρια, θα έχετε διαπράξει κατά το παρελθόν.

Αλλά εάν οι επενδύσεις στις αγορές είναι περισσότερο τέχνη παρά επιστήμη, αυτό δεν σημαίνει ότι μονάχα αυτοί που διαθέτουν από την φύση τους ταλέντο, μπορούν να κερδίσουν; Όχι. Όπως στις περισσότερες των τεχνών, το ταλέντο είναι ένα σημαντικό συν, ωστόσο πολλοί μπορεί ξεχωρίσουν θετικά, εάν αποκτήσουν τις αναγκαίες ικανότητες.

Οι επενδύσεις είναι δύσκολες εάν αναλογιστείτε ότι εδώ και περίπου δύο αιώνες, πλήθος ανθρώπων προσπάθησαν να κατανοήσουν πως λειτουργούν οι χρηματιστηριακές αγορές. Προκειμένου να πετύχουν σε αυτό, αναδύθηκαν σταδιακά και αναπτύχθηκαν δύο βασικές μορφές ανάλυσης: η Θεμελιώδης και η Τεχνική Ανάλυση.

Μπορούμε να πούμε ότι αυτές οι δύο, αποτελούν την 'Επενδυτική Παλαιά Διαθήκη' – είναι ένα χρήσιμο υπόβαθρο αλλά οι ίδιες και από μόνες τους, είναι μάλλον 'πρωτόγονες', εννοώντας με αυτό, ότι δεν μας οδηγούν στην επενδυτική επιτυχία και γι'αυτό οι Επενδύσεις φαίνονται τόσο δύσκολες έως και σήμερα. Αυτές οι δύο μορφές ανάλυσης, είναι οι σημαντικότερες επενδυτικές προσεγγίσεις έως τις μέρες μας. Ακόμα, καμία τους δεν είναι επαρκώς επιτυχημένη. Είναι προφανές ότι κάτι λείπει από το οπλοστάσιο των επενδυτών, προκειμένου να κερδίσουν τις αγορές.

Επιπλέον, στο κυνήγι τους να πετύχουν στις επενδύσεις, οι άνθρωποι τείνουν να σκέφτονται με έναν υπερβολικά πολύπλοκο τρόπο. Καθώς η επενδυτική επιτυχία είναι στην πράξη δύσκολη, οι άνθρωποι νομίζουν ότι το ζήτημα είναι δύσκολο και έως τέτοιο, πρέπει να έχει και μια δύσκολη και πολύπλοκη λύση. Όπως θα αποδείξω εντός του βιβλίου, αυτή η νοοτροπία σε σχέση με τις επενδύσεις, είναι λανθασμένη.

Το βιβλίο αυτό θα σας μιλήσει απλά αλλά αποτελεσματικά. Εδώ, θα προσπαθήσω να δημιουργήσω μια ενοποιημένη επενδυτική προσέγγιση που συνδυάζει Θεμελιώδη ανάλυση, Τεχνική ανάλυση, όπως και Ψυχολογία. Η Ψυχολογία είναι σημαντικότατος παράγοντας διότι αυτή είναι που εντέλει, κινεί τις αγορές. Ο παραπάνω συνδυασμός, μια επενδυτική 'Αγία Τριάδα' μας οδηγεί στην βαθειά κατανόηση του πως λειτουργούν οι αγορές και των μηχανισμών που κάνουν τις αγορές να αντιδρούν, και έτσι, μπορούμε να γίνουμε κύριοι μιας πανίσχυρης προσέγγισης που θα μας οδηγήσει στο κέρδος. Πρόκειται για μια ιδιαιτέρως εξαιρετική επενδυτική προσέγγιση για απλούς, συνηθισμένους ανθρώπους. Επιπλέον, είναι σημαντικό αυτή η ενοποιημένη μέθοδος να είναι εύκολη και κατανοητή από τον καθένα, όχι μόνο για τους μύστες των αγορών. Αυτή η μέθοδος θα σας δείξει έναν τρόπο *έξυπνο, και όχι δύσκολο*, για να κερδίζετε στην Wall Street και τα πανταχόθεν χρηματιστήρια.

10

Σας μιλάω για μια ευφυή επενδυτική μέθοδο διότι τι άλλο μπορεί να θεωρηθεί ευφυές εάν όχι η απλοποίηση θεμάτων μέρα με την μέρα, κάνοντας ένα βήμα μπροστά σε όρους ανάπτυξης, αλλά και σε όρους αποτελεσματικότητας και επιτυχίας;

Επιπρόσθετα, η επίδειξη ενός τρόπου που οδηγεί εύκολα σε κέρδη, δεν θα είναι ευχάριστος για τους επαγγελματίες (professionals) που πουλάνε επενδυτικές υπηρεσίες και διαχείριση στον κόσμο. Διαβάζοντας αυτό το βιβλίο, οι άνθρωποι θα κατανοήσουν ότι δεν έχουν την ανάγκη επαγγελματιών (Pros) και μπορούν να επενδύσουν ως P.R.O. (= Passive, Random, Optimist ή στα ελληνικά, Παθητικά, Τυχαία, Αισιόδοξα) από μόνοι τους… και γλυτώνοντας τις πολλές προμήθειες που πληρώνουν τους επαγγελματίες και να είναι εντέλει Κύριοι των χαρτοφυλακίων τους. – έκανα και ένα λογοπαίγνιο που βέβαια φαίνεται καλύτερα στα αγγλικά με τους επαγγελματίες Pros και την μέθοδο P.R.O. …

Ακούγεται προκλητικό; Είναι! Γι'αυτό κρατάτε στα χέρια σας ένα βιβλίο με τον τίτλο "Αιρετικός Επενδυτής". Το βιβλίο αυτό θα προκαλέσει τις σκληρές επιστημονικές προσεγγίσεις στις επενδύσεις και πατώντας σε απλά θεμελιώδη και τεχνικά υπόβαθρα, θα κινηθεί παραπέρα. Σημειώνω ότι στο παρόν βιβλίο δεν θα αναλύσω τα βασικά της θεμελιώδους ανάλυσης, ούτε και της Τεχνικής. Θεωρώ ότι κάποιος πρέπει να γνωρίζει ήδη αυτά. Εάν όχι, υπάρχει πλήθος βιβλίων και διαδικτυακών πηγών (π.χ. investopedia) για να τα μελετήσουν και να τα μάθουν. Ο σκοπός αυτού του βιβλίου δεν είναι να επαναλάβει τα γνωστά και χιλιοειπωμένα· είναι να κινηθεί παραπέρα.

Μεγάλες και σημαντικές ανακαλύψεις σε όλα τα πεδία, κρύβονται συχνά κάτω από την μύτη μας. Είναι 'πολύ μακριά' από το να τις ανακαλύψουμε, μόνο και μόνο επειδή είναι πολύ κοντά μας. Όπως προανέφερα οι άνθρωποι θεωρούν σχεδόν πάντα, ότι η απάντηση σε ένα φαινομενικά δύσκολο ζήτημα, πρέπει να είναι πολύπλοκη.

Ορισμένες φορές μπορεί να ισχύει αυτό, αλλά άλλες φορές δεν ισχύει. Η απάντηση επίσης, μερικές φορές ανακαλύπτεται από μια 'φώτιση' ή και από ένα λάθος, από κάποιο ατύχημα. Δείτε ξανά και ως παράδειγμα τον Νεύτωνα: όπως λέει η παράδοση, κατανόησε την βαρύτητα και πως συμπεριφέρεται αυτή, όταν ξεκουράζονταν, καθήμενος κάτω από μια μηλιά και είδε ένα μήλο να πέφτει. Και όχι μόνο ο Νεύτωνας: όπως επίσης λέει η παράδοση, ο αρχαίος Έλληνας, Αρχιμήδης, βρήκε από μία 'φώτιση' όπως και από σύμπτωση, την αρχή της άνωσης, όταν εισήλθε στην γεμάτη με νερό μπανιέρα του και πρόσεξε ότι το επίπεδο του νερού ανήλθε· ευθύς αμέσως και ενθουσιασμένος, βγήκε από την μπανιέρα και εκτός της οικίας του, φωνάζοντας " Εύρηκα! Εύρηκα!".

Παρομοίως, είχα την δική μου στιγμή "αποκάλυψης" όταν διάβασα για έναν χαριτωμένο χιμπαντζή που πριν μερικά χρόνια, κέρδισε σε απόδοση τους επαγγελματίες, στο πεδίο των χρηματιστηριακών επενδύσεων.

Οι χρηματιστηριακές αγορές μπορεί να είναι ταυτοχρόνως χαοτικές και προβλέψιμες, και γι'αυτό είναι τόσο ενδιαφέρουσες και κερδοφόρες σε αυτούς που κατανοούν τον τρόπο με τον οποίο λειτουργούν. Οι χρηματιστηριακές αγορές είναι οι μεγάλες μανιοκαταθληπτικές φίλες μας και εάν καταλάβουμε τις περιόδους της μανίας τους και τις περιόδους κατάθλιψής τους και σχετική συμπεριφορά τους, μπορούμε να κερδίσουμε πολλά χρήματα.

Σε αυτό το βιβλίο λοιπόν, θα μιλήσουμε για τα πάντα που ενδιαφέρουν έναν επενδυτή: Πως λειτουργούν οι αγορές, γιατί συμπεριφέρονται με τον τρόπο που συμπεριφέρονται, πότε, πως και τι να αγοράσετε, όπως επίσης πότε και πως πρέπει να πουλήσετε, πως πρέπει να συμπεριφερόμαστε και πολλά άλλα. Και θα εκπλαγείτε από το πόσο εύκολο μπορεί να είναι.

Το βιβλίο αποτελείται από τέσσερα βασικά μέρη. Το Πρώτο Μέρος περιέχει κυρίως περιγραφές του πως συμπεριφέρονται και λειτουργούν οι αγορές. Το Δεύτερο Μέρος περιέχει κυρίως τεχνικές, ελέγχους και πρακτικές όπως επίσης και συμπληρωματικές περιγραφές που προσφέρονται σε αυτά τα σημεία που δίδονται. Το Τρίτο Μέρος περιέχει κυρίως Ψυχολογία και Παρακίνηση. Το Τέταρτο Μέρος κινείται πέρα από την επιστήμη και εξετάζει τις σπάνιες περιπτώσεις των υπερβολικά ισχυρών πτωτικών αγορών (mega bears) και έχει τις διαπιστώσεις και κλείσιμο. Στα διάφορα μέρη, περιλαμβάνονται και σημεία που ενώ βασικά περιγράφονται σε άλλο μέρος, ωστόσο επειδή προσφέρονται για την κατανόηση του θέματος συνολικά, αναφέρονται και σε αυτά τα άλλα σημεία.

Κλείνοντας την Εισαγωγή, θα τολμήσω μια πρόβλεψη που μπορεί να είναι ιδιαιτέρως επωφελής στους νέους σε ηλικία – αλλά όχι μόνο σε αυτούς αποκλειστικά: η πρόβλεψη αφορά στον βασικό χρηματιστηριακό δείκτη στις ΗΠΑ, τον S&P 500, ο οποίος θεωρώ ότι σε 25 χρόνια από σήμερα θα βρίσκεται στις 8.000 μονάδες τουλάχιστον (στο έτος 2041 δηλαδή). Η πρόβλεψη αυτή, είναι αποτέλεσμα μιας πραγματικά συντηρητικής εκτίμησης για την μέση ετήσια απόδοση όπως επίσης και προβολής προς το μέλλον, μιας γραμμής ανοδικής τάσης επί του S&P 500, η οποία είναι έγκυρη για σχεδόν τρία τέταρτα του αιώνος.

Να έχετε μια ευχάριστη ανάγνωση!

Υ/Γ:
(1) Στο πίσω μέρος του βιβλίου, υπάρχουν οι τρόποι του να επικοινωνήσετε μαζί μου. Θα χωρώ για κάποιο feedback, όπως και για ανταλλαγή απόψεων.
(2) Όσοι διαβάσετε το βιβλίο, κάντε ένα review στο Amazon.com.

Το πλήθος διαβάζει με αγωνία
τα νέα του χρηματιστηρίου
(δεκατία του 1920, ΗΠΑ)

Πρώτο Μέρος:
Κυρίως Περιγραφή ...

Οι Χρηματιστηριακές Αγορές είναι Ευμετάβλητες!

Για να ξέρετε που βαδίζετε, θα σας αναφέρω πρώτα τα Άσχημα: Οι χρηματιστηριακές αγορές μπορούν να βυθιστούν και μάλιστα άσχημα.

Στην μακροχρόνια ιστορία της αμερικάνικης χρηματιστηριακής αγοράς, προσέχουμε:

• Τον Πανικό του **1837**, εν μέσω άγριας κερδοσκοπίας στην κρατική γη και στις εισαγωγές εμπορευμάτων. Η Κυβέρνηση ανταποκρίθηκε εκδίδοντας μια ειδική 'Εντολή' για τις συναλλαγές επί της δημοσίας γης, που απαιτούσε πληρωμή μόνο σε χρυσό ή άργυρο, κάτι που οδήγησε σε κατάρρευση των τιμών και σε ένα κύμα αποτυχιών τραπεζών και επιχειρήσεων.

Η χώρα υπέφερε σχεδόν μια επταετή περίοδο έντονης ύφεσης, οι τιμές υποχωρούσαν, χιλιάδες εργαζομένων έχασαν την εργασία τους και η ανεργία εντέλει έφτασε τοπικά έως και το 25 τοις εκατό.

• Το έτος **1873**, άλλη μία άγρια κρίση άρχισε να μορφώνεται, όταν εμφανίστηκε έντονη κερδοσκοπία, αρχικά στην βιομηχανία σιδηροδρόμων, που τότε αποτελούσε τον μεγαλύτερο εργοδότη της χώρας εκτός του αγροτικού τομέα και ήταν η έως τότε έντονα αναπτυσσόμενη δραστηριότητα. Η ανησυχία εξαπλώθηκε στις μετοχές και οδήγησε σε ευρεία αποτυχία επιχειρήσεων.

Το NYSE (New York Stock Exchange, ήτοι το Χρηματιστήριο της Νέας Υόρκης στα ελληνικά), αναγκάστηκε να κλείσει για 10 μέρες αρχής γενομένης από τις 20 Σεπτεμβρίου και από αυτή την ευρεία και σύνθετη κατάσταση, ξεκίνησε μια εξαετής έντονη ύφεση, η οποία εκεί την περίοδο και για αρκετά χρόνια, αποκαλούνταν Great Depression (Μεγάλη Ύφεση) έως που ξεπεράστηκε το 1929, όταν η επόμενη μεγάλη κρίση πήρε αυτή την ονομασία.

• Πανικός εκδηλώθηκε ξανά το **1907**, όταν το Χρηματιστήριο της Νέας Υόρκης έπεσε σχεδόν 50 τοις εκατό από την κορυφή του προηγούμενου έτους. Αποτέλεσε μια περίοδο οικονομικής ύφεσης και εκδηλώθηκαν αρκετά bank runs, ήτοι φαινόμενα που ο κόσμος τρέχει μαζικά στις τράπεζες λόγω έλλειψης εμπιστοσύνης και ζητάει πίσω τα χρήματά του, κάτι που βέβαια οδηγεί τις τράπεζες σε κλείσιμο και χρεοκοπίες. Ο πανικός εντέλει διαδόθηκε σε όλες τις ΗΠΑ, όταν πολλές τράπεζες και επιχειρήσεις χρεοκόπησαν.

Οι βασικές αιτίες των bank runs περιλάμβαναν μια σημαντική μείωση της ρευστότητας από μέρος τραπεζών της Νέας Υόρκης και συνεπώς, η εμπιστοσύνη κλονίστηκε μεταξύ των καταθετών.

• Έπειτα πάμε στο διάσημο έτος **1929** και την Μεγάλη Ύφεση (Great Depression). Στις 29 Οκτωβρίου του αυτού έτους, η μέρα που ονομάστηκε Μαύρη Τρίτη (Black Tuesday), ο βασικός χρηματιστηριακός δείκτης Dow Jones έπεσε 11 τοις εκατό, μόλις σε αυτή την ημέρα. Ακολούθησε περαιτέρω υποχώρηση.

Πλήθος επιχειρήσεων απέτυχαν και οι χρεοκοπίες ήταν εξαιρετικά συχνές. Ο Dow Jones συνέχισε να πέφτει έως τον Ιούλιο του 1932 όταν χτύπησε πυθμένα και άρχισε να ανακάμπτει. Ο Dow Jones είχε χάσει σχεδόν 90 τοις εκατό της αξίας του από την κορυφή του 1929…

• Αργότερα, στον απόηχο όμως ακόμα της Μεγάλης Ύφεσης, το έτος **1937** η αμερικάνικη οικονομία βυθίστηκε ξανά σε ύφεση: Η ανεργία παρέμενε υψηλή, όμως σε επίπεδα αρκετά χαμηλότερα από το 25 τοις εκατό που είχε σημειωθεί το 1933. Η οικονομία βίωσε ένα έντονο βύθισμα στα μέσα του 1937, που διήρκεσε για 13 μήνες και για το μεγαλύτερο μέρος του 1938. Η βιομηχανική παραγωγή υποχώρησε σχεδόν 30 τοις εκατό και η ανεργία άρχισε να αυξάνει ταχέως, από 14,3 τοις εκατό το 1937 σε 19,0 τοις εκατό το 1938.

> Η ανησυχία επεκτάθηκε γρήγορα στην χρηματιστηριακή αγορά, προκαλώντας μια έντονη υποχώρηση από την κορυφή έως τον πυθμένα που διαμορφώθηκε, της τάξης του 45 τοις εκατό, επαναφέροντας τις 'νωπές' – και κακές – μνήμες του 1929 και των ετών που ακολούθησαν.

• Από την αρχή του **1973** και έως τον Σεπτέμβριο του 1974, η χρηματιστηριακή αγορά βίωσε μια δραματική πτώση που έφτασε σχεδόν το 48 τοις εκατό από την κορυφή έως τον πυθμένα. Η εν λόγω κρίση οφείλονταν εν πολλοίς στην αύξηση των τιμών πετρελαίου, που προκάλεσε ανησυχία για τις πιθανές συνέπειες στην οικονομία.

• Στις 19 Οκτωβρίου του έτους **1987**, ο Dow Jones έπεσε 22,6 τοις εκατό σε μια μόλις συνεδρίαση – αυτή αποτελεί την πτώση ρεκόρ ποσοστιαία έως σήμερα σε μια ημέρα, στην ιστορία της Wall Street. Έμεινε στην ιστορία ως το Κραχ (Crash).

> Αμέσως μετά το Κραχ, τον Δεκέμβριο του 1987, μια ομάδα 33 διαπρεπών οικονομολόγων από διάφορες χώρες, συναντήθηκαν στην Ουάσινγκτον και συλλογικώς διαπίστωσαν ότι *τα επόμενα λίγα χρόνια θα μπορούσαν να είναι τα περισσότερο προβληματικά από την Μεγάλη Ύφεση.* Ωστόσο, ο Dow Jones έκλεισε θετικά το έτος 1987. Του πήρε επίσης περί των δύο ετών για να

επανακτήσει την υψηλή τιμή της 25ης Αυγούστου 1987 (των 2.722 μονάδων). Είναι σημαντικό να αναφέρουμε ότι η οικονομία (ΑΕΠ), δεν πέρασε ποτέ σε αρνητική περιοχή (δηλαδή σε ύφεση) στα χρόνια που ακολούθησαν το Κραχ. Στα χρόνια που ακολούθησαν, δεν συνέβη τίποτα το ιδιαίτερο και τίποτα το καταστροφικό, ένα στοιχείο που δείχνει ότι *η οικονομία και η χρηματιστηριακή αγορά είναι ιδιαιτέρως πολύπλοκα και απρόβλεπτα συστήματα.*

• Η κατάρρευση της φούσκας του internet ή dot-com όπως αποκαλείται λόγω της συχνής κατάληξης των web sites, συνέβη κατά την περίοδο του **2000-2002**. Οι τεχνολογικές μετοχές είχαν ανέλθει τα προηγούμενα χρόνια σε αστρονομικά επίπεδα, τροφοδοτούμενες από παράλογες προσδοκίες. Η αγορά έπειτα, κατέρρευσε.

• Ερχόμενοι σε πρόσφατες εποχές, το έτος **2008** βιώσαμε την χρηματοοικονομική κατάρρευση. Οδηγούμενη από υψηλή μόχλευση και την μακροχρόνια ανάπτυξη στις ΗΠΑ της φούσκας στα ακίνητα, η κατάρρευση αυτή ξεκίνησε από τον χρηματοοικονομικό τομέα (τράπεζες κ.λπ.) και λόγω της μεγάλης 'βαρύτητας' και σημασίας των τραπεζών στο οικονομικό μας σύστημα– οι τράπεζες αποτελούν το θεμέλιο του συστήματός μας – σύντομα, εξαπλώθηκε στο σύνολο της οικονομίας.

Το σύνολο του οικονομικού συστήματος κατέρρεε και η Ομοσπονδιακή Κεντρική Τράπεζα των ΗΠΑ (γνωστή ως FED) αναγκάστηκε να παρέμβει και να διασώσει το χρηματοοικονομικό σύστημα – μέσω κρατικής παρέμβασης και δαπάνης πολλών δισεκατομμυρίων δολαρίων σε διασώσεις κρίσιμων εταιριών, επετεύχθη η αντιμετώπιση της κρίσεως και η σταθεροποίηση αυτής της μέχρι τότε φοβερά επικίνδυνης κατάστασης.

Μερικοί αναφέρονται σε αυτή την περίοδο ως Μακρά ύφεση. Καθώς η οικονομία ανέκαμψε αλλά όχι αρκετά δυνατά και υγιώς και τα συμβατικά "πολεμοφόδια" (κυρίως τα επιτόκια) ουσιαστικά εξαντλήθηκαν.

… όμως η Μεγάλη Εικόνα (Big Picture) είναι ως η ακόλουθη: δείτε το επόμενο δισέλιδο, που παρουσιάζει τον δείκτη Dow Jones από το έτος 1897, δηλαδή στην υπερεκατονταετή του πορεία…

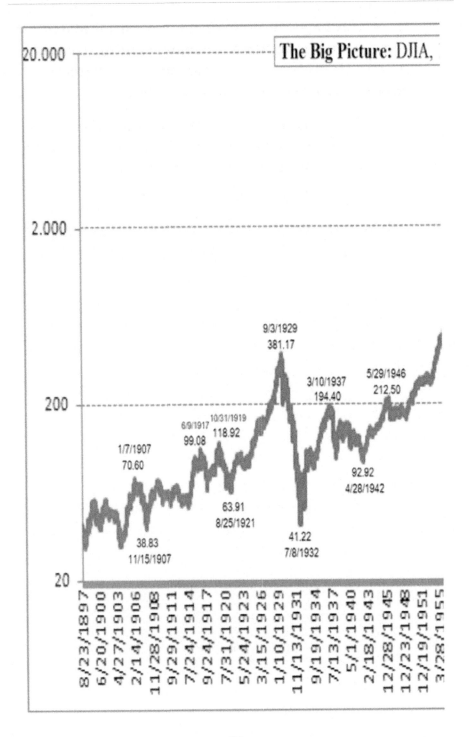

The Big Picture: DJIA,

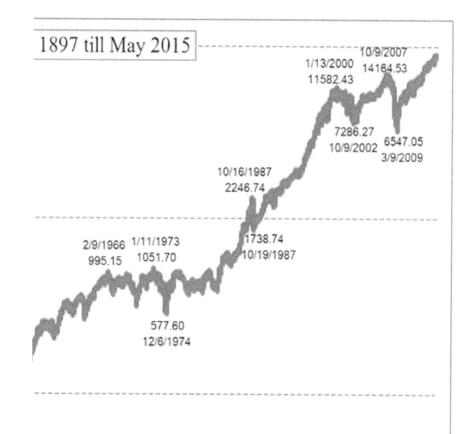

1897 till May 2015

10/9/2007
14164.53

1/13/2000
11582.43

7286.27
10/9/2002

6547.05
3/9/2009

10/16/1987
2246.74

2/9/1966   1/11/1973
995.15   1051.70

1738.74
10/19/1987

577.60
12/6/1974

3/28/1955
7/31/1958
12/6/1961
4/13/1965
9/5/1968
1/27/1972
6/3/1975
10/3/1978
2/3/1982
6/4/1985
10/4/1988
2/4/1992
6/6/1995
10/6/1998
2/14/2002
6/21/2005
10/24/2008
3/12/2012

Στο προηγούμενο γράφημα, είδατε την Μεγάλη Εικόνα: ο Dow Jones (DJIA) από τα τέλη του 19ου αιώνα έως τις ημέρες μας.

Είναι φανερό ότι *η μακροχρόνια πορεία της χρηματιστηριακής αγοράς είναι ανοδική, όπως επίσης είναι φανερό ότι η αγορά είναι ευμετάβλητη,* καθώς συχνά παρουσιάζει αρκετά μεγάλες διακυμάνσεις.

Μετρήστε τις απώλειες από τις μεγαλύτερες υποχωρήσεις της αγοράς:

Στην μεγάλη υποχώρηση που ξεκίνησε το έτος 1907 και τελείωσε μερικούς μήνες αργότερα, εντός του ιδίου έτος, ο DJIA έπεσε 45 τοις εκατό (βλ. κάτωθεν πίνακα).

Στην επόμενη μεγάλη υποχώρηση, ο DJIA υποχώρησε λίγο περισσότερο από 46 τοις εκατό.

DJIA: Worst Historical Plunges

Occurred at year	Peak	Bottom	Decline
1907	70,60	38,83	-45,0%
1919	118,92	63,91	-46,3%
1929	381,17	41,22	-89,2%
1937	194,40	92,92	-52,2%
1973	1051,70	577,60	-45,1%
1987	2246,74	1738,74	-22,6%
2000	11582,43	7286,27	-37,1%
2007	14164,53	6547,05	-53,8%
Average			**-48,9%**

Μπορείτε να δείτε τα επίπεδα και την ένταση των μεγάλων πτώσεων της αμερικάνικης χρηματιστηριακής αγοράς στην υπερεκατονταετή ιστορία της, στον πλαϊνό Πίνακα.

Υπάρχουν δύο αξιοσημείωτα πράγματα με αυτές τις μεγαλύτερες ιστορικά πτώσεις:

1. Αυτή του 1929 είναι η μεγαλύτερη ιστορικά. Ο DJIA σχεδόν εξανεμίστηκε, χάνοντας 90 τοις εκατό από την προηγούμενη βασική κορυφή έως τον πυθμένα.

2. Αυτή του 1987, είναι η μεγαλύτερη ημερήσια ποσοστιαία υποχώρηση που έχει σημειωθεί ποτέ.

Οι μέσες ποσοστιαίες απώλειες αυτών των ισχυρότερων πτωτικών αγορών, είναι σχεδόν 49 τοις εκατό. Εάν όμως αποκλείσουμε από την μέτρηση το έτος 1929 ως κάτι υπερβολικά ακραίο, που δεν μπορεί να επαναληφθεί, τότε οι μέσες απώλειες διαμορφώνονται σε 43,1 τοις εκατό. Σε κάθε περίπτωση κατανοούμε ότι σε μια ισχυρή και παρατεταμένη χρονικά πτωτική αγορά, οι απώλειες από την τελευταία βασική κορυφή έως τον πυθμένα, είναι κατά μέσο όρο, λίγο περισσότερο από 40 τοις εκατό. Δεν είναι καθόλου λίγο, ιδίως εάν λάβουμε υπόψη μας ότι είναι 'ευκολότερο' για την αγορά να γκρεμιστεί, από το να κτιστεί. Και με αυτό, εννοώ ότι εάν έχεις αγοράσει μια μετοχή π.χ. στα $100 και αυτή πέσει στα $50, σημειώνεται μια υποχώρηση κατά 50 τοις εκατό, αλλά αυτή η ίδια η μετοχή θα πρέπει να κερδίσει 100 τοις εκατό για να επιστρέψει από τα $50 πίσω στα $100.

Συνεπώς, όποιος σκοπεύει να εμπλακεί με τις χρηματιστηριακές αγορές *πρέπει να κατανοήσει τον κίνδυνο:* εάν είναι άτυχος και αγοράσει σε μια σημαντική κορυφή και έπειτα ακολουθήσει μια ισχυρή και παρατεταμένη χρονικά πτωτική αγορά, μπορεί να χάσει χρήματα, ιδίως εάν πουλήσει κατά την πτωτική τάση. Μπορεί ωστόσο να διασώσει το κεφάλαιό του εάν παραμείνει τοποθετημένος επαρκώς μακροχρόνια. Ας δούμε τον επόμενο Πίνακα, ο οποίος μας δείχνει τις αποδόσεις δέκα χρόνια μετά, σε επενδύσεις που ξεκίνησαν σε άσχημους καιρούς, δηλαδή κοντά σε σημαντικές κορυφές:

Stocks, 10 Year Real Returns in Bad Periods	CAGR 10 years period
Starting 1907	-1,06%
Starting 1929	0,89%
Starting 1937	-0,74%
Starting 1973	-0,20%
Starting 1987	13,01%
Starting 2000	-2,02%
Starting 2008	5,57%
Bad Periods Average	2,21%
Overall 114 years CAGR	6,58%

Στον πλαϊνό Πίνακα, βλέπουμε τον Ανατοκιζόμενο Ετήσιο Ρυθμό Ανάπτυξης (Compound Annual Growth Rate - **CAGR**) της αμερικάνικης χρηματιστηριακής αγοράς και συγκεκριμένα στον βασικό δείκτη S&P. Ο CAGR μας δείχνει την *ετησιοποιημένη πραγματική απόδοση, προσαρμοσμένη ως προς τον πληθωρισμό και περιλαμβάνει τα μερίσματα στις μετοχές που συνθέτουν* τον S&P.

Ο CAGR μας δείχνει την *πραγματική απόδοση, καλύτερα από έναν απλό μέσο όρο ή έναν αριθμητικό μέσο. Αυτό σημαίνει ότι η ετησιοποιημένη απόδοση θα ήταν μικρότερη (= χειρότερη) στον CAGR από έναν απλό μέσο όρο ή έναν αριθμητικό μέσο, αλλά σκοπός της εξέτασης που κάνουμε, δεν είναι να δείξουμε ωραία αποτελέσματα αλλά αληθινά.*

Τι βλέπουμε λοιπόν από τον Πίνακα; Παρατηρούμε ποια θα ήταν η πραγματική ετησιοποιημένη απόδοση σε περίοδο δέκα ετών, ξεκινώντας την επένδυσή μας στον S&P, στο ξεκίνημα ενός προβληματικού έτος (από την αρχή του έτους, ήτοι

28

από τον μήνα Ιανουάριο). Ως προβληματικά χρόνια, εννοούμε τα χρόνια στα οποία κάποια στιγμή κατά την διάρκειά τους, η αγορά σημείωσε μια σημαντική κορυφή και έπειτα ακολούθησε μια ισχυρή και παρατεταμένη χρονικά πτωτική κίνηση.

Φυσικά και για να είμαστε δίκαιοι, για αυτήν μας την εξέταση, δεν λάβαμε υπόψη μας τις κορυφές αλλά την αρχή κάθε 'προβληματικού' έτους και όπως μπορείτε να καταλάβετε, οι μεγάλες αντιστροφές από τις ανοδικές αγορές σε πτωτικές, δεν συμβαίνουν ακριβώς στον Ιανουάριο.

Παρατηρώντας τα δεδομένα του Πίνακα, διαπιστώνουμε ότι ακόμα και εάν κάποιος είναι άτυχος ώστε να αρχίσει να επενδύει κοντά σε μια βασική κορυφή της αγοράς και ύστερα επηρεαστεί από μια έντονη πτωτική αγορά όπως αυτές των ετών 1907, 1929, 1937, 1973, 1987, 2000 and 2008, στην πραγματικότητα, εάν δεν πουλούσε και έμενε εντός της αγοράς για δέκα έτη, θα 'σώζονταν' με σχετικά μικρές απώλειες στις περισσότερες των περιπτώσεων και εν συγκρίσει με τις ουσιαστικές καταστροφές που προκλήθηκαν σε όλες αυτές τις περιπτώσεις, υπολογίζοντας τις απώλειες από την βασική κορυφή έως τον βασικό πυθμένα. Επιπλέον, εάν δείτε τον μέσο CAGR αυτών των άσχημων περιόδων, αυτός είναι θετικός κατά 2,21% - φυσικά αυτό έχει να κάνει με την εντυπωσιακή ανάκαμψη αμέσως μετά το Κραχ του 1987. Το Κραχ του 1987 ήταν η ιστορικά μεγαλύτερη ποσοστιαία ημερήσια πτώση αλλά η αγορά ανέκαμψε τάχιστα και έκλεισε το ίδιο αυτό το έτος του Κραχ, με κέρδη.

Από την εξέταση των δεδομένων του Πίνακα, κατανοούμε ότι ακόμα και εάν είμαστε άτυχοι και επενδύσουμε σε μια άσχημη περίοδο, εάν εντέλει παραμείνουμε μακροχρόνιοι, σε μια περίοδο δέκα ετών (τουλάχιστον), είναι πολύ πιθανό το αποτέλεσμα να είναι θετικό ή ελαφρώς αρνητικό σε ένα πραγματικά άσχημο σενάριο. Ο καθένας που θέλει να εμπλακεί με τις αγορές, πρέπει να έχει στο μυαλό του ότι με την υπερεκατονταετή ιστορία των αμερικάνικων χρηματιστηριακών αγορών, φαίνεται ότι μια σημαντική πτωτική αγορά, σε ένταση και χρονική διάρκεια, σημειώνεται περίπου κάθε 15 χρόνια. Φαίνεται λοιπόν αναπόφευκτο, ότι όλοι μας που ασχολούμαστε μα τις επενδύσεις στην Wall Street, θα έρθουμε αντιμέτωποι με δύο ή τρεις ισχυρές πτωτικές αγορές στην ζωή μας ως επενδυτές. Γι' αυτό είναι καλό να αναγνωρίζει κανείς σύντομα τις ισχυρές πτωτικές αγορές και να εξέρχεται της αγοράς. Αργότερα θα αναπτύξουμε πως γίνεται αυτό.

... αλλά και τα Καλά Νέα ...

Δείξαμε το πώς εμφανίζονται περιοδικά πτωτικές αγορές, την ισχύ αυτών αλλά και την συνεπακόλουθη επικινδυνότητα των χρηματιστηριακών αγορών. Ωστόσο, αυτό που πρέπει να μας ενδιαφέρει για τις χρηματιστηριακές αγορές, ο **κανόνας**, είναι ότι αυτές κινούνται ανοδικά και η **εξαίρεση** είναι ότι κινούνται καθοδικά. Οι χρηματιστηριακές αγορές είναι *ευμετάβλητες* όπως προαναφέραμε αλλά κινούνται πολύ περισσότερα ανοδικά από ό,τι πτωτικά και όταν κινούνται ανοδικά, συχνά το κάνουν με μεγαλύτερη ένταση και διάρκεια από όταν επικρατούν οι πτωτικές τάσεις.

Η παραπάνω διαπίστωση είναι ολοφάνερη από την παρατήρηση του γραφήματος της "Μεγάλης Εικόνας" (σελ. 24-25), όπως επίσης από το συνολικό μέσο CAGR για περίοδο 114 ετών (+6,58% προσαρμοσμένο ως προς τον πληθωρισμό) που παρουσιάστηκε σε προηγούμενο Πίνακα. Τα αποτελέσματα μπορούν να εκληφθούν ως αρκετά ασφαλή δεδομένου ότι αναφέρονται σε μια εξαιρετικά δόκιμη περίοδο, όπως ένα υπερεκτονταετές χρονικό πλαίσιο.

Όταν ο κανόνας είναι ότι οι χρηματιστηριακές αγορές κινούνται πιο συχνά προς τα απάνω εν συγκρίσει με την κίνησή τους προς τα κάτω, αυτό συνεπάγεται ότι *έχουμε τις πιθανότητες υπέρ μας*. Και σε οποιοδήποτε παιγνίδι, έχουμε τις πιθανότητες υπέρ μας, *είναι περισσότερο πιθανό να κερδίσουμε, από το να χάσουμε.* Σκεφτείτε σχετικά ένα καζίνο: σαν επιχείρηση, ένα καζίνο είναι σπουδαία και πολύ επικερδής προς τους ιδιοκτήτες του διότι στα παιγνίδια που προσφέρει στους πελάτες και παίκτες, οι πιθανότητες είναι υπέρ του καζίνο και κατά των παικτών. Οι πελάτες σπανίως κερδίζουν.

Αλλά θα πρέπει να είμαστε προσεκτικοί καθώς ο πανικός είναι ισχυρότερος από την απληστία και ο φόβος είναι ισχυρότερος από την αγοραστική φρενίτιδα. Αυτό σημαίνει ότι όταν οι αγορές είναι ισχυρά πτωτικές, οι μετοχές κινούνται ταχύτερα και περισσότερο επιθετικά (προς τα κάτω), παρά όταν οι αγορές είναι ανοδικές. Μην ξεχνάτε ότι είναι ευκολότερο να γκρεμίσεις κάτι από το να κτίσεις. Για να κτίσεις, πρέπει να έχεις υπομονή και να βρίσκεσαι σε συνεχή εγρήγορση.

Αγελαίες Αγορές

Οι αγορές έχουν άλλο ένα ενδιαφέρον χαρακτηριστικό: κινούνται ως αγέλες. Όταν μια αγορά είναι bull (ανοδική), τότε σχεδόν όλες οι μετοχές καλπάζουν, φυσικά άλλες ταχύτερα και άλλες πιο σιγά – αλλά η μεγάλη πλειοψηφία των μετοχών 'τρέχει', ακόμα και οι μετοχές των κακών εταιριών. Πολύ λίγες μετοχές, σε μια ισχυρά ανοδική αγορά, υποχωρούν.

Το ίδιο παρατηρείται και από την αντίθετη πλευρά, επίσης: όταν μια αγορά είναι bear (καθοδική), τότε σχεδόν όλες οι μετοχές πέφτουν, φυσικά άλλες επιθετικά και άλλες ήπια – αλλά η μεγάλη των πλειοψηφία υποχωρεί σε ολοένα χαμηλότερες τιμές, ακόμα και αυτές οι μετοχές καλών και ισχυρών εταιριών. Πολύ λίγες μετοχές σε μια πτωτική αγορά, κινούνται αντίθετα και ανέρχονται.

Για πλήθος δεδομένων περί αυτής της αγελαίας συμπεριφοράς των αγορών, δείτε το Παράρτημα Α στο τέλος αυτού του βιβλίου.

Γιατί οι αγορές κινούνται χονδρικά ως αγέλες; Διότι οι μετοχές κινούνται – συχνά με υπερβολή – βασιζόμενες στην κερδοσκοπία πάνω στο γενικότερο οικονομικό περιβάλλον και τις εκτιμώμενες προοπτικές των εταιριών και την μελλοντική κερδοφορία αυτών. Οι επιχειρήσεις σε μια καλή οικονομία, μπορούν ευκολότερα να είναι κερδοφόρες – φυσικά άλλες περισσότερο και άλλες λιγότερο, αλλά ακόμα και οι κακές επιχειρήσεις σε μια καλή αγορά, μπορούν να κερδίζουν και μερικές φορές μάλιστα, αρκετά. Μια καλή οικονομία σημαίνει μια οικονομία σε επέκταση – αυτό το είδος της οικονομίας, έχει 'χώρο' σχεδόν για όλους, ακόμα και για τις κακές επιχειρήσεις. Αυτά συμβαίνουν σε μια καλή οικονομία, στην οποία η ανάπτυξη και επέκταση είναι τα δεδομένα και ο κανόνας.

Το αντίθετο συμβαίνει σε μια κακή οικονομία· μια κακή οικονομία είναι αυτή που δεν χαρακτηρίζεται από ανάπτυξη, αλλά από στασιμότητα ή μια οικονομία σε συρρίκνωση – αυτό το είδος της οικονομίας χαρακτηρίζεται περισσότερο ή λιγότερο από την διαδικασία απομόχλευσης. Σε αυτή την κατάσταση, οι αδύναμες εταιρίες δυσλειτουργούν, οι μέσες εταιρίες αντιμετωπίζουν προβλήματα και μείωση κερδών και ακόμα και οι υγιείς και ισχυρές εταιρίες, συρρικνώνονται. Σε αυτό το περιβάλλον, όπως είναι επακόλουθο, οι μετοχές υποχωρούν, προσαρμοζόμενες σε χαμηλότερα επίπεδα, που συνάδουν σε μια οικονομία που περιορίζεται. Επιπλέον η ψυχολογία καθίσταται κακή, μερικές φορές πολύ άσχημη, και ο φόβος ή ακόμα και πανικός, εμφανίζονται και οδηγούν τους επενδυτές σε αρνητικές υπερβολές.

Όμως εάν οι αγορές κινούνται κυρίως προς τα πάνω, πως εξηγείται ότι πολλοί εμπλεκόμενοι στην αγορά (traders, κερδοσκόποι και επενδυτές) χάνουν; Και πράγματι, είναι πολλοί αυτοί που χάνουν στις χρηματιστηριακές αγορές. Είμαι σίγουρος ότι θα έχετε συναντήσει ανθρώπους που έχουν χάσει από την ενασχόλησή τους με τα χρηματιστήρια. Τι πάει λάθος λοιπόν; Ίσως και εσείς οι ίδιοι, να έχετε αποτύχει μέχρι σήμερα στις χρηματιστηριακές σας επενδύσεις και να αισθάνεστε άχρηστοι ή ανόητοι, με το να χάνετε σε μια αγορά που βασικά κινείται ανοδικά (προφανώς δεν αναφέρομαι στην περίπτωση του ελληνικού χρηματιστηρίου, που βρίσκεται σε μακροχρόνια ύφεση). Σας κατανοώ πλήρως, καθώς λίγο – πολύ, όλοι όσοι ασχολούμαστε με τις επενδύσεις τα έχουμε περάσει αυτά, αλλά μην απογοητεύεστε καθώς σε αυτό το βιβλίο, σκοπεύω να σας μεταδώσω όλες τις απαραίτητες ικανότητες που μπορούν να σας κάνουν πετυχημένους.

Οι κύριοι λόγοι που οι άνθρωποι αποτυγχάνουν στην εμπλοκή τους στις αγορές, είναι:

α) Στις τοποθετήσεις τους είναι βραχυπρόθεσμοι – αυτό είναι ίσως το κυριότερο
β) Επιλέγουν λάθος χρόνο να εισέλθουν στην αγορά όπως και να εξέλθουν αυτής (λάθος timing)
γ) Κάνουν λάθος επιλογές σε συγκεκριμένες μετοχές

Τα παραπάνω σημεία οφείλονται στο ότι δρουν απρόσεχτα, απερίσκεπτα, με απληστία και άνευ εμπειρίας. Με την σειρά τους, τα χαρακτηριστικά αυτά σχετίζονται εν πολύ με την αγελαία συμπεριφορά.

Τώρα, ας συζητήσουμε πως θα καταφέρουμε να αντιμετωπίσουμε αυτά τα τρία σημεία που μας οδηγούν σε αποτυχία, όταν εμπλεκόμαστε στην χρηματιστηριακή αγορά.

Βραχυπρόθεσμος = Κακό για τις Επενδύσεις

Γιατί πολλοί από τους ενασχολούμενους με την χρηματιστηριακή αγορά δρουν βραχυπρόθεσμα; Για έναν λόγο: Εξαιτίας της απληστίας. Θέλουν και νομίζουν, ότι θα μεγιστοποιήσουν τα κέρδη τους. Εάν από μια βραχεία αγορά και πώληση, αποκομίσουν ένα κέρδος της τάξεως π.χ. του 8%, τους ωθεί να πιστεύουν ότι μπορούν να επαναλαμβάνουν συχνά, ως κανόνα, τέτοιες βραχυπρόθεσμες συναλλαγές και νομίζουν ότι θα γίνουν εκατομμυριούχοι σε λίγα χρόνια.

Μπορείτε όμως να δείτε οποιονδήποτε trader, ήτοι κάποιον δραστηριοποιούμενο με βραχυχρόνιες κινήσεις στην αγορά, που να βρίσκετε στις Λίστες των πλουσιότερων ανθρώπων; Σίγουρα όχι. Γιατί νομίζετε ότι εσείς θα τα καταφέρετε καλύτερα; Από την άλλη μεριά όμως, ίσως έχετε ακούσει για traders που χρεοκόπησαν από το πάθος τους. Διότι το trading είναι ένα ανόητο πάθος.

Δεν μπορείτε να κερδίσετε την αγορά εάν ενεργείτε βραχυχρόνια. Τελεία και παύλα. Αντιθέτως, εάν το επιχειρείτε συστηματικά, θα αποτελέσει έναν σίγουρο δρόμο προς την καταστροφή (σας). Αλλά γιατί; Είναι σημαντικό να κατανοήσετε το «γιατί».

Διότι οι αγορές βραχυπρόθεσμα δρουν και κινούνται παράλογα και με υπερβολές, συχνά δε, είναι χαοτικές. Και γιατί οι αγορές βραχυπρόθεσμα συμπεριφέρονται παράλογα; (αργότερα, θα συζητήσουμε γιατί οι αγορές κινούνται λογικά, σε μακροχρόνιο ορίζοντα). Διότι πράγματι, πολύ συχνά, οι αγορές συμπεριφέρονται παράλογα βραχυπρόθεσμα. Αυτό συμβαίνει διότι συχνά πυκνά, σε βραχυχρόνιο χρονικό πλαίσιο, δεν υφίσταται κάποια σταθερή – στιβαρή κατάσταση· οι αγορές είναι ευμετάβλητες και παρουσιάζουν έντονη διακυμανσιμότητα, καθώς οι εμπλεκόμενοι με αυτές, *προσπαθούν να προβλέψουν το μέλλον*. Σιγά –σιγά δε, θα αναλύσουμε βαθέως γιατί οι αγορές βραχυπρόθεσμα, κινούνται έτσι συχνά παράλογα, συνεπώς απρόβλεπτα και πολύ επικίνδυνα για όποιον επιχειρεί να 'πιάσει' τις βραχυχρόνιες διακυμάνσεις τους.

Υπάρχει εκεί έξω, μια κοινή πραγματικότητα και αλήθεια;

Εάν υπήρχε μια κοινή και αντικειμενική πραγματικότητα, αυτή θα ήταν καταστροφική για τις χρηματιστηριακές αγορές. Εάν ο καθένας ήταν πεπεισμένος για την δίκαιη αξία και είχε κατανοήσει το ορθό επίπεδο τιμής μιας μετοχής / προϊόντος κ.λπ., τότε σε αυτή την περίπτωση, δεν θα είχαμε συναλλαγές σε επίπεδα τιμών άνω ή κάτω της δίκαιης αξίας, εκτός εάν κάποιος βρίσκονταν π.χ. στην ανάγκη να πουλήσει, γνωρίζοντας ότι πουλάει χαμηλότερα. Αλλά αυτό, οι πωλήσεις ανάγκης θα ήταν μια ισχνή εξαίρεση, Σε αυτή λοιπόν την περίπτωση, που όλοι θα γνώριζαν την δίκαιη τιμή, δεν θα μπορούσαμε να έχουμε χρηματιστηριακές αγορές έτσι όπως τις γνωρίζουμε, καθώς οι αγορές υφίστανται διότι σε κάθε επίπεδο τιμής, υπάρχουν αγοραστές και πωλητές οι οποίοι μεταξύ τους, έχουν ακριβώς αντίθετες θέσεις, αφού ο ένας θέλει να αγοράσει σε ένα επίπεδο, ενώ ο άλλος θέλει να πουλήσει.

Δεν υπάρχει λοιπόν κάτι τέτοιο όπως κοινή και αντικειμενική πραγματικότητα· ο καθένας έχει την δική του υποκειμενική πραγματικότητα που ίσως να ομοιάζει με κάποιου άλλου ή να διαφέρει και ο βαθμός της διαφοροποιήσεως μπορεί να διαφέρει πολύ. Εάν υπάρχει κάτι που να μπορούσαμε να αποκαλέσουμε 'κοινή πραγματικότητα', είναι μονάχα οι κοινές περιοχές των υποκειμενικών πραγματικοτήτων όλων μας.

Η κοινή δική μου και δική σας πραγματικότητα

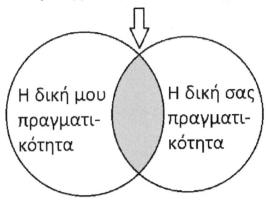

Δείτε το Γράφημα, που απεικονίζει ένα απλούστατο παράδειγμα: η πραγματικότητα ενός, ας πούμε η δική μου, και η πραγματικότητα ενός άλλου, ας πούμε η δική σας, παρουσιάζονται με τους δύο διαφορετικούς κύκλους. Η κοινή πραγματικότητα μεταξύ δύο και μόνο ατόμων, είναι η κοινή των δύο κύκλων περιοχή (σκιασμένη με γκρι). Για μένα, οτιδήποτε είναι εκτός του κύκλου μου, δεν συνιστά πραγματικότητα, αλλά το ίδιο συμβαίνει και με εσάς.

Τώρα, ας δούμε την κοινή πραγματικότητα μεταξύ τεσσάρων ατόμων. Η πραγματικότητα κάθε ατόμου – οι κύκλοι – εξαρτάται από την γνώση που διαθέτει, τις πληροφορίες που έχει, την αντίληψή του και τις πεποιθήσεις του. Γι'αυτό οι άλλοι κύκλοι – πραγματικότητες είναι μικρότεροι ή μεγαλύτεροι διότι ο καθένας, δεν διαθέτει αυτά που διαθέτουν οι άλλοι. Η κοινή περιοχή των πραγματικοτήτων των τεσσάρων ατόμων (τέσσερις κύκλοι), είναι μικρότερη. Συνεπώς η κοινή πραγματικότητα σε έναν κύκλο τεσσάρων μόλις ατόμων, γίνεται ακόμα μικρότερη.

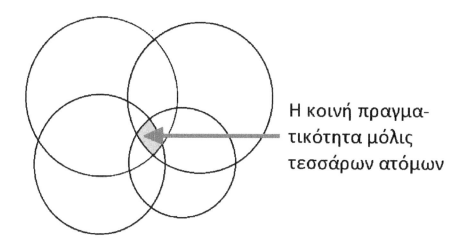

Η κοινή πραγμα-
τικότητα μόλις
τεσσάρων ατόμων

Στο επόμενο γράφημα, βλέπουμε τις κοινές πραγματικότητες περίπου είκοσι ατόμων. Παρατηρήστε ότι μόνο πέντε (κύκλοι) είναι σκιασμένοι ολόκληροι (δεικνύονται με τα βελάκια), με άλλα λόγια μοιράζονται την πραγματικότητά τους με άλλους, αλλά όχι με όλους τους άλλους.

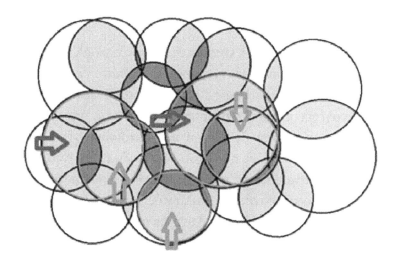

Συνεπώς μια απόλυτη κοινή πραγματικότητα, στην πραγματικότητα δεν υπάρχει! Μόνο υποκειμενική πραγματικότητα υπάρχει που σε μερικές περιστάσεις, είναι πιθανό να μοιράζεται με αρκετούς άλλους αλλά όχι με όλη την κοινότητα. Οι περιοχές που είναι εντονότερα σκιασμένες, μοιράζονται από περισσότερα από δύο άτομα, έτσι ώστε αυτή η 'πραγματικότητα' να θεωρείται κοινή και αληθής από περισσότερους ανθρώπους.

Παρατηρήστε επίσης και κατανοήστε ότι ακόμα και τα άτομα αυτά που οι πραγματικότητές τους βρίσκονται στις γωνίες της εικόνας, που είναι σε μεγάλο τους μέρος με λευκό χρώμα, για αυτούς, αυτή είναι η πραγματικότητα και όχι των άλλων. Εάν προσπαθήσετε να τους πείσετε ότι η άποψή τους δεν είναι αυτό που γενικώς γίνεται αποδεκτό ως κοινή αλήθεια και πραγματικότητα, είναι πιθανό έως και να καταστείτε 'εχθροί' των.

Ωστόσο, εάν είχαμε έναν μηχανισμό για να αναγνωρίζαμε την αντικειμενική πραγματικότητα, ίσως να διαπιστώναμε ότι αυτή δεν είναι η σκιασμένη περιοχή αλλά ίσως, η πραγματικότητα να ήταν κοντινότερη προς αυτήν ατόμου που στο γράφημα, τοποθετείται σε πιο ακραία θέση (έχοντας εν πολλοίς λευκό χρώμα στον κύκλο αντίληψής του).

Ο Friedrich Nietzsche είπε κάποτε ότι *μερικές φορές οι άνθρωποι δεν θέλουν να ακούσουν την αλήθεια διότι δεν θέλουν να καταστραφούν οι ψευδαισθήσεις τους.* Ο γνωστός φιλόσοφος δεν θα μπορούσε να έχει περισσότερο δίκιο. Ο καθένας από τα περίπου εφτά δισεκατομμύρια των ανθρώπων που κατοικούν στη Γη, έχει τις δικές του απόψεις και ιδέες σύμφωνα με την δική του αντίληψη των πραγμάτων, τις πεποιθήσεις του και τα ενδιαφέροντά του. Όλος ο κόσμος υπάρχει και γίνεται αντιληπτός μέσα από το νου του καθενός ξεχωριστού ανθρώπου. Αυτή είναι **Η πραγματικότητα**, η προσωπική άποψη του καθενός είναι σωστή για αυτόν και όχι των άλλων. Ακόμα και για ένα διανοητικά διαταραγμένο άτομο, η δική του άποψη περί του κόσμου και των πραγμάτων είναι η σωστή και μόνο **αυτή** η πραγματικότητα υπάρχει για αυτόν.

Μου έρχεται σχετικά στο μυαλό που κάποτε συμμετείχα σε μια κουβέντα με μερικούς άλλους σχετικά με τον καλούμενο 'ρωμαϊκό' χαιρετισμό που αργότερα κατά τον 20ο αιώνα, τον χρησιμοποίησε και ο Χίτλερ· πίστευαν αυτοί ότι ο 'ρωμαϊκός' χαιρετισμός είναι αρχαιοελληνικός· όταν τους παρουσίασα δεδομένα που έδειχνα ότι αυτού του είδους ο χαιρετισμός δεν είναι αρχαιοελληνικός, ούτε καν ρωμαϊκός, απλά αγνόησαν τα δεδομένα, εμμένοντας ότι είναι αρχαιοελληνικός και χρησιμοποιούσαν παράλογα επιχειρήματα για να υπερασπίσουν τη θέση τους, όπως θεωρίες συνωμοσίας, κατασκευασμένες φωτογραφίες κ.λπ.. Σε αυτή την κουβέντα, με αντιπάθησαν μάλλον αρκετά, μόνο και μόνο επειδή τους έδειχνα την αλήθεια, με δεδομένα. Εάν κάποιος έχει κτίσει μία θέση, μια άποψη, τότε όλες οι απόψεις του είναι αυτές που διαμορφώνουν την προσωπικότητά του και το Εγώ του. Και είναι σίγουρο ότι η αλήθεια και η πραγματικότητα είναι ό,τι δέχεται το Εγώ μας. Και τι δέχεται το Εγώ μας; Γενικά, το Εγώ μας δέχεται ό,τι μας καθιστά χαρούμενους, ό,τι μας κάνει να αισθανόμαστε καλά και ό,τι μας κάνει αποδεκτούς από μια ομάδα / κοινότητα.

Άλλο ένα παράδειγμα το οποίο το διάβασα στο διαδίκτυο, είναι ότι μερικοί άνθρωποι απορρίπτουν ότι η Γη κινείται γύρω από τον Ήλιο και πιστεύουν ότι ο Ήλιος είναι αυτός που κινείται γύρω από τη Γη. Φυσικά ορισμένοι από αυτούς, είναι απλά αμόρφωτοι άνθρωποι που δεν πήγαν ποτέ ούτε στο δημοτικό σχολείο και γι' αυτό έχουν άγνοια και μπορούν να συγχωρεθούν. Αλλά ορισμένοι άλλοι που πιστεύουν ότι ο Ήλιος κινείται γύρωθεν της Γης, έχουν πάει σε σχολεία και είναι ενήμεροι της επιστημονικής γνώσης και ωστόσο την απορρίπτουν για διάφορους λόγους– σχετικά πρόσφατα υπέπεσε στην προσοχή μου πάνω σε αυτό το συγκεκριμένο θέμα, η άποψη ορισμένων σκληροπυρηνικών ισλαμιστών: παρόλο που αυτοί γνωρίζουν αυτό που η επιστήμη έχει αποδείξει, δεν το δέχονται και προφανώς βασιζόμενοι, σε ορισμένα κείμενα της πίστεώς των, επιμένουν ότι η Γη είναι σταθερή και ακίνητη και ότι ο Ήλιος κινείται γύρω από τον πλανήτη μας.

Ακόμα και εάν κάποιος έχει λάθος απόψεις περί των πραγμάτων και του κόσμου, συναναστρέφεται με άλλους που μοιράζονται τις ίδιες (λανθασμένες) απόψεις και συναισθήματα και δημιουργεί μια μικρή ή μεγαλύτερη κοινότητα στην οποία, η λάθος άποψη, δεν είναι λάθος αλλά πραγματικότητα. Δημιουργούν μια κοινότητα που βασίζεται σε ορισμένες λάθος απόψεις και οποιοσδήποτε άλλος, εκτός της συγκεκριμένης κοινότητας, είναι λάθος. Ακόμα και ένας εγκληματίας, θεωρεί ότι ο ίδιος είναι σωστός και δικαιολογεί εαυτόν, λέγοντας και πιστεύοντας ότι η κοινωνία τον έκρινε άδικα · αυτή είναι η αλήθεια για αυτόν.

Δείτε ως ένα παράδειγμα, τις κοινότητες των χριστιανών μορμόνων: δεν αναφέρομαι στο εάν είναι σωστοί ή λάθος, είναι άλλωστε δικαίωμα του καθενός να ζει όπως θέλει εφόσον δεν βλάπτουν άλλους · αυτό που εξετάζω είναι ότι οι μορμόνοι ζουν στις δικές τους κλειστές κοινότητες με τις δικές τους παραδόσεις και ήθη. Για αυτούς, αυτή είναι η αλήθεια και η πραγματικότητα και όχι των άλλων ανθρώπων, των μη μορμόνων που ζουν σε όλο τον άλλο πλανήτη. Και συνήθως, ό,τι αντιλαμβανόμαστε ως διαφορετικό, δεν μας αρέσει. Μας αρέσει το παρόμοιο με εμάς, αυτό με το οποίο είμαστε εξοικειωμένοι και ακριβώς γι'αυτό, συναναστρεφόμαστε με άλλους ανθρώπους που έχουν τις ίδιες απόψεις και ιδέες με εμάς.

Τώρα, ας ρίξουμε μια ματιά πάνω στις απόψεις: Η ακόλουθη εικόνα, μας δείχνει ακριβώς πως οι απόψεις μπορούν ενδεχομένως να είναι και απολύτως λανθασμένες· στο κέντρο περίπου ενός σκοτεινού δωματίου, έχουμε ένα κυλινδρικού σχήματος προβολέα, ο οποίος φωτίζει και προς τις δύο πλευρές των τοίχων του δωματίου. Υπάρχουν επίσης μερικοί άνθρωποι, οι οποίοι κάθονται και παρακολουθούν τους τοίχους. Δεν βλέπουν τον προβολέα ο οποίος βρίσκεται πίσω τους και ούτε και τους επιτρέπεται να γυρίσουν και να κοιτάξουν προς τα πίσω έτσι ώστε να δουν εάν βρίσκεται κάτι · απλά τους επιτρέπεται να κοιτάζουν στον τοίχο τους που βρίσκεται στην δική τους πλευρά – τίποτα άλλο. Το σχήμα στον τοίχο στην αριστερή πλευρά της εικόνας, από τον φωτισμό της κίτρινης καμπυλωτής επιφάνειας του προβολέα, είναι ένας κίτρινος κύκλος με ένα αρκετά σκοτεινότερο κίτρινο τετράγωνο εντός του κύκλου, που αυτό το τετράγωνο είναι η σκιά του φωτός. Στην άλλη πλευρά, το σχήμα στον τοίχο δεξιά στην εικόνα, που προέρχεται από τον φωτισμό της κυκλικής μπλε βάσης του προβολέα, είναι ένας γαλάζιος φωτεινός κύκλος με ένα αρκετά βαθύτερο μπλε κύκλο εντός του, που με την σειρά του, ο μικρότερος βαθύτερος κύκλος, αποτελεί την σκιά του φωτός, από αυτήν την πλευρά βεβαίως.

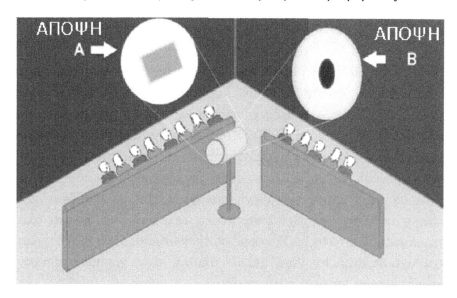

Εάν λοιπόν κάποιος ρωτήσει τους ανθρώπους της αριστερής πλευράς τι βλέπουν, τι νομίζουν ότι υπάρχει στον τοίχο στην πλευρά τους, θα απαντήσουν ότι υπάρχει ένας κίτρινος κύκλος με ένα πιο σκούρο κίτρινο τετράγωνο εντός του.   Αυτή είναι άποψή τους (Άποψη Α). Εάν έπειτα, ρωτήσουν ξανά τους ανθρώπους στην δεξιά πλευρά, τι νομίζουν ότι εμφανίζεται στην δική τους πλευρά του τοίχου, θα απαντήσουν ότι υπάρχει ένας γαλάζιος κύκλος με έναν μπλε κύκλο εντός του και αυτή είναι η άποψή τους (ήτοι Άποψη Β).

Στο παράδειγμά μας, και οι δύο ομάδες ανθρώπων έχουν απόψεις (απόψεις Α και Β), οι οποίες είναι διαφορετικές μεταξύ τους, παρόλο που προέρχονται από την ίδια πηγή που είναι ο προβολέας που βρίσκεται πίσω τους.

Το παράδειγμα αυτό μας δείχνει πως οι απόψεις των ανθρώπων όσον αφορά σε ένα φαινόμενο, μπορεί να είναι υποκειμενικές, εξαρτώμενες από το σημείο από το οποίο παρατηρούν κάτι, ιδίως όταν δεν είναι ενήμεροι της όλης κατάστασης και οπτικής, και εντέλει δεν έχουν την απαιτούμενη γνώση σχετικά με τις αρχές και τους κανόνες που διέπουν το φαινόμενο, το οποίο και προσπαθούν να εξηγήσουν. Αυτή είναι και η διαφορά της γνώμης έναντι της άποψης. Για να έχεις γνώμη, θα πρέπει να διαθέτεις την γνώση του πως λειτουργεί αυτό το οποίο πας να κρίνεις και αξιολογήσεις και γνωρίζοντας πως λειτουργεί και αντιδρά, θα είσαι σε θέση να το αξιολογήσεις καλύτερα. Οι απόψεις, είναι υποκειμενικές εξαρτώμενες από το τι βλέπετε, τις σας αρέσει και συχνά είναι και προσδιορισμένες από πριν, βασιζόμενες στην δική σας οπτική και πεποιθήσεις, ενώ από την άλλη πλευρά, η γνώμη πρέπει να είναι αντικειμενική, δεν πρέπει να είναι εκ των προτέρων προσδιορισμένη διότι θα ήταν προκατειλημμένη και θα πρέπει να βασίζεται στη λογική ανάλυση και έχοντας στο μυαλό, εάν αυτό είναι δυνατό, όλες τις απόψεις και οπτικές. Συνεπώς, πρέπει να μάθετε να έχετε γνώμη και όχι άποψη. Έχοντας απλώς άποψη, στις χρηματιστηριακές αγορές, μπορεί να είναι καταστροφικό.

Επιστρέφοντας στις χρηματιστηριακές αγορές, τι είναι σε αυτές αλήθεια και πραγματικότητα; Εάν βρούμε αυτό, δεν θα μας βοηθήσει να τοποθετήσουμε τους εαυτούς μας καλύτερα στην αγορά, έχοντας έτσι, δυνατότητα για καλύτερα κέρδη; Για την ευκολία μας, θα πρέπει να αποδεχτούμε πως ό,τι πιστεύει η πλειοψηφία είναι 'ορθό'. Παρόλο που η κοινή αντίληψη του πλήθους, για την αλήθεια και πραγματικότητα, μερικές φορές ή μάλλον συχνά, απέχει από την ουσιώδη πραγματικότητα. Ας δώσουμε μερικά παραδείγματα: Σε ολόκληρο τον αρχαίο κόσμο, πίστευαν ότι η δουλεία ήταν κάτι φυσιολογικό – στην σύγχρονη εποχή όμως, θεωρείται σαφώς λάθος. Σχεδόν στο σύνολο του αρχαίου κόσμου, οι γυναίκες δεν είχαν τα ίδια δικαιώματα όπως οι άντρες, σήμερα όμως στις χώρες του δυτικού κόσμου, έχουν. Τα χρόνια 1936 έως 1945, όταν οι Ναζί ήρθαν στην εξουσία στη Γερμανία, αυτό συνέβη διότι ο Χίτλερ έπεισε την πλειοψηφία του γερμανικού λαού για την πολιτική του, περί Αρίας φυλής και ότι έπρεπε να κατακτήσουν την υπόλοιπη Ευρώπη ή και ακόμα περισσότερο, όλο τον κόσμο, προκειμένου να αυξήσουν τον ζωτικό χώρο της Γερμανίας. Εάν στον Β΄ Παγκόσμιο Πόλεμο, είχαν κερδίσει οι Ναζί, όλα τα προαναφερθέντα (ναζιστική ιδεολογία, πολιτική) θα ήταν σήμερα τα δεδομένα σε όλο τον πλανήτη, αλλά έχασαν τον πόλεμο και γι'αυτό δεν είναι.

Συνεπώς, η αλήθεια και η πραγματικότητα είναι υποκειμενικές και διαμορφώνονται σε μια μέρα με τη μέρα, μάχη μεταξύ διαφορετικών απόψεων. Αυτές οι απόψεις δεν είναι πάντα σταθερές· αλλάζουν, αλληλοεπηρεάζονται, είναι συχνά δυναμικές. Η 'σωστή' άποψη είναι εντέλει, η άποψη του νικητή. Όπως ανέφερε ο Brennus στο390 π.Χ. "Ουαί τοις ηττημένοις" (στα λατινικά Vae victis, που σημαίνει *αλίμονο σε αυτούς που έχασαν*).

Τα παραπάνω αντανακλώμενα στα χρηματιστηριακά, συνεπάγονται ότι η σωστή τιμή για μια μετοχή, είναι το αποτέλεσμα της αέναης μάχης των αγοραστών και πωλητών, μέρα με την μέρα, συναλλαγή με συναλλαγή. Συνεπώς κάθε τιμή μπορεί να θεωρηθεί με αυτή τη λογική, 'ορθή', αλλά αυτό δεν αποκλείει τις πιθανότητες για θετικές, είτε και αρνητικές υπερβολές.

Γιατί οι Αγορές είναι λογικές μακροπρόθεσμα;

Μα αν οι αγορές βραχυπρόθεσμα είναι συχνά έως και παράλογες και υπερβολικές, τότε δεν πρέπει να ισχύει το ίδιο και μακροπρόθεσμα; Όχι. Οι αγορές μακροπρόθεσμα, είναι λογικές, άρα και προβλέψιμες. Πως εξηγείται;

Ως εξής: οι χρηματιστηριακές αγορές προσαρμόζονται στα μακρο οικονομικά δεδομένα, στο Ακαθάριστο Εγχώριο Προϊόν (ΑΕΠ) και στον πληθωρισμό. Όσο και αν υπερβάλλουν βραχυπρόθεσμα, λόγω των αισιόδοξων ή απαισιόδοξων προσδοκιών για το μέλλον, στην πορεία έρχονται αντιμέτωπες με ένα δεδομένο που απλά, δεν μπορούν να το αγνοήσουν: την αύξηση του ΑΕΠ.

Αυτό πέραν της θεωρητικής εξήγησης, βασικά υποστηρίζεται και αποτυπώνεται στο γράφημα που ακολουθεί.

Το γράφημα παρουσιάζει τον βασικό χρηματιστηριακό δείκτη S&P, παραλλήλως με το αμερικάνικο ΑΕΠ: και όντως, η πορεία τους είναι παράλληλη.

Σημείωση: ο S&P πριν το 1957, έχει προβληθεί χρονικά πολύ προς τα πίσω, έως το τελευταίο μέρος του 19ου αιώνος, για σκοπούς γενικής μελέτης (αυτό σημαίνει ότι μπορεί να περιέχει μικρές ανακρίβειες, που όμως δεν αλλοιώνουν τα συμπεράσματα).

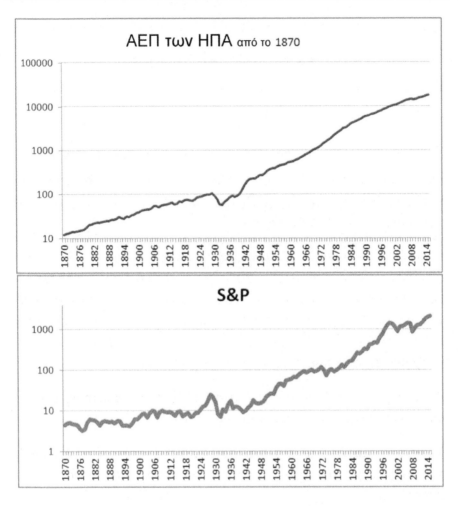

Γιατί οι χρηματιστηριακές αγορές 'ακολουθούν'το ΑΕΠ σε μια μακροχρόνια βάση; Οι άνθρωποι που ασχολούνται με τις αγορές (επενδυτές, traders, κερδοσκόποι), σκοπεύουν να κερδίσουν επιχειρώντας να προεξοφλήσουν τις μελλοντικές εξελίξεις και όταν κάνουν τις τοποθετήσεις τους, τις κάνουν βασιζόμενοι σε εκτιμήσεις για το μέλλον. Οι επιχειρήσεις, στις οποίες επενδύουν όμως, λειτουργούν **εντός** της οικονομίας. Η οικονομία σε μακροπρόθεσμη βάση αναπτύσσεται αναμφίβολα και αυτό φαίνεται από το γράφημα, το οποίο δείχνει το ΑΕΠ από τον19ο αιώνα.

Αλλά εάν εστιάσετε σε πιο βραχυπρόθεσμες περιόδους των 5 έως 15 ετών, θα παρατηρήσετε κύκλους ανάπτυξης και στασιμότητας ή / και ύφεσης. Αυτοί οι κύκλοι οφείλονται στην μόχλευση και απομόχλευση της οικονομίας. Η οικονομία λειτουργεί με μετρητά και πίστωση (δάνεια). Στους καλούς καιρούς της ανάπτυξης, η μόχλευση (πίστωση) αυξάνεται, χρηματοδοτώντας επιχειρήσεις και επενδύσεις και βοηθώντας να παραχθεί μεγαλύτερο παραγωγικό αποτέλεσμα, όπως και να επιτευχθούν μεγαλύτερα κέρδη. Αλλά κάποιες φορές, η μόχλευση αρχίζει και μειώνεται, αναγκάζοντας την οικονομία να σταματήσει να αναπτύσσεται ή και να συρρικνωθεί και έτσι, εισέρχεται σε μια διαδικασία απομόχλευσης. Σε αυτή την περίοδο, η οικονομία περιορίζεται, το παραγωγικό αποτέλεσμα μειώνεται, όπως επίσης και τα κέρδη. Εάν η ύφεση είναι δυνατή και παρατεταμένη χρονικά, μπορεί να αποδομήσει το σύνολο της οικονομίας, φέρνοντας αποτυχίες και ζημιές σε πολλές επιχειρήσεις, αποπληθωρισμό και σημαντικά αυξανόμενη ανεργία. Σημειώνω ότι ο αποπληθωρισμός είναι το αντίθετο φαινόμενο του πληθωρισμού: πληθωρισμός, όταν οι τιμές πληθωρίζονται, ήτοι αυξάνουν και αποπληθωρισμός, όταν οι τιμές αποπληθωρίζονται, ήτοι μειώνονται. Ο πληθωρισμός είναι ο κανόνας, ο αποπληθωρισμός η εξαίρεση. Ο πληθωρισμός δεν ζημιώνει τα χρηματιστήρια · ο αποπληθωρισμός τα ζημιώνει.

Τώρα, ο λόγος που το ΑΕΠ σε μακροπρόθεσμη βάση και ως κανόνα, αναπτύσσεται, έχει να κάνει με την αύξηση της παραγωγικότητας, η οποία οφείλεται κυρίως στην βελτίωση της τεχνολογίας και την εξειδίκευση.

Μπορείτε να δείτε αυτό, στο επόμενο γράφημα, που επίσης μπορείτε να δείτε ότι οι χρηματιστηριακές αγορές παρουσιάζουν έντονες διακυμάνσεις και συχνά, λόγω των προσπαθειών των εμπλεκομένων στην αγορά να προβλέψουν το μέλλον – που κατά βάση δεν είναι δυνατό, οπότε όλοι αυτοί που προσπαθούν να το προβλέψουν, εντέλει απλά … κερδοσκοπούν πάνω σε ορισμένα σενάρια.

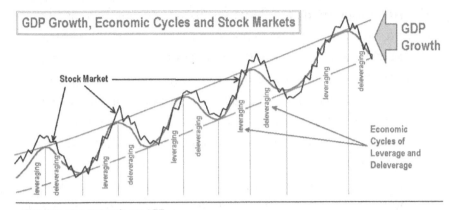

GDP Growth = Ανάπτυξη του ΑΕΠ
leveraging = μόχλευση, **deleveraging** = απομόχλευση
Economic Cycles = οικονομικοί κύκλοι, **Stock Market** = χρηματιστηριακή αγορά

Οι χρηματιστηριακές επενδύσεις είναι ο καλύτερος φύλακας του πλούτου σας έναντι του πληθωρισμού, που ιστορικά εάν το δούμε, είναι ένα φαινόμενο πολύ πιο συχνό από τον αποπληθωρισμό. Ο καθένας αναγνωρίζει ότι με τον χρόνο, οι τιμές για όλα τα αγαθά τείνουν να αυξάνονται. 'Σταθμεύοντας' τα χρήματά σας σε μετοχές, είστε πλέον μερικώς ιδιοκτήτες στον παραγωγικό μηχανισμό τη μεταποίησης, εμπορίου και υπηρεσιών και δεν διαθέτετε απλώς χάρτινο χρήμα. Καθώς ο χρόνος περνάει, οι μετοχές σας και κατ' ουσίαν, η συμμετοχή σας μέσω αυτών, στον παραγωγικό μηχανισμό της οικονομίας, δεν αλλάζει: εξακολουθείτε να έχετε μερίδιο στα παραγόμενα αγαθά και υπηρεσίες που οι τιμές τους πληθωρίζονται, εξακολουθείτε να έχετε μερίδιο στην ολοένα παραγωγικότερη οικονομία, και γι' αυτό συμβαδίζετε με τον πληθωρισμό, βασικά καλύπτοντάς τον και διατηρώντας έτσι, την αξία των χρημάτων σας υψηλά. Διαφορετικά, εάν είχατε κρατήσει τα χρήματά σας σε μετρητά, λαμβάνοντας υπόψη ότι το χάρτινο χρήμα από μόνο του δεν παράγει κάτι, τα χρήματά σας σταδιακά θα έχαναν σε αξία.

Γενικά μιλώντας, οι μετοχές θεωρούνται ένα από τα καλύτερα μέσα για την αντιστάθμιση του πληθωρισμού. Δείτε στο επόμενο γράφημα που΄χει μακροχρόνια στοιχεία (από το 1950), ότι τα μερίσματα (dividends) και μόνο, σχεδόν καλύπτουν τον πληθωρισμό (τα στοιχεία αφορούν στην αγορά των ΗΠΑ), χωρίς να λαμβάνουμε – προφανώς – υπόψη μας, τα κεφαλαιακά κέρδη που προκύπτουν από τις μετοχές.

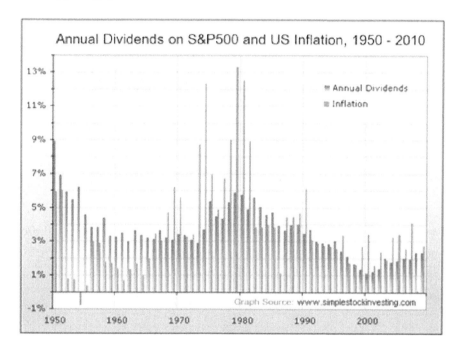

Παρομοίως στο ακόλουθο γράφημα, βλέπουμε πόσο άνετα ο S&P 500 υπερβαίνει τον πληθωρισμό, σε βάθος χρόνου μάλιστα (έχει δεδομένα από το έτος 1955), προστατεύοντας τον πλούτο μας και αυτό είναι ένα γεγονός που δεν μπορούμε και να πρέπει να αγνοήσουμε.

Inflation = πληθωρισμός
S&P Return = απόδοση του S&P (ετησίως)

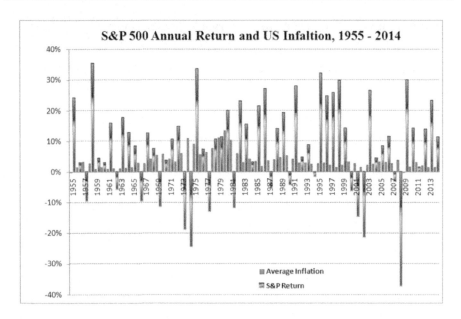

Είναι λοιπόν πολλαπλώς παρατηρημένο και σε μεγάλο βάθος χρόνου ότι οι επενδύσεις σε μετοχές, αποτελούν μια πρώτης τάξεως προστασία και έναντι του πληθωρισμού, ακόμα και σε χώρες με πρόβλημα υψηλού πληθωρισμού.

Ο λάθος τρόπος

Αλλά εάν οι αγορές κινούνται πολύ περισσότερο προς τα πάνω και μάλιστα αρκετά, πως γίνεται και πλήθος ανθρώπων χάνουν από την ενασχόλησή τους με τις αγορές; Διότι αυτό όντως συμβαίνει, είναι γεγονός ότι πολλοί χάνουν, ίσως ήδη να γνωρίζετε πολλούς που έχασαν αρκετά χρήματα στις χρηματιστηριακές αγορές ή ίσως να έχετε χάσει και εσείς.

Αν και το φαινόμενο αυτό, το να χάνει δηλαδή κανείς από τις αγορές που κινούνται αρκετά περισσότερο ανοδικά, φαίνεται δυσνόητο, ωστόσο είναι απλό στην εξήγησή του: είναι το λάθος timing, που με την σειρά του οφείλεται στην επιπολαιότητα των επενδυτών. Ως timing βέβαια, εννοούμε το πότε αποφασίζουν να μπουν και να βγουν από την αγορά. Δείτε το λάθος τρόπο (wrong way) στο timing στο παρακάτω γράφημα:

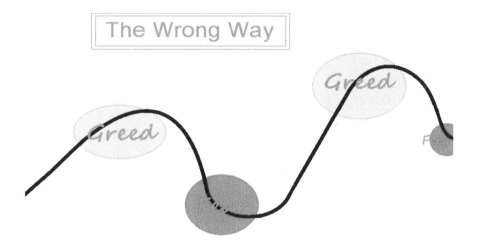

Στην πραγματικότητα τα πράγματα είναι απλά. Οι άνθρωποι αποτυγχάνουν στις χρηματιστηριακές αγορές διότι συμπεριφέρονται ως αγέλη και αντιδρούν απερίσκεπτα. Η πλειοψηφία των ανθρώπων εισέρχεται στην αγορά, όταν αυτή είναι ήδη σημαντικά ανεβασμένη και τα μέσα ενημέρωσης μιλάνε για αυτή την μεγάλη άνοδο και τα κέρδη. Τα μέσα ενημέρωσης και το όλο περιβάλλον, που μιλάνε 'δυνατά' για την μεγάλη άνοδο, μας πείθουν ότι εκεί, υπάρχει 'εύκολο χρήμα' – άλλωστε, φαίνεται ότι όλοι κερδίζουν! Η απληστία εξαπλώνεται παντού και εύκολα. Το πλήθος χωρίς πολύ σκέψη ή χωρίς καθόλου σκέψη, χωρίς σχέδιο, προσελκύεται από αυτό τον μηχανισμό 'εύκολου χρήματος' (την αγορά) και εισέρχεται κοντά στην κορυφή (περιοχή που αναφέρει Απληστία – Greed στο γράφημα). Οι συμμετέχοντες στην αγορά, κάτω από αυτές τις συνθήκες, είναι σαν πρόβατα που οδηγούνται σε σφαγή.

Η αγορά σύντομα γυρνάει προς τα κάτω και κάθε ένας που εισήλθε γύρω από την κορυφή, αρχίζει να αντιμετωπίζει ζημιές, καθώς οι τιμές υποχωρούν χαμηλότερα από τα επίπεδα, στα οποία αγόρασαν. Η αγορά συνεχίζει να κινείται καθοδικά, αλλά ωστόσο όλοι αυτοί που μπήκαν κοντά στην κορυφή ή οι περισσότεροι εξ αυτών, αποφασίζουν να παραμείνουν στην αγορά, θεωρώντας ότι υπάρχει απλώς κάποια διόρθωση. Μένουν λοιπόν εντός και εντέλει, αποφασίζουν να πουλήσουν απογοητευμένοι, κοντά στον πυθμένα, όταν πλέον ο φόβος (fear στο γράφημα) είναι εκτεταμένος μεταξύ των ασχολούμενων με την αγορά.

Δεν βλέπετε λοιπόν τι πάει λάθος; Αγοράζουν στα υψηλά και πουλάνε στα χαμηλά και αυτό συμβαίνει μόνο και μόνο επειδή ενεργούν απερίσκεπτα, επιπόλαια και αγελαία. Φυσικά, εάν συνεχίσουν να ενεργούν με αυτό τον τρόπο, τόσο ανόητα, είναι λογικό επακόλουθο ότι *θα χρεοκοπήσουν*.

Συνεπώς το πρόβλημα συνίσταται ότι οι συμμετέχοντες στην αγορά κάνουν αυτό που θα έπρεπε να κάνουν, αλλά με τον λάθος τρόπο και λάθος timing. Εάν θέλουν να πετυχαίνουν, πρέπει να ενεργούν ακριβώς αντίθετα, όχι συνεχώς αλλά κοντά στις σημαντικές αντιστροφές. Αυτό για να λέμε την αλήθεια, εύκολα λέγεται αλλά δύσκολα γίνεται, εκτός **εάν** κάποιος διαθέτει μέθοδο και πειθαρχία. Εάν – η λέξη κλειδί. Μια μέθοδος βασισμένη στην λογική, μπορεί να είναι το αντίδοτο στο τραγούδι των Σειρήνων που διαφορετικά, καθιστά τους επενδυτές ανίκανους να σκεφτούν λογικά και τους μετατρέπει σε κοπάδια. Και γιατί η πλειοψηφία των συμμετεχόντων στην αγορά, ενεργεί απερίσκεπτα; Έχουμε εισέλθει πλέον στα 'χωράφια' της ψυχολογίας και των ενστίκτων.

Πρόσφατα είδα στο ίντερνετ ένα βίντεο, το οποίο έδειχνε την μεγαλύτερη γέφυρα στον κόσμο με γυάλινο δάπεδο (για πεζούς), η οποία κατασκευάστηκε στην Κίνα και άρχισε να λειτουργεί. Είναι μία γέφυρα με γυάλινο – διάφανο δάπεδο, πάχους μιας ίντσας, που 'κρέμεται' πάνω από ένα βάραθρο 180 μέτρων, μεταξύ δυο γκρεμών. Το μήκος της είναι περίπου 300 μέτρα και είναι η μεγαλύτερου μήκους γέφυρα γυάλινου δαπέδου, σήμερα στον πλανήτη μας. Φυσικά όταν την διασχίζεις, κουνιέται ελαφρώς και μαζί με την γυάλινη επιφάνεια που επιτρέπει να δεις το μεγάλο χάσμα κάτωθεν και το μεγάλο μήκος της, το πέρασμα από αυτήν γίνεται ολίγον τι, μια έως και ιδιαιτέρως τρομακτική εμπειρία. Η ονομασία της γέφυρας, είναι Χαοχάν Κιαο (Haohan Qiao) αλλά αποκαλείται επίσης και "γέφυρα των γενναίων" και ίσως αντιλαμβάνεστε τον λόγο: πολλοί άνθρωποι 'μετά βίας' καταφέρνουν να τη διασχίσουν χωρίς να φρικάρουν. Πολλοί άνθρωποι στην προσπάθειά τους να την διασχίσουν, κάθονται κάτω και σέρνονται, πηγαίνουν κυριολεκτικά στα τέσσερα, χρησιμοποιώντας τα πόδια και χέρια τους για να κινηθούν. Ακόμα και αυτοί που επιχειρούν να τη διασχίσουν όρθιοι, τα πόδια τους κατά κανόνα τρέμουν. Κάποιοι δεν μπορούν να την περάσουν εάν δεν έχουν κλειστά τα μάτια τους σε όλη την διαδρομή. Σε αυτούς που επιχειρούν να τη περάσουν, οι αισθήσεις τους, τους ανησυχούν: η όρασή τους βλέπει ένα μεγάλο χάσμα από κάτω τους, η αίσθηση της ισορροπίας τους, λόγω του συνδυασμού κουνήματος της γέφυρας και του κάτωθεν χάσματος, αποσυντονίζεται.

Γιατί σας το λέω αυτό; Θέλω να σας δείξω ότι οι αισθήσεις ως ενστικτώδεις αντιληπτικές ικανότητες είναι ισχυρότερες από την σκέψη · ο καθένας που επιχειρεί να διασχίσει την εν λόγω γέφυρα, γνωρίζει ότι είναι μια σύγχρονη κατασκευή, σχεδιασμένη να αντέχει το φορτίο της και σίγουρα, είναι ασφαλής. Γνωρίζοντας αυτά, θα έπρεπε να τη διασχίζαμε άνετα και εύκολα, ωστόσο, η πλειοψηφία αυτών που επιχειρούν να τη διασχίσουν, τρέμουν ή σέρνονται στα τέσσερα. Γιατί; Το μυαλό και η σκέψη τους υποδεικνύει ότι είναι ένα ασφαλές πέρασμα αλλά οι αισθήσεις τους λένε το αντίθετο. Από αυτή τη σύγκρουση, κερδίζουν οι αισθήσεις, αποδεικνύοντας ότι είναι πολύ ισχυρότερες από το νου και τη σκέψη, ως ενστικτώδεις.

Φυσικά ο εγκέφαλος είναι αυτός που επεξεργάζεται τα ερεθίσματα των αισθήσεων, όπως επίσης ο ίδιος, ο εγκέφαλος είναι πάλι αυτός, που παράγει σκέψη. Φαίνεται ότι η επεξεργασία των ερεθισμάτων των αισθήσεων από τον εγκέφαλο, είναι αυτόματη και αντανακλαστική διαδικασία, ενώ η σκέψη είναι το αποτέλεσμα συνειδητής προσπάθειας. Και ως αυτόματα και αντανακλαστικά, τα ερεθίσματα των αισθήσεων είναι ενστικτώδη. Πρέπει να καταλάβετε γιατί συμβαίνει αυτό, καθώς είναι χρήσιμο και για τις επενδύσεις: σε μια περίοδο πριν πολλές χιλιάδες χρόνια, όταν οι άνθρωποι ήταν πρωτόγονοι, αντιμετώπιζαν πολλούς κινδύνους που απειλούσαν ακόμα και την ζωή τους. Κινδύνους από άλλα ζώα ή και από άλλους ανθρώπους. Οι αισθήσεις του πρωτόγονου ανθρώπου ήταν έτσι κατασκευασμένες από την φύση, για να τον προειδοποιούν άμεσα για ενδεχόμενους κινδύνους και για να το πράξει αυτό αποτελεσματικά, ο εγκέφαλος έπρεπε να επεξεργαστεί στιγμιαία τα ερεθίσματα που ελάμβανε από τις αισθήσεις. Ένας πρωτόγονος άνθρωπος, όταν έβλεπε μπροστά του ένα άγριο επικίνδυνο ζώο, δεν είχε την άνεση και τον χρόνο να κάτσει και να σκεφτεί· έπρεπε να δράσει αμέσως και να τρέξει μακριά από τον κίνδυνο. Γι'αυτό τα ερεθίσματα των αισθήσεων και η επεξεργασία αυτών από τον εγκέφαλο, έχουν εξελιχθεί έτσι ώστε να είναι αυτόματα και αντανακλαστικά: για την επιβίωσή μας.

Η ίδια λογική και ανάγκη, μας έκανε αγελαία ζώα: με το να μαζευόμαστε σε ομάδες αρκετών ανθρώπων, οι πρωτόγονοι άνθρωποι ένοιωθαν ασφαλείς – και ήταν πράγματι περισσότερο ασφαλείς – από άλλους ανθρώπους που ζούσαν μόνοι τους ή σε πολύ μικρές ομάδες. Και για να βρίσκεσαι εντός μιας ομάδος, έπρεπε να ήσουν αρεστός και για να ήσουν αρεστός, έπρεπε να ενεργείς με τρόπο παρόμοιο με αυτόν της πλειοψηφίας. Τότε μόνον, ένας πρωτόγονος άνθρωπος, γίνονταν αποδεχτός από την ομάδα.

Γι'αυτό μέχρι και σήμερα, μας αρέσουν τα πράγματα που είναι της μόδας, εν ολίγοις αυτά που προτιμούν ήδη και αρκετοί άλλοι - και αυτό εξηγεί εν πολλοίς πως λειτουργεί η ψυχολογία της μάζας.

Πολλά χιλιάδες χρόνια πέρασαν από τότε που οι άνθρωποι ήταν πρωτόγονοι και τώρα, μπορεί να λέμε και να μας αρέσει να σκεφτόμαστε ότι ήμαστε εξαιρετικά ανεπτυγμένοι από πλευράς νόησης και σκέψης αλλά φαίνεται ότι τα ένστικτα και οι αντανακλαστικές και αυτόματες λειτουργίες, είναι βαθιά ριζωμένες στους εγκεφαλούς μας και σε μεγάλο βαθμό καθορίζουν τις συμπεριφορές μας. Είναι φανερό ότι η τεχνολογική μας ανάπτυξη ήταν τόσο έντονη που ο εγκέφαλός δεν είχε τον χρόνο να προσαρμόσει τις αυτόματες και αντανακλαστικές λειτουργίες και ένστικτά μας. Και έως και σήμερα, στον 21ο αιώνα, συχνά δεν ενεργούμε συνειδητά και λογικά αλλά ενστικτωδώς. Γενικά μιλώντας, το να ενεργείς ενστικτωδώς ήταν κάτι καλό όταν ο άνθρωπος ήταν πρωτόγονος αλλά στον σημερινό πολύπλοκο κόσμο, είναι μάλλον μειονέκτημα. Αυτό εξηγεί το γιατί οι άνθρωποι που προσπαθούν να περάσουν την "γέφυρα των γενναίων" τρέμουν ή σέρνονται, παρόλο που γνωρίζουν ότι η γέφυρα είναι ασφαλής.

Με παρόμοιο τρόπο συμβαίνει στις χρηματιστηριακές αγορές: είναι πολύ δύσκολο να διαφοροποιηθεί κανείς από την αγελαία συμπεριφορά, διότι η αγελαία συμπεριφορά δημιουργείται κυρίως μέσα από απλά πρωτόγονα κέντρα επεξεργασίας μέσω των αισθήσεών μας και λοιπά ενστικτώδη κατά βάση χαρακτηριστικά, που όλα αυτά, είναι ισχυρότερα από το συνειδητό νου και σκέψη. Γιατί οι συμμετέχοντες στις αγορές εισέρχονται σε αυτές όταν βρίσκονται στα υψηλά τους; Και γιατί πωλούν όταν η αγορά είναι στα χαμηλά της; Γιατί εκτελούν επανειλημμένως αυτό το λάθος στο timing;

Διότι σε μια δυνατή ανοδική αγορά (bull market), ακούν (αισθητηριακά) από τα μέσα ενημέρωσης ότι η αγορά ανέρχεται και όλοι κερδίζουν, βλέπουν τα ανοδικά γραφήματα (αισθητηριακά) των μετοχών, που φτάνουν σε ολοένα μεγαλύτερα υψηλά, και είναι η ενστικτοειδής ψυχολογία του πλήθους που απαιτεί να συμπεριφερθείς όπως οι υπόλοιποι, για να είσαι "in", trendy, όπως επίσης και για να κερδίσεις. Αυτό είναι το τραγούδι των χρηματιστηριακών Σειρήνων. Αντιθέτως, σε μια ισχυρή καθοδική αγορά (bear market), ακούν (αισθητηριακά) από τα μέσα ενημέρωσης ότι η αγορά κατέρχεται και όλοι χάνουν, ακούν για το πόσο άσχημη είναι η κατάσταση, βλέπουν τα κατερχόμενα γραφήματα (αισθητηριακά πάντα) των μετοχών, που φθάνουν σε ολοένα χαμηλότερα επίπεδα, και είναι η ενστικτοειδής ψυχολογία του πλήθους που απαιτεί να συμπεριφερθείς όπως οι άλλοι και να πουλήσεις, προκειμένου να σώσεις τον εαυτό σου από αυτή την "καταστροφή".

Πως μπορούμε να διαχειριστούμε και αντιμετωπίσουμε το λάθος timing; Το αντίδοτο στο καταστροφικό τραγούδι των Σειρήνων είναι να μην παίζουμε σύμφωνα με τους κανόνες τους. Τι εννοώ; Κάποιος προσελκύεται, κυρίως προς βραχυπρόθεσμες συναλλαγές, και ενεργεί τοιουτοτρόπως διότι θέλει να γίνει πλούσιος, πολύ σύντομα. **Πολύ σύντομα**. Το να εμπλακείτε σε βραχυχρόνιες συναλλαγές, είναι συνταγή για την καταστροφή (σας). Όταν ο χρονικός ορίζοντας είναι βραχυχρόνιος, είστε καταδικασμένοι στο να επηρεάζεστε από τις βραχείες διακυμάνσεις της συχνά παράλογης ψυχολογίας (εξαιρετικά αισιόδοξος ή πολύ απαισιόδοξος). Το αποφεύγετε αυτό εάν παίζετε μακροπρόθεσμα. Αλλάζετε τους κανόνες υπέρ σας.

Θέλετε να κερδίζετε στις χρηματιστηριακές αγορές και να γίνετε πλούσιος; Παίξτε μακροπρόθεσμα. Είναι τόσο εύκολο να το κάνετε. Με το να είστε μακροπρόθεσμος, εξ ορισμού, δεν θα δίδετε ιδιαίτερη προσοχή στις βράχυ έως μεσοπρόθεσμες διακυμάνσεις της αγοράς, που μπορεί να είναι ιδιαιτέρως έντονες και απρόβλεπτες. Παίζοντας μακροπρόθεσμα, σαν ένας άλλος Οδυσσεύς, βάζετε 'κερί' στα αυτιά σας και αποφεύγετε να ακούσετε δυνατά το καταστροφικό τραγούδι των Σειρήνων, αποφεύγετε τις βραχυχρόνιες υπερβολές και ακολουθείτε την αύξηση του ΑΕΠ, που αυτή είναι δεδομένη, όπως προαναφέραμε και δεν μπορεί να αγνοηθεί · κερδίζετε συνεπώς με ασφάλεια, χωρίς άγχος – αλλά πρέπει να είστε υπομονετικοί. Άλλωστε, εάν είστε μακροπρόθεσμοι, θα έχετε στο πλευρό σας ως βοηθό θεό, τον Ανατοκισμό, που βοηθάει και ωφελεί τους επενδυτές, πάρα πολύ.

Ας δούμε τον βοηθό θεό των επενδυτών…

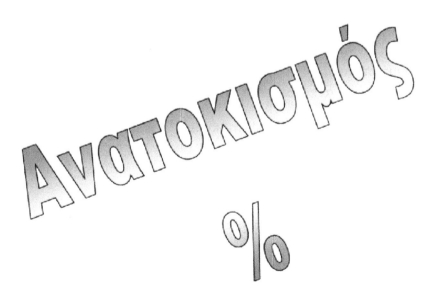

Ο Ανατοκισμός, 'βοηθός θεός' των Επενδυτών

Είπαμε ότι οι χρηματιστηριακές αγορές κινούνται πολύ περισσότερο ανοδικά από ό,τι καθοδικά και αυτός είναι ο κανόνας. Ακριβώς γι'αυτό είναι καλό για έναν επενδυτή να είναι πραγματικά μακροπρόθεσμος.

Σε ένα προηγούμενο Πίνακα που έχει την πραγματικά μακροχρόνια, την πραγματική μεγάλη εικόνα της αμερικάνικης χρηματιστηριακής αγοράς, αποδείχτηκε ότι η μέση απόδοση, προσαρμοσμένη ως προς τον πληθωρισμό, σε ετήσια βάση, είναι 6,58 τοις εκατό. Συνεπώς, εάν αγοράζετε μετοχές και μένετε πραγματικά μακροπρόθεσμα τοποθετημένοι, για τουλάχιστον δέκα χρόνια και σύμφωνα με μια παρόμοια ετήσια απόδοση της τάξεως του 6,50 με 7,50 τοις εκατό, θα είχατε τον 'superman' – Ανατοκισμό, να δουλεύει για εσάς και να σας αποφέρει κέρδη. Δεν χρειάζεται να κάνετε τίποτα από το να περιμένετε και να βλέπετε το κεφάλαιό σας να αυξάνεται! Τίποτα δεν είναι ευκολότερο από αυτό.

Εάν δεν γνωρίζετε τον Ανατοκισμό - 'βοηθό θεό', θα σας τον παρουσιάσω εν συντομία: είναι **Ο** φέρων κέρδη στους επενδυτές. Και ως ένας καλός, βοηθός θεός, όσο πιο πιστός είστε σε αυτόν, τόσο πιο γενναιόδωρος θα είναι αυτός σε εσάς. Να γιατί:

Ο ανατοκισμός είναι ο τόκος που υπολογίζεται στο αρχικό μας κεφάλαιο, όπως επίσης και στους συσσωρευμένους τόκους των περιόδων που έχουν παρέλθει από την αρχή της επένδυσης, που μπορεί επίσης να είναι και μια κατάθεση ή ένα δάνειο. Μπορείτε να σκεφτείτε τον ανατοκισμό ως "τόκο πάνω στον τόκο και στο κεφάλαιο", που θα κάνει την επένδυση, κατάθεση ή / και δάνειο, να αναπτύσσεται με ταχύτερο ρυθμό από ό,τι με έναν απλό τόκο, ο οποίος είναι τόκος που υπολογίζεται μόνο στο κεφάλαιο.

Για παράδειγμα, εάν αρχίσετε με ένα κεφάλαια της τάξης των 100 δολαρίων και κατά την διάρκεια ενός έτους, αποκομίζετε τόκο 5 τοις εκατό, στο τέλος του πρώτου έτους, θα έχετε 105 δολάρια. Εάν αφήσετε τα χρήματά σας και στο επόμενο έτος και κερδίσετε ξανά πάνω σε αυτά, ξανά 5 τοις εκατό, θα φτάσετε στα 110,25 δολάρια στο τέλος του δεύτερου έτους. Ουσιαστικά αυτό το αποτέλεσμα στο δεύτερο έτος, έρχεται από τον τόκο του 5 τοις εκατό πάνω στο αρχικό σας κεφάλαιο των 100 δολαρίων όπως και στα 5 δολάρια που ήταν ο τόκος που κερδήθηκε κατά το πρώτο έτος. Και συνεχίζει να αυξάνεται όσο το αφήνετε – και υπό την προϋπόθεση ότι η απόδοση είναι δεδομένη. Στην διαδικασία του ανατοκισμού, ο χρόνος δουλεύει για εσάς· σας υπηρετεί.

Ο ρυθμός που ο ανατοκισμός αρχίζει και συσσωρεύεται, εξαρτάται από την συχνότητα του ανατοκισμού: όσο μεγαλύτερος είναι ο αριθμός των περιόδων ανατοκισμού, δηλαδή όσο πιο συχνά ανατοκίζονται, τόσο μεγαλύτερος είναι ο ανατοκισμός και τόσο μεγαλύτερο το τελικό αποτέλεσμα. Έτσι, το ποσό των δεδουλευμένων τόκων πάνω σε ένα κεφάλαιο 100 δολαρίων, ανατοκιζόμενο με 10 τοις εκατό ετησίως, θα είναι χαμηλότερο από αυτό ενός κεφαλαίου 100 δολαρίων ανατοκιζόμενο με 5 τοις εκατό ανά εξάμηνο και στο ίδιο χρονικό βάθος. Το αληθινά ενδιαφέρον με τον ανατοκισμό, είναι ότι γίνεται εκθετικός εάν παραμείνει σε αρκετό βάθος χρόνου με δεδομένη την απόδοση.

Δείτε για παράδειγμα το γράφημα που ακολουθεί και παρουσιάζει πως ένα αρχικό κεφάλαιο 10.000 δολαρίων, στο οποίο προστίθεται στην αρχή κάθε έτους ένα επιπλέον ποσό 500 δολαρίων, με μια απόδοση ετησίως μόλις 5 τοις εκατό, πως απογειώνεται ολοένα εντονότερα, όσο περνούν τα χρόνια.

Επεξήγηση γραφήματος:

Compound Interest Super Power = Σούπερ δύναμη του Ανατοκισμού

Στο κάθετο άξονα είναι το ποσό των δολαρίων όπως συσσωρεύεται στον χρόνο και στον οριζόντιο άξονα, ο χρόνος σε έτη.

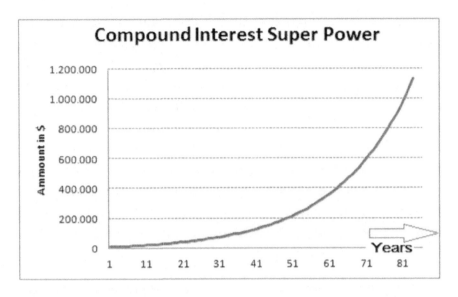

Μετά περίπου σαράντα χρόνια, γίνεται εκθετικός και στο έτος 81ο, περνάει το κομβικό σημείο του ενός εκατομμυρίου δολαρίων. Σε όλη την περίοδο των 83 ετών αυτού του γραφήματος, το κεφάλαιο που επενδύθηκε ήταν το αρχικό των 10.000 δολαρίων συν τις ετήσιες προσθέσεις των 500 δολαρίων στην αρχή κάθε έτους, που μας αθροίζει συνολικά 51.000 δολάρια. Συνεπώς με τοποθετήσεις που ανήλθαν σε 51.000 δολάρια, έφτασε σε ποσό άνω του ενός εκατομμυρίου, χάρη στη δύναμη του ανατοκισμού.

Αυτή η εκθετική αύξηση συμβαίνει καθώς σε ένα δεδομένο χρονικό σημείο, ο συσσωρευμένος τόκος γίνεται αρκετά μεγάλος και εντέλει ξεπερνάει και το κεφάλαιο και όπως είπαμε, στην μέθοδο του ανατοκισμού, ο τόκος υπολογίζεται όχι μόνο πάνω στο κεφάλαιο αλλά και πάνω στους προηγηθέντες τόκους.

Ο ανατοκισμός είναι η μέθοδος των τοκογλύφων – με την διαφορά ότι αυτοί συνήθως ξεκινούν με ένα υψηλό επιτόκιο πάνω στα κεφάλαια που δανείζουν - και μπορεί να δουλέψει για λογαριασμό σας μέσω των επενδύσεων σε μετοχές (και παρόμοια προϊόντα), νόμιμα και όχι παράνομα όπως στην περίπτωση των τοκογλύφων και χωρίς να βλάψετε κανέναν βεβαίως!

Ο ανατοκισμός απαιτεί από εσάς υπομονή, καθώς στην πρώτη περίοδο, τα κέρδη του δεν φαίνονται μεγάλα, αλλά όσο περνάνε τα χρόνια, γίνεται εκθετικότερος και σας επιβραβεύει και με το παραπάνω. Γι'αυτό και είναι σημαντικό να ξεκινήσει κανείς να επενδύει, με σωστό τρόπο, όσο γίνεται νωρίτερα. Γι'αυτό και ενδείκνυται για νέους ανθρώπους ή για νέους γονείς, που θα ξεκινήσουν χρηματιστηριακές επενδύσεις με αφορμή την γέννηση του παιδιού τους και προκειμένου να το ενισχύσουν οικονομικά, όταν αυτό θα ενηλικιωθεί. Γενικότερα, όσο πιο νωρίς ξεκινήσετε να επενδύετε και σε βάθος χρόνου πάντα, τόσο πιο πολύ θα κερδίσετε.

Ας δούμε τώρα, στον ακόλουθο Πίνακα, πως ένα κεφάλαιο 10.000 δολαρίων, αυξάνει σε διάφορα επίπεδα απόδοσης και σε διάφορες χρονικές περιόδους:

Initial capital of $10,000

	Return Rates							
	3%	4%	5%	6%	7%	8%	9%	10%
5 Years	11.592,7	12.166,5	12.762,8	13.382,3	14.025,5	14.693,3	15.386,2	16.105,1
10 Years	13.439,2	14.802,4	16.289,0	17.908,5	19.671,5	21.589,3	23.673,6	25.937,4
15 Years	15.579,7	18.009,4	20.789,3	23.965,6	27.590,3	31.721,7	36.424,8	41.772,5
20 Years	18.061,1	21.911,2	26.533,0	32.071,4	38.696,8	46.609,6	56.044,1	67.275,0
25 Years	20.937,8	26.658,4	33.863,6	42.918,7	54.274,3	68.484,8	86.230,8	108.347,1
30 Years	24.272,6	32.434,0	43.219,4	57.434,9	76.122,6	100.626,6	132.676,8	174.494,0
35 Years	28.138,6	39.460,9	55.160,2	76.860,9	106.765,8	147.853,4	204.139,7	281.024,4
40 Years	32.620,4	48.010,2	70.399,9	102.857,2	149.744,6	217.245,2	314.094,2	452.592,6

Όπως μας δείχνει ο Πίνακας, ένα αρχικό κεφάλαιο 10.000 δολαρίων με μόλις **3 τοις εκατό** τόκο ετησίως, μετά από πέντε χρόνια, θα είχε φτάσει τα 11.593 δολάρια, μετά από 10 χρόνια θα είχε ανέλθει σε 13.439 δολάρια, μετά 15 χρόνια σε 15.580 δολάρια κ.ο.κ., μέχρι που σε 40 χρόνια, το ανατοκιζόμενο κεφάλαιό μας θα είχε ανέλθει σε 32.620 δολάρια.

Παρομοίως, εάν επενδύαμε 10.000 δολάρια με απόδοση όμως **5 τοις εκατό** ετησίως, στο τέλος της πρώτης δεκαετίας, θα είχε αυξηθεί σε 16.289 και θα είχε αυξηθεί περαιτέρω σε 26.533 δολάρια σε 20 χρόνια, σε 43.219 δολάρια σε 30 χρόνια και θα είχε φτάσει τα 70.400 δολάρια μετά 40 έτη.

Προσέξτε τις διαφορές στα αυξανόμενα ποσά σύμφωνα με την επιτοκιακή απόδοση: τα 10.000 δολάριά μας με επιτόκιο 3 τοις εκατό θα είχαν ανέλθει σε 13.439 δολάρια μετά από δέκα χρόνια, εάν το επιτόκιο – απόδοση ήταν όμως 4 τοις εκατό, θα είχαν ανέλθει σε 14.802 δολάρια ή εάν το επιτόκιο – απόδοση ήταν 5 τοις εκατό, το κεφάλαιό μας θα είχε αυξηθεί σε 16.289 δολάρια ή σε 17.909 δολάρια ένα ήταν 6 τοις εκατό κ.ο.κ..

Παρατηρήστε επίσης πως επιβραβεύεται η μακροχρόνια τοποθέτηση, καθώς το αρχικό μας κεφάλαιο των 10.000 δολαρίων σε 40 έτη, γίνεται 32.620 με επιτόκιο – απόδοση 3 τοις εκατό ετησίως ή σε 48.010 δολάρια με απόδοση 4 τοις εκατό ή σε 70.400 με απόδοση 5 τοις εκατό ή 102.857 δολάρια με απόδοση 6 τοις εκατό και εάν είστε τυχερός να πετύχετε μια απόδοση της τάξης του 10 τοις εκατό σε ετήσια πάντα βάση για αυτά τα 40 έτη, το κεφάλαιό σας θα είχε αυξηθεί σε 452.593 δολάρια! Και λάβετε υπόψη σας ότι σε αυτό το παράδειγμα με τον Πίνακα Ανατοκισμών, δεν έχουμε βάλει ετήσιες προσθήκες ορισμένου ποσού · εάν είχαμε κάνει κάτι τέτοιο, δηλαδή να προσθέταμε ένα συγκεκριμένο ποσό κάθε χρόνο ή έστω, ορισμένες φορές – περιοδικά, το ανατοκιζόμενο κεφάλαιό μας θα παρουσίαζε μιαν ακόμα μεγαλύτερη και εντονότερη ανάπτυξη ... και όπως είδαμε πριν, μια πραγματική ετήσια απόδοση, προσαρμοσμένη ως προς τον πληθωρισμό, της τάξεως του 6 με 7 τοις εκατό είναι κάτι *που μπορείτε να πετύχετε* με την μακροχρόνια επένδυση σε μετοχές, τουλάχιστον, σύμφωνα με τα ιστορικά δεδομένα και εφόσον τα υπόλοιπα χρόνια του 21ου αιώνος, δεν συμβεί κάποιος χρηματοοικονομικός Αρμαγεδδών.

Στον ανατοκισμό, κρίσιμοι παράγοντες για την απόδοσή του, είναι τα κεφάλαια που επενδύονται αλλά και ο χρόνος. Σημαντικότερα όμως όλων, ο χρόνος. Για να γίνει κατανοητό, θα σας δώσω ένα παράδειγμα:

Υποθέτουμε ότι είναι δύο δίδυμες αδερφές, η **Μαρία** και η **Βασιλική**. Και οι δύο αδερφές θα επενδύσουν και οι δυο τους, υποθέτουμε δε για χάρη του παραδείγματος, ότι θα βγάζουν ετησίως απόδοση 7% από τις επενδύσεις τους στο χρηματιστήριο. Σκοπός και των δύο, είναι όταν θα βγουν στην σύνταξη, στην ηλικία των 65 ετών, να έχουν ένα γερό 'κομπόδεμα' για να απολαύσουν την ζωή τους.

Εκ των δύο, η Βασιλική ξεκινάει και επενδύει στην ηλικία των **25 ετών**, το ποσό των **$1.000** ετησίως. Μέχρι να φτάσει τα 65, θα έχει επενδύσει συνολικά **$40 χιλιάδες** και σε αυτά τα 40 έτη, η επένδυσή της θα έχει φτάσει σε αξία, με απόδοση 7% ετησίως όπως είπαμε, τα **$214.610**.

Η Μαρία όμως ξεκίνησε να επενδύει όταν ήταν **35 ετών**, δηλαδή δέκα χρόνια μετά από την Βασιλική. Παρόλο που η Μαρία αποταμίευε και επένδυε πολύ περισσότερα σε ετήσια βάση συγκριτικά με την Βασιλική, ποσό **$2.000** κάθε χρόνο, ήτοι το διπλάσιο ετησίως, με την ίδια απόδοση που είχε και η Βασιλική (7%), όταν φτάνει και αυτή 65 ετών, το χαρτοφυλάκιό της αξίζει

$204.146, δηλαδή περίπου $10.500 λιγότερα από την αδερφή της και παρ'όλο που το επενδεδυμένο της κεφάλαιο, είχε ανέλθει συνολικά σε **$60 χιλιάδες** και ήταν κατά 50% μεγαλύτερο της Βασιλικής.

Είναι ένα σημαντικό χάσμα, εις βάρος της Μαρίας, δεν νομίζετε; Ιδίως αναλογιζόμενοι ότι η Μαρία αποταμίευε και επένδυε πολύ περισσότερο ετησίως, εν συγκρίσει με την Βασιλική.

Που οφείλεται αυτή η σημαντική διαφορά;

Είναι ο χρονικός ορίζοντας της επένδυσης: η Βασιλική άρχισε να επενδύει στην ηλικία των 25 ετών και η Μαρία στην ηλικία των 35 ετών. Αυτή η δεκαετία έδωσε ως αποτέλεσμα στην Βασιλική, $10.464 περισσότερα από την Μαρία και ας επένδυε η Βασιλική, τα μισά χρήματα ετησίως.

Συνεπώς, το να επενδύεις δυνατά (μεγάλα ποσά), μπορεί να είναι κάτι καλό, αλλά είναι ακόμα καλύτερο να αρχίσεις να επενδύεις όσο νωρίτερα μπορείς, ακόμα και εάν επενδύεις μικρότερα ποσά ετησίως. Αυτό βέβαια έχει να κάνει με τον ανατοκισμό, που με την επίδραση αυτού, ο χρόνος είναι πραγματικά χρήμα.

* Αρχίστε να επενδύετε, όσο νωρίτερα τόσο το καλύτερο.

• Εάν θέλετε να δείτε την ανατοκιζόμενη απόδοση πάνω σε ένα κεφάλαιο και σε διάφορα χρονικά πλαίσια, μπορείτε να αναζητήσετε διαδικτυακά μέσω Google και θα βρείτε πολλές on-line εφαρμογές υπολογισμού ανατοκισμών (κάνετε αναζήτηση Compound Interest Calculator).

• • Επίσης μπορείτε να υπολογίζετε τον ανατοκισμό χονδρικά και σύντομα, με τον λεγόμενο **κανόνα του 72**. Σύμφωνα με αυτόν λοιπόν, εάν από το νούμερο 72 διαιρέσουμε ένα νούμερο που δείχνει την μέση ετήσια απόδοσή μας, τότε λαμβάνουμε χονδρικά τον αριθμό των περιόδων (ετών) που απαιτούνται για να διπλασιαστεί το κεφάλαιο που επενδύσαμε αρχικά.

Παράδειγμα: εάν έχω μέση ετήσια απόδοση 7%, τότε για να διπλασιαστεί το κεφάλαιό μου, με μέση ετήσια απόδοση 7%, απαιτεί 72 / 7 = 10,3 έτη. Ο κανόνας του 72, παρέχει δε, πολύ καλή προσέγγιση σε σύγκριση με την πραγματική, για επιτόκια έως 10 με 15% · αν είναι μεγαλύτερα, αρχίζει και έχει αποκλίσεις που αυξάνουν.

Επίσης μπορείτε να χρησιμοποιήσετε τον κανόνα του 72 και για να βρείτε με δεδομένη την χρονική διάρκεια της επένδυσης, τι επιτόκιο (μέση ετήσια απόδοση) θα απαιτούνταν, για να διπλασιαστεί το κεφάλαιό σας. Εάν για παράδειγμα, έχετε ένα Χ κεφάλαιο και θέλετε να δείτε χονδρικά, τι μέση ετήσια απόδοση θα απαιτούνταν για να διπλασιαστεί σε περίοδο 10 ετών, τότε θα διαιρούσατε το 72 με το 10 και συνεπώς, θα λαμβάνατε αποτέλεσμα 72 /10 = 7,2. Το αποτέλεσμα αυτό θα σήμαινε ότι το κεφάλαιό σας, σε περίοδο επένδυσης 10 ετών, θα διπλασιάζονταν εάν η ετήσια απόδοση ήταν 7,2%.

Δεν έχετε πειστεί ακόμα για την δύναμη του ανατοκισμού;

Θέλετε περισσότερες αποδείξεις πάνω σε αυτό; Ουδέν πρόβλημα … Ποιοι είναι οι πλουσιότεροι άνθρωποι στον πλανήτη;

Εάν ρίξουμε μια ματιά στην Λίστα του Forbes με τους δισεκατομμυριούχους, ήτοι τους πλουσιότερους ανθρώπους στον κόσμο, βλέπουμε στην Κορυφαία δεκάδα τους ακόλουθους (βλ. ακόλουθο πίνακα):

Forbes: The World's Billionaires

2015 Rank	Name	Net Worth	Age	Source
1	Bill Gates	$79.2 B	59	Microsoft
2	Carlos Slim Helu	$77.1 B	75	telecom
3	Warren Buffett	$72.7 B	84	Berkshire Hathaway
4	Amancio Ortega	$64.5 B	79	Zara
5	Larry Ellison	$54.3 B	70	Oracle
6	Charles Koch	$42.9 B	79	diversified
6	David Koch	$42.9 B	75	diversified
8	Christy Walton	$41.7 B	60	Wal-Mart
9	Jim Walton	$40.6 B	67	Wal-Mart
10	Liliane Bettencourt	$40.1 B	92	L'Oreal

Αυτοί είναι οι πλέον πλούσιοι άνθρωποι στον κόσμο. Ποιο είναι το κοινό τους χαρακτηριστικό; Είναι από διαφορετικές χώρες, είναι και από τα δύο φύλα.

Λοιπόν... το κοινό τους χαρακτηριστικό είναι ότι είναι επιχειρηματίες ή επενδυτές. Και ποιο είναι το *κοινό χαρακτηριστικό* των επιχειρηματιών και των επενδυτών; Και οι δύο αυτές κατηγορίες, *διακρατούν μετοχές μακροπρόθεσμα.*

Και γενικά μιλώντας, όσοι διακρατούν μετοχές μακροπρόθεσμα είναι πλούσιοι. Ένα από τα πλέον γνωστά αποφθέγματα του Warren Buffett, του πιο πετυχημένου επενδυτή διεθνώς, είναι το ακόλουθο: *Η αγαπημένη μας περίοδος διακράτησης μετοχών, είναι για πάντα* (Our favorite holding period is forever). Ανόμοια από άλλους επαγγελματίες επενδυτές, ο Buffett προτιμά να κρατάει τις μετοχές – τοποθετήσεις του *για πάντα,* και φυσικά με αυτό, εννοεί για ένα πολύ μεγάλο χρονικό διάστημα. Βασικά, με αυτό εννοεί ότι κρατάει τις μετοχές – τοποθετήσεις του, σαν να ήταν ο ιδιοκτήτης – επιχειρηματίας αυτών των εταιριών. Και έχει οριοθετήσει το κατ' ελάχιστο μακροχρόνιο χαρακτήρα των επενδύσεών του, *λέγοντας ότι δεν ενδιαφέρεται εάν αύριο τα χρηματιστήρια έκλειναν για δέκα χρόνια.* Και αυτό το μέγεθος, δεν είναι τυχαίο, κάθε άλλο · έχει να κάνει με τον ανατοκισμό, αφού για περίοδο μικρότερη των δέκα ετών, δεν θα έχει προλάβει να αποδώσει ικανοποιητικά. Από τα δέκα έτη όμως και μετά, αρχίζει να δείχνει αποτελέσματα που όσο περνάει ο καιρός, τόσο πιο αισθητά και εντυπωσιακά είναι.

Φαντάζεστε, ο Bill Gates να είχε πουλήσει τις μετοχές του στην Microsoft κατά την δεκαετία του '80 ή ακόμα και στην δεκαετία του '90; Από τις αρχές της δεκαετίας του '70 που επιχειρήσεις όπως η Microsoft ή η Apple εισήλθαν στο χρηματιστήριο, είχαν ήδη πετύχει μεγάλα κέρδη στην δεκαετία του '80 ή στην δεκαετία του '90 αλλά συνέχισαν να δίδουν κέρδη επίσης, στα χρόνια που ακολούθησαν και έως σήμερα. Γνωρίζοντας λοιπόν την ανοδική τους πορεία, κατανοούμε ότι αν ο Bill Gates ή ο Steve Jobs, είχαν πουλήσει τις μετοχές τους στην Microsoft και Apple στην δεκαετία του '80 ή του '90, θα ήταν ξανά πλούσιοι, αλλά αρκετά λιγότερο ως προς την 'εναλλακτική', την οδό που όντως ακολούθησαν εντέλει, κρατώντας τις μετοχές τους – και γι'αυτό κατά τα τελευταία χρόνια, συμπεριλαμβάνονταν μεταξύ των κορυφαίων πλουσίων στον κόσμο (αναφερόμαστε βέβαια πριν πεθάνει ο Steve Jobs).

Βλέπετε στην Κορυφαία 10άδα ή γενικότερα στις ευρύτερα κορυφαίες θέσεις των πλουσιότερων στον πλανήτη, ανθρώπους που αγοράζουν και πουλάνε συχνά μετοχές; Ελέγξτε στο Forbes τις πρώτες δεκάδες και εκατοντάδες, με τους πλουσιότερους ανθρώπους στον κόσμο. Δεν θα βρείτε δισεκατομμυριούχους traders, ούτε καν εκατομμυριούχους – διότι δεν υπάρχουν.

Αντιθέτως το 99% των πλουσιότερων ανθρώπων στον κόσμο, άρα ο σχεδόν απόλυτος κανόνας, είναι ότι αυτοί είναι όσοι κατέχουν μετοχές ως επιχειρηματίες ή επενδυτές και κρατούν αυτές πραγματικά μακροχρόνια. Εάν υπάρχουν πλούσιοι που αγοράζουν και πουλάνε συχνά μετοχές, αυτοί θα είναι πολύ χαμηλότερα στην Λίστα των Πλουσιότερων στον κόσμο.

Ένας μονάχα trader έχει πέσει στην αντίληψή μου, που βρίσκεται μεταξύ των πλουσιότερων στον κόσμο: ο Jim Simons, που έχει περιουσία που ανέρχεται σε λίγα δισεκατομμύρια δολάρια. Όμως ο Simons είναι μαθηματική ιδιοφυία, χρησιμοποιεί ένα σύνθετο μαθηματικό μοντέλο προκειμένου να ανακαλύπτει μικροανωμαλίες στις αγορές, πάνω στις οποίες κάνει βραχυχρόνιες συναλλαγές · εν ολίγοις, ο Simons συνιστά μια ελάχιστη εξαίρεση, και βέβαια ένας μέσος ιδιώτης που ασχολείται με τα χρηματιστήρια, δεν έχει την μαθηματική ευφυία του Simons, δεν έχει το πολύπλοκο και ακριβό σύστημα του Simons και συνεπώς δεν μπορεί να τον μιμηθεί. Μπορεί όμως ο απλός, μέσος ιδιώτης, να μιμηθεί εύκολα την μακροχρόνια κατοχή μετοχών και να μοιάσει στους πολλούς και κατά πολύ πλουσιότερους του Simons.

Συμπέρασμα: Αυτοί που κρατούν μετοχές 'για πάντα' είναι κατά πολύ πλουσιότεροι εν συγκρίσει με αυτούς που αρέσκονται σε συχνές αγοραπωλησίες. Συνεπώς, ένας μακροχρόνιος επενδυτής έχει ένα *πλεονέκτημα* απέναντι σε έναν κερδοσκόπο ή / και έναν βραχυχρόνιο παίκτη (trader). Οι πιθανότητες να πετύχει καλύτερες αποδόσεις μακροχρόνια είναι περισσότερες για τον μακροπρόθεσμο επενδυτή διότι χρησιμοποιεί την δύναμη του ανατοκισμού υπέρ του. Και **μερικοί μακροχρόνιοι επενδυτές μπορεί να γίνουν πολύ πλούσιοι** υπό την συνθήκη ότι θα επενδύουν στο σωστό timing και σε πετυχημένες επιχειρήσεις.

Τώρα, αφότου δείξαμε ότι η μακροχρόνια επένδυση έχει πλεονεκτήματα – και αργότερα, θα σας δείξω πολύ περισσότερα δεδομένα προς το ίδιο συμπέρασμα - μπορεί κάποιος να ρωτήσει εάν είναι σωστό να εμπιστευτεί τα χρήματά του στους επαγγελματίες της χρηματιστηριακής αγοράς βασιζόμενος στην λογική ότι σε όλα τα πεδία, οι επαγγελματίες είναι καλύτεροι από τους μη επαγγελματίες. Είναι πράγματι; Παρόλο που ως κανόνας, αυτό ισχύει στις περισσότερες περιοχές και δραστηριότητες, στην περίπτωση όμως των χρηματιστηριακών αγορών, αυτό δεν αληθεύει. Ας το εξετάσουμε.

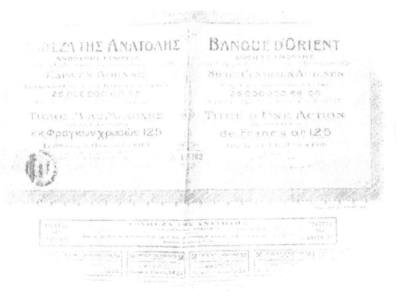

Οι Επαγγελματίες υστερούν

Είναι κοινή γνώση στην επενδυτική κοινότητα ότι οι επαγγελματίες του χώρου στις περισσότερες των περιπτώσεων δεν μπορούν καν να ακολουθήσουν τον βασικό χρηματιστηριακό δείκτη, εννοώντας ότι οι αποδόσεις που πετυχαίνουν είναι χαμηλότερες της απόδοσης του βασικού δείκτη. Και αυτό έχει διαπιστωθεί πολλάκις βάσει μελετών και συγκρίσεων αποδόσεων.

Ας δούμε ένα παράδειγμα:

	Total Return, 10 Years Ended June 30, 1998	
	Cumulative	Annual Rate
S&P 500 Index	+448.9	+18.6
Average Equity Funds	+313.1	+15.2

Ο παραπάνω Πίνακας δείχνει την συσσωρευμένη απόδοση του βασικού αμερικάνικου χρηματιστηριακού δείκτη S&P 500 που σε μια περίοδο δέκα συνολικά ετών, η οποία περατώθηκε στις 30 Ιουνίου 1998, πέτυχε μια απόδοση της τάξης του 448,9 τοις εκατό ή 18,6 τοις εκατό σε ετήσια βάση. Κατά την ίδια χρονική περίοδο, η μέση απόδοση των Μετοχικών επενδυτικών Κεφαλαίων (Equity Funds), ήτοι των επαγγελματιών της χρηματιστηριακής αγοράς, ήταν το 'φτωχό' 313,1 τοις εκατό σωρευτικά πάντα ή 15,2 τοις εκατό ετησίως. Παρατηρήστε επίσης τον ετήσιο ρυθμό ανόδου του S&P 500 καθώς πρέπει να συνειδητοποιήσετε ότι διψήφιοι ρυθμοί απόδοσης, πολύ μεγαλύτεροι από το 6 ή 7% είναι επιτεύξιμοι με μακροπρόθεσμη επένδυση...

Συνεπώς, όπως μας δείχνει ο Πίνακας, οι επαγγελματίες ως μέσος όρος, ηττήθηκαν εύκολα από τον βασικό χρηματιστηριακό δείκτη. Η περίοδος ελέγχου (δεκαετής), είναι αρκετά μεγάλη ώστε να 'διορθώσει' βραχυχρόνιες τυχερές αποδόσεις από πλευράς επαγγελματιών και γι' αυτό και ο βασικός χρηματιστηριακός δείκτης, κέρδισε εύκολα, όπως και αναμενόμενα.

Λοιπόν το θέτω ξανά: γιατί να χρησιμοποιούμε όλους αυτούς τους επαγγελματίες εάν έχει αποδειχθεί ότι ο βασικός χρηματιστηριακός δείκτης αποδίδει καλύτερα; Γιατί να μην ακολουθήσουμε ένα ETF πάνω στον βασικό δείκτη, τοποθετούμενοι σε αυτό, εξοικονομώντας χρήματα και χρόνο; ...που διαφορετικά θα έπρεπε να πληρώναμε τους επαγγελματίες που θα μας κόστιζε και σε χρόνο, αφού θα έπρεπε να αφιερώσουμε κάποιο χρόνο για να επιλέξουμε μεταξύ αυτών, ποιος είναι ο 'καταλληλότερος';

Ας δούμε το ζήτημα και από μία διαφορετική οπτική, που οδηγεί στην σύγκριση επαγγελματιών και βασικού δείκτη και οδηγεί σε χρήσιμα συμπεράσματα: Υποθέστε ότι βρισκόμαστε πίσω, στα τέλη της δεκαετίας του ΄70 και βλέπουμε τον ακόλουθο Πίνακα με τα κορυφαία είκοσι μετοχικά επενδυτικά Κεφάλαια για την δεκαετία που μόλις είχε περάσει. Δεν μιλάμε για τον μέσο όρο απόδοσης των μετοχικών Κεφαλαίων αλλά για τα κορυφαία σε απόδοση σε επίπεδο δεκαετίας, τα καλύτερα όλων, την crème de la crème μεταξύ των μετοχικών Κεφαλαίων!

Επενδύουμε λοιπόν σε ένα ή μερικά εξ αυτών, πληρώνοντας τα μεγάλες αμοιβές διότι το αξίζουν, αφού αποδείχτηκαν να είναι τα καλύτερα σε απόδοση για μια δόκιμη χρονική περίοδο (δεκαετία), και αναμένοντας να δώσουν ξανά σπουδαίες αποδόσεις στα χρόνια που θα ακολουθούσαν, εάν όχι τις ίδιες όπως της δεκαετίας που πέρασε και που ήταν κορυφαίες, σίγουρα όμως αποδόσεις ανώτερες του βασικού χρηματιστηριακού δείκτη. Αυτός άλλωστε είναι ο λόγος που τα επιλέξαμε και τα πληρώσαμε τόσο καλά · ότι ως κορυφαία στην δεκαετία που πέρασε, αναμένουμε να συνεχίσουν να δίδουν πολύ καλές αποδόσεις.

Επενδύουμε λοιπόν σε αυτά, μένουμε μακροχρόνια επενδεδυμένοι, περνάει άλλη μία δεκαετία και διαπιστώνουμε ότι η απόδοση σε αυτά τα μετοχικά Κεφάλαια που ήταν κορυφαία την περίοδο 1970-80, είναι παντελώς διαφορετική προς το χειρότερο, για την μεγάλη πλειοψηφία αυτών...

Εάν στο τέλος της δεκαετίας του ΄70, είχαμε δει το κορυφαίο σε απόδοση μετοχικό Κεφάλαιο, ήταν το Twentieth Century Growth Fund, το οποίο κατετάγη 1ο μεταξύ όλων. Εάν είχαμε επενδύσει σε αυτόν τον πρωταθλητή, στην επόμενη δεκαετία, ο πρωταθλητής θα είχε καταταγεί μόλις στην 176η θέση. Εάν παρομοίως είχαμε επενδύσει στο Templeton Growth, που κατετάγη 2ο την περίοδο 1970-80, στην επόμενη δεκαετία θα είχε καταταγεί στην 126η θέση.

How the Top 20 Equity Funds of the '70s performed during the '80s

Fund Name	Rank 1970-80	Rank 1980-90
TWENTIETH CENTURY GROWTH	1	176
TEMPLETON GROWTH	2	126
QUASAR ASSOCIATES	3	186
44 WALL STREET	4	309
PIONEER II	5	136
TWENTIETH CENTURY SELECT	6	20
SECURITY ULTRA	7	296
MUTUAL SHARES CORP.	8	35
CHARTER FUND	9	119
MAGELLAN FUND	10	1
OVER THE COUNTER SECURITIES	11	242
AMERICAN CAPITAL GROWTH	12	239
AMERICAN CAPITAL VENTURE	13	161
PUTNAM VOYAGER	14	78
JANUS FUND	15	21
WEINGARTEN EQUITY	16	36
HARTWELL LEVERAGE FUND	17	259
PACE FUND	18	60
ACORN FUND	19	172
STEIN ROE SPECIAL FUND	20	57
Average Annual Return:		
Top 20 Funds	**+19.0%**	**+11.1%**
All Funds	**+10.4%**	**+11.7%**

Εάν πάρουμε την μέση ετήσια απόδοση για αυτά τα 20 Κορυφαία μετοχικά Κεφάλαια την περίοδο 1970-80, αυτή ήταν 19 τοις εκατό, πολύ καλύτερα από του βασικού δείκτη και πολύ καλύτερα από τον μέσο όρο όλων αυτών των μετοχικών Κεφαλαίων (+10,4%) αλλά μια δεκαετία μετά, η μέση ετήσια απόδοση αυτών των Κορυφαίων 20 της περιόδου 1970-80, μειώθηκε στο +11,1 τοις εκατό, μια απόδοση που ήταν μικρότερη από τον μέσο όρο όλων των μετοχικών Κεφαλαίων (+11,7%) και φυσικά, ο μέσος όρος όλων των Κεφαλαίων ήταν μικρότερος από την απόδοση του βασικού δείκτη.

Επιπλέον, το **μόνο** μετοχικό Κεφάλαιο αυτών των Κορυφαίων 20 που τα πήγε καλύτερα την περίοδο 1980-90 από την προηγούμενη του 1970-80, είναι το Magellan, το οποίο το έτρεχε ο Peter Lynch, ένας δηλαδή από τους μεγαλύτερους επενδυτές όλων των εποχών. Όλα τα υπόλοιπα των Κορυφαίων 20 μετοχικών Κεφαλαίων της περιόδου 1970-80 (19 από 20) παρουσίασαν χειρότερη απόδοση στην δεκαετία 1980-90. Θα μπορούσε κανείς να πει ότι *αυτό δεν ήταν απλώς απουσία τύχης από πλευράς επαγγελματιών αλλά μια πλήρης αποτυχία.*

Φυσικά, κάποιοι θα εξακολουθήσουν να παραμένουν σκεπτικοί υπέρ των επαγγελματιών, υποθέτοντας ότι αυτό το αποτέλεσμα, η υστέρηση δηλαδή των Κορυφαίων 20 μετοχικών Κεφαλαίων σε απόδοση την περίοδο 1970-80 στην δεκαετία που ακολούθησε, είναι απλά … ατυχία.

Ας εξετάσουμε όμως ξανά την απόδοση των επαγγελματιών, απλά διότι θέλουμε να είμαστε δίκαιοι και να διεξάγουμε σωστά αποτελέσματα. Άλλωστε σε αυτό το χρονικό πλαίσιο που τους ελέγξαμε πριν, ήταν ενδεχομένως άτυχοι. Ας τους δώσουμε μια ευκαιρία: Ας δούμε πως απέδωσαν σε μια άλλη χρονική περίοδο.

How the Top 20 Equity Mutual Funds
of 1978-87 performed during 1988-97

Fund Name	Average Return (%) 1978-87	Average Return (%) 1988-97
FIDELITY MAGELLAN	30,9	18,9
FEDERATED CAPITAL APPRECIATION A	26,1	15,6
AIM WEINGARTEN A	23,4	16,7
VAN KAMPEN AMERICAN CAPITAL PACE A	22,2	15,3
ALLIANCE QUASAR A	22,1	15,8
AIM CONSTELLATION A	21,5	20,4
SPECTRA	21,1	21,8
IDS NEW DIMENSIONS A	20,6	18,7
SMITH BARNEY APPRECIATION A	20,5	15,3
GROWTH FUND OF AMERICA	20,0	16,7
MFS GROWTH OPPORTUNITIES A	19,9	14,8
MUTUAL SHARES Z	19,9	17,4
AMERICAN CAPITAL	19,8	15,3
JANUS FUND	19,7	18,3
STEIN ROE SPECIAL	19,5	17,3
VAN KAMPEN AMERICAN CAPITAL COMSTOCK A	18,8	16,6
AIM CHARTER A	18,5	16,5
VAN KAMPEN AMERICAN CAPITAL ENTERPRISE A	18,3	17,6
FIDELITY CONGRESS STREET	18,3	17,4
VAN KAMPEN AMERICAN CAPITAL EMERGING GROWTH A	18,2	19,1
Average	21,0	17,3
S&P 500 Index	15,2	18,0

Στον Πίνακα, βλέπουμε τις αποδόσεις των Κορυφαίων 20 μετοχικών Κεφαλαίων στην περίοδο 1978-87. Η μέση απόδοση αυτών των Κορυφαίων 20 ήταν 21,1 τοις εκατό έναντι 15,2 τοις εκατό για τον S&P 500 · ήταν τα κορυφαία σε απόδοση μετοχικά Κεφάλαια αυτής της περιόδου και υπεραπόδωσαν εύκολα εν συγκρίσει με τον βασικό δείκτη, αλλά ... στην αμέσως επόμενη χρονική περίοδο, 1988-97, η μέση απόδοση αυτών των Κεφαλαίων, ήταν μόλις 17,3 τοις εκατό, κάτω από αυτή του S&P 500, ο οποίος στην ίδια περίοδο κέρδισε 18,0 τοις εκατό κατά μέσο όρο ετησίως · τα προηγούμενα 20 Κορυφαία Κεφάλαια συνεπώς υποαπόδωσαν. Αλλά ... ίσως αυτοί οι επαγγελματίες να ήταν ξανά άτυχοι...

Είπαμε ότι θέλουμε να είμαστε δίκαιοι και προς τους επαγγελματίες και προς τους εαυτούς μας, καθώς στόχος μας είναι να είμαστε

74

αντικειμενικοί και να κερδίζουμε, και ακριβώς γι'αυτό, ας ρίξουμε μια τρίτη ματιά, με διαφορετική πάλι οπτική ως προς τους κορυφαία αποδίδοντες επαγγελματίες μιας ορισμένης χρονικής περιόδου.

How the Top 20 Equity Funds of the ΄90s performed during the ΄00s

Fund Name	1990 -99		2000-09	
	Rank	Annually Excess Returns (%)	Rank	Annually Excess Returns (%)
RS EMERGING GROWTH FUND	1	9.52%	1116	-4.25%
SPECTRA FUND INC.	2	9.25%	931	-0.94%
VAN KAMPEN EMERGING GROWTH FUND	3	8.78%	#N/A	-5.79%
JANUS TWENTY FUND	4	7.71%	976	-1.46%
MFS EMERGING GROWTH FUND	5	6.31%	1101	-3.69%
UNITED NEW CONCEPTS FUND	6	5.89%	707	1.14%
MANAGERS CAPITAL APPRECIATION FUND	7	5.83%	1144	-6.57%
AMERICAN CENTURY ULTRA FUND	8	5.73%	1041	-2.85%
PUTNAM OTC & EMERGING GROWTH FUND	9	5.69%	#N/A	-12.72%
FIDELITY ADVISOR EQUITY GROWTH FUND	10	5.33%	1049	-2.76%
INVESCO DYNAMICS FUND	11	5.30%	1038	-1.97%
HARBOR CAPITAL APPRECIATION FUND	12	5.20%	971	-1.54%
FIDELITY GROWTH COMPANY FUND	13	5.06%	835	0.22%
PBHG GROWTH FUND	14	4.86%	#N/A	-4.42%
WELLS FARGO LARGE COMPANY GROWTH FUND	15	4.82%	1028	-2.28%
JANUS VENTURE FUND	16	4.79%	1040	-2.10%
NICHOLAS APPLEGATE MID CAP GROWTH FUND	17	4.60%	#N/A	-11.00%
PILGRIM MID CAP GROWTH FUND	18	4.58%	#N/A	-11.00%
AIM AGGRESSIVE GROWTH FUND	19	4.46%	#N/A	-0.36%
IDEX JCC GROWTH PORTFOLIO	20	4.41%	#N/A	-7.70%
Average Excess Returns of 20 Top Funds		5.91%	-4.10%	
S&P 500 Average Return		18.36%	-0.69%	

Source: http://forms.gradsch.psu.edu/diversity/mcnair/mcnair_jrnl2011/files/Nguyen.pdf

Στον Πίνακα μπορούμε να δούμε τα κορυφαία 20 μετοχικά Κεφάλαια σε απόδοση κατά την περίοδο 1990 - 1999, όπως επίσης πως απέδωσαν αυτά στην αντίστοιχη περίοδο που ακολούθησε, κατά τα έτη 2000 - 2009. Βλέπουμε ότι αυτά τα κορυφαία από πλευράς απόδοσης 20 μετοχικά Κεφάλαια της περιόδου του ΄90 παρουσίαζαν μια υπέρβαση ως προς τον S&P 500 και σε όρους ετήσιας απόδοσης, που σε μέσο όρο ήταν +5,91%, δικαιολογώντας την κορυφαία κατάταξή τους. Αλλά στην επόμενη περίοδο των ετών 2000 – 2009, η υπέρβαση αυτών των κορυφαίων 20 μετοχικών Κεφαλαίων της δεκαετίας του ΄90, ήταν -4,10%, με άλλα λόγια ήταν αρνητική και συνεπακόλουθα, υποαπόδωσαν συγκριτικά με τον S&P 500.

Αξίζει να αναφέρουμε ότι στην 'ακόλουθη' περίοδο του ελέγχου μας, δηλαδή στην περίοδο 2000 – 2009, η ετήσια απόδοση του S&P 500, όπως φαίνεται στον Πίνακα, ήταν οριακά αρνητική (-0,69%), συνεπώς και τα 20 κορυφαία σε απόδοση μετοχικά Κεφάλαια του 1990 – 1999, παρουσίασαν μια κάκιστη επίδοση στην μετέπειτα περίοδο.

Για άλλη μια φορά, συμπεραίνουμε ότι η μεγάλη πλειοψηφία των κορυφαίων μετοχικών Κεφαλαίων μιας χρονικής περιόδου, υποαποδίδει στην χρονική περίοδο που ακολουθεί αυτής στην οποία διακρίθηκαν. **Αυτός είναι ο κανόνας**. Από τον παραπάνω Πίνακα, βλέπουμε ότι μόνο δύο από τα 20 κορυφαία μετοχικά Κεφάλαια του παρελθόντος, κατάφεραν να υπεραποδώσουν ξανά έναντι του S&P 500 την περίοδο 2000 – 2009. Σημειώνω ότι όταν στην στήλη της κατάταξης της περιόδου 2000 – 2009, βλέπουμε #N/A, έχει να κάνει με το γεγονός ότι αυτά τα Κεφάλαια έπαυσαν και δεν ήταν λειτουργικά έως το τέλος του έτους 2009 · συνεπώς, η ετήσια απόδοση που φαίνεται, είναι υπολογισμένη με τα δεδομένα μέχρι τη χρονική στιγμή που έπαυσαν να υφίστανται. Φυσικά αυτό, δεν αλλάζει καθόλου τις γενικές διαπιστώσεις.

Ανεξάρτητα του πόσες φορές θα κάνετε τον έλεγχο, ακόμα και εάν το κάνετε άλλες δύο φορές, θα φτάσετε σε ίδια ή παρόμοια αποτελέσματα διότι αυτός είναι ο τρόπος με τον οποίο λειτουργούν οι χρηματιστηριακές αγορές. Είναι γεγονός ότι οι επαγγελματίες αποτυγχάνουν και πολλές και διάφορες μελέτες στα τελευταία χρόνια, έχουν δείξει ότι ένα ποσοστό περί του 90% των ενεργά διαχειριζόμενων μετοχικών Κεφαλαίων αποτυγχάνουν να κερδίσουν τον βασικό χρηματιστηριακό δείκτη πάνω σε οποιαδήποτε παρατεταμένη χρονική περίοδο. Άλλο ένα ισχυρό στοιχείο πάνω σε αυτό το θέμα, είναι ότι οι επαγγελματίες είναι 'κρυψίνοες' όσον αφορά στις μακροχρόνιες αποδόσεις τους. Δεν μπορείτε να βρείτε καθόλου εύκολα συγκεντρωτικά δεδομένα για τις μακροχρόνιες αποδόσεις τους, ούτε και μπορείτε να κάνετε συγκρίσεις μεταξύ των μακροχρόνιων αποδόσεων των επαγγελματικά διαχειριζόμενων Κεφαλαίων.

Και για αυτούς που δεν πείθονται εύκολα, υπάρχει μια σχετικά πρόσφατη επιστημονική Μελέτη που αποδεικνύει την παραπάνω υπόθεσή μας – την οποία βέβαια υποστηρίξαμε με πλήθος αναμφισβήτητων δεδομένων. Ο καθηγητής Bradford Cornell του California Institute of Technology, στη Μελέτη του "Τύχη, Ικανότητα και Απόδοση Επενδύσεων" (στα αγγλικά ο τίτλος είναι "Luck, Skill and Investment Performance" - 2008), διαπιστώνει, χρησιμοποιώντας μαθηματικά, ότι το μεγαλύτερο μέρος της ετήσιας μεταβολής στην απόδοση των ενεργά διαχειριζόμενων Κεφαλαίων, οφείλεται στην τύχη και όχι στην ικανότητα – ξανά για έμφαση, στην τύχη και όχι στην ικανότητα: περίπου ποσοστό 92 τοις εκατό στην ετήσια απόδοση οφείλεται στην τύχη. Μπορείτε να βρείτε την Μελέτη στον ακόλουθο σύνδεσμο – μπορείτε επίσης να την αναζητήσετε με τον τίτλο της:

http://people.hss.caltech.edu/~bcornell/PUBLICATIONS/2008%20C ornell-Luck%20Skill.pdf

Τι λέει; Οι αποδόσεις των επαγγελματιών οφείλονται κυρίως στην τύχη. Τότε, γιατί να μην επενδύουμε από μόνοι μας; ... εξοικονομώντας τις αμοιβές που θα τους πληρώναμε για την διαχείριση κ.λπ. και έτσι έχοντας την δυνατότητα, να επενδύσουμε άμεσα και για λογαριασμό μας, περισσότερα χρήματα;

Γιατί οι Επαγγελματίες Αποτυγχάνουν;

Ποιος είναι ο λόγος που οι επαγγελματίες των χρηματιστηριακών αγορών αποτυγχάνουν; Οι επαγγελματίες αυτοί, έχουν την γνώση, και τα υποστηρικτικά δεδομένα και μέσα που οι απλοί επενδυτές δεν έχουν. Οι επαγγελματίες διαθέτουν πανάκριβους εξοπλισμούς και λογισμικά, διαθέτουν τμήματα ανάλυσης έως και διασυνδέσεις, που βέβαια οι απλοί επενδυτές δεν μπορούν ούτε να τα διανοηθούν. Αλλά αν οι επαγγελματίες έχουν όλα αυτά τα πλεονεκτήματα, γιατί αποτυγχάνουν;

Μια εξήγηση είναι ότι οι επαγγελματίες πέφτουν θύματα του επαγγελματισμού τους. Θέλοντας να δικαιολογούν τον ρόλο τους και να δείχνουν ότι προσφέρουν κάποιες ειδικές υπηρεσίες, ειδικότερα στο επίπεδο της αποδόσεως που δεν μπορούν να πετύχουν από μόνοι τους οι απλοί επενδυτές, οι επαγγελματίες γίνονται *περισσότερο ενεργοί* σε όλα τα επίπεδα, σχετικά με τις επενδύσεις. Και με το περισσότερο ενεργοί, εννοώ ότι προσπαθούν να εκφράζουν γνώμη για τις επιμέρους επιχειρήσεις ή γενικότερα για την αγορά, να αξιολογούν και αποτιμούν εισηγμένες στις αγορές επιχειρήσεις ή και το σύνολο της αγοράς. Αυτή η ενεργή προσέγγιση, τους καθιστά μη αρκετά μακροπρόθεσμους επενδυτές. Πέφτουν στην παγίδα του καταστροφικού τραγουδιού των Σειρήνων. Κανένας τους δεν αγοράζει, δεν προχωρά σε μια τοποθέτηση, έχοντας στο μυαλό του ότι οι αγορές θα μπορούσαν να κλείσουν για δέκα χρόνια και να μην ενδιαφέρεται σχετικά. Οι επαγγελματίες αγοράζουν και πουλάνε μετοχές συχνά και αυτοί οι είσοδοι και έξοδοι από την αγορά, κοστίζουν σε προμήθειες και αποδόσεις, μειώνοντας τις συνολικές αποδόσεις και περιορίζοντας την ευεργετική επίδραση του ανατοκισμού. Δηλαδή με την στάση τους, δημιουργούν κωλύματα στον καλύτερο σύμμαχο των επενδυτών: τον ανατοκισμό.

Σκεφτείτε αυτό: Ακόμα και εάν κάποιος επαγγελματίας επενδυτής, είχε εντοπίσει την Apple, αυτή την σπουδαία εταιρία στον τομέα της τεχνολογίας, από αρκετά νωρίς, είναι σχεδόν σίγουρο ότι θα είχε πουλήσει την εν λόγω θέση, αφού η μετοχή θα είχε διπλασιάσει ή τριπλασιάσει την αξία της. Θα είχε εντέλει εγκαταλείψει αυτή την 'χρυσή' μετοχή αρκετά νωρίς, στερώντας του μεγάλες μελλοντικές αποδόσεις.

Σας παρουσίασα πριν τους Πλουσιότερους στον πλανήτη, που είναι άνθρωποι οι οποίοι διακρατούν μετοχές για πολύ μακροχρόνια περίοδο, όπως συμβαίνει με τους επιχειρηματίες και τους μακροπρόθεσμους επενδυτές. Το πρόβλημα με τους επαγγελματίες των χρηματιστηριακών αγορών είναι ότι πουλάνε πολύ συχνά, αγοράζουν, πουλάνε, ξανά και ξανά. Το πρόβλημά τους είναι συνεπώς ότι είναι αρκετά πιο ενεργοί από ό,τι θα χρειάζονταν. Η αγωνία των επαγγελματιών να δείξουν ότι βρίσκονται εδώ και έχουν κάτι καλό να προσφέρουν, τους κοστίζει εντέλει σε όρους απόδοσης.

Καθώς υπήρξα και εγώ επαγγελματίας στο χώρο των επενδύσεων, καθώς έχω δουλέψει για χρόνια ως αναλυτής, μπορώ να σας διαβεβαιώσω ότι είναι πολύ δύσκολο αν όχι αδύνατον να παραμείνεις αντικειμενικός, καθώς σε θεωρούν ειδικό στις χρηματιστηριακές αγορές και δημοσιογράφοι, πολίτες κ.ά., σε ρωτούν πολύ συχνά για την άποψή σου · και εάν θέλεις να φαίνεσαι και να ακούγεσαι ως ειδικός, πρέπει να έχεις γνώμη για κάθε εταιρία ή για την αγορά γενικότερα, πάντα · ακόμα και εάν δεν συμβαίνει τίποτα και δεν έχεις τίποτα να πεις, βάζεις τον εαυτό σου σε μια θέση να επινοήσεις κάτι για να πεις. Αυτή η στάση καταστρέφει την αντικειμενικότητα – η αντικειμενικότητα δηλώνει ότι εάν δεν συμβαίνει τίποτα, θα πρέπει να πεις ότι δεν έχεις να σχολιάσεις και να πεις τίποτα. Αλλά οι επαγγελματίες στις χρηματιστηριακές αγορές έχουν πάντα κάτι να πουν, κάτι να σχολιάσουν. Ακούστε λοιπόν την αλήθεια: συχνά τα επινοούν από το μυαλό τους, μόνο και μόνο για να μιλήσουν και να δηλώσουν παρών, ως 'ειδικοί'... έπειτα, πρέπει να υποστηρίξουν τα προηγούμενα σχόλιά τους και αυτό είναι OK όταν η αγορά τυγχάνει και τους επιβεβαιώνει αλλά τι συμβαίνει όταν η αγορά τους διαψεύδει; Οι επαγγελματίες από την θέση που λαμβάνουν, χάνουν την αντικειμενικότητα και η αντικειμενικότητα είναι ένας βασικός παράγοντας για την επιτυχία στις χρηματιστηριακές αγορές.

Επιπλέον, οι χρηματιστηριακές αγορές σε βραχυπρόθεσμες έως μεσοπρόθεσμες χρονικές περιόδους, είναι και λειτουργούν ως *χαοτικά συστήματα* και τα χαοτικά συστήματα είναι *σπανίως προβλέψιμα* ακόμα και εάν κάποιος έχει στην διάθεσή του τα καλύτερα μέσα.

Έχετε παρατηρήσει ότι ορισμένοι επαγγελματίες της χρηματιστηριακής αγοράς που είναι πονηροί, όταν ερωτούνται για την αγορά, γνωρίζοντας ότι στην πραγματικότητα δεν έχουν ιδέα, απαντούν με έναν τρόπο που καλύπτουν κάθε εκδοχή (αύξηση της αγοράς, πτώση ή πλευρική κίνηση): λένε ότι *εάν συμβεί αυτό τότε θα γίνει αυτό, εάν συμβεί το άλλο τότε θα συμβεί αυτό* κ.ο.κ.. Αποφεύγουν να προβλέψουν, απλά περιγράφουν κάθε πιθανή εκδοχή, και γι'αυτό μπορούν να είναι 'σωστοί' σε κάθε περίπτωση.

Εντέλει, θα πρέπει τουλάχιστον κάποιες φορές, να ανησυχείτε από τους επαγγελματίες: επαγγελματίες ήταν και ναυπηγοί περιωπής, που στον 20ο αιώνα έκτισαν τον Τιτανικό και πολύ καλά επαγγελματικά εκπαιδευμένοι και με διπλώματα οι αξιωματικοί που τον πλοηγούσαν, ωστόσο ο Τιτανικός βυθίστηκε στον πυθμένα του Ατλαντικού και από την άλλη μεριά, ήταν 'ερασιτέχνες' Βίκινγκς που έφτασαν στην Αμερική, από τα χρόνια του μεσαίωνα, απλοί πολεμιστές-ψαράδες. Το 'απλοί' βέβαια δεν τους στερεί όπως κατανοείτε κάτι από πλευράς ικανοτήτων και δυνατοτήτων: οι Βίκινγκς έφτασαν στην Αμερική ενώ οι του Τιτανικού, όχι.

Ας ανακεφαλαιώσουμε:

Από την εξέταση του υλικού που προηγήθηκε, διαπιστώνουμε με ασφάλεια:

1. Τα μετοχικά Κεφάλαια που αποδίδουν *πολύ ικανοποιητικά*, ακόμα και για μια μακροχρόνια δόκιμη περίοδο, δεν σημαίνει ότι θα συνεχίσουν να αποδίδουν σπουδαία στα επόμενα χρόνια. Επίσης, είναι μαθηματικά αποδεδειγμένο ότι οι αποδόσεις των επαγγελματιών στην χρηματιστηριακή αγορά οφείλονται κυρίως στην τύχη.

2. Εάν κάτι είναι καθαρό, είναι ότι αν για μια περίοδο, ορισμένα μετοχικά Κεφάλαια πέτυχαν σπουδαίες αποδόσεις, αυτό πρέπει να λειτουργήσει μάλλον ως αντίθετος δείκτης (contrarian indicator) για τα εν λόγω Κεφάλαια και θα πρέπει να αναμένουμε από αυτά, ως πολύ πιθανότερο, χειρότερες αποδόσεις στα ακόλουθα χρόνια, από ό,τι ίδιες αποδόσεις ή καλύτερες.

Οι αιτίες που οι κορυφαίοι σε απόδοση επαγγελματίες μιας περιόδου, αποτυγχάνουν να αποδώσουν καλά στα επόμενα χρόνια, μπορεί να διαφέρουν. Μπορεί να είναι η αυταρέσκεια που εκδηλώθηκε λόγω της προηγούμενης επιτυχίας τους ή μπορεί κάποιο σημαντικό τους στέλεχος να έφυγε από την εταιρία... ό,τι και να είναι, στην πραγματικότητα δεν χρειάζεται να ενδιαφερόμαστε γι'αυτό · αυτό για το οποίο πρέπει να ενδιαφερόμαστε, είναι το αποτέλεσμα και τα αποτελέσματα δείχνουν ότι δεν μπορούμε να περιμένουμε συνέχεια της επιτυχίας των επαγγελματιών, που ως κανόνα και σε βάθος χρόνου, αποτυγχάνουν να πετύχουν την απόδοση του βασικού χρηματιστηριακού δείκτη και υποαποδίδουν έναντι αυτού.

Τέλος αλλά είναι σημαντικό, από αυτή την αποτυχία των Κεφαλαίων, διαπιστώνουμε εμμέσως ότι *οι αγορές είναι τόσο πολύπλοκες και απρόβλεπτες* που ακόμα και οι επαγγελματίες που έχουν την καλύτερη δυνατή πληροφόρηση και 'οπλοστάσια' για την λήψη αποφάσεων που μπορεί κάποιος να έχει, αποτυγχάνουν να δικαιολογήσουν την εργασία τους και εμπλοκή τους, με άλλα λόγια γιατί να τους προτιμούμε για τις δικές μας επενδύσεις. Δεν θα διάλεγα έναν επαγγελματία να διαχειριστεί τις επενδύσεις μου, ακόμα και εάν η υπηρεσία του ήταν δωρεάν, καθώς γνωρίζω ότι δεν παρουσιάζουν συνεχόμενη επιτυχία και η όποια επιτυχία δείχνουν σε ορισμένη περίοδο, σχετίζεται με ένα μικρό ως επί το πλείστον χρονικό πλαίσιο και φαίνεται να είναι τυχαία – αφού δεν είναι συνεχής και επαναλαμβανόμενη.

Φτάνουμε συνεπώς στο σημείο που θα σας πω και σας αναλύσω ότι οι αγορές είναι και κινούνται περίπου τυχαία σε βραχυπρόθεσμο έως μεσοπρόθεσμο ορίζοντα.

Αγορές και Τυχαιότητα

Τι κινεί τις αγορές; Θέτοντάς το απλά και ξεκάθαρα, οι αντιλήψεις των συμμετεχόντων σε αυτές. Φανταστείτε μια πολύ απλή αγορά, η οποία έχει ένα μόνο προϊόν και δυο δυνητικούς αγοραστές, τον κύριο Α και τον κύριο Β. Εάν αυτοί οι δύο αγοραστές ήταν λογικοί, φυσικά ένας από αυτούς θα έδιδε μια καλύτερη προσφορά για να αγοράσει αυτό το προϊόν και καθώς θα ήταν λογικοί και οι δυο αγοραστές, ο άλλος γνωρίζοντας ότι πλέον το προϊόν είναι ελαφρώς ακριβό, θα αποσύρονταν.

Στην ίδια περίπτωση με ένα μόνο προϊόν και συγκεκριμένα το ίδιο με της προηγούμενης παραγράφου, δύο δυνητικούς αγοραστές, αυτή την φορά τους κυρίους Α (ο ίδιος με την προηγούμενη παράγραφο) και Γ, αλλά με τον έναν από αυτούς, και συγκεκριμένα τον νέο, τον

Γ να είναι παράλογος, τι θα συνέβαινε; Πολύ πιθανόν, ο κύριος Γ, θέλοντας εντόνως να αποκτήσει το προϊόν, θα πρόσφερε μία υψηλότερη τιμή, ωθώντας την τιμή ανοδικά. Ο άλλος, επιθυμώντας επίσης να αποκτήσει το προϊόν, θα προσέφερε μια ακόμα υψηλότερη τιμή από την προηγούμενη που ήδη ήταν υψηλή. Αλλά ο κύριος Γ δεν σταματά – άλλωστε ενεργεί παράλογα - και προσφέρει μια ακόμα υψηλότερη τιμή, που πλέον είναι ιδιαιτέρως ακριβή. Ο κύριος Α, ως λογικός, σταματά – δεν συνεχίζει να κυνηγάει με υψηλότερες προσφορές το προϊόν. Ο κύριος Γ αποκτά το προϊόν, το ίδιο προϊόν όπως αυτό του προηγούμενου παραδείγματός μας (στην προηγούμενη ακριβώς παράγραφο) αλλά σε πολύ υψηλότερη τιμή.

Σε αυτές τις δύο τελευταίες παραγράφους, περιέγραψα μια πολύ απλή αγορά με το ίδιο ακριβώς μοναδικό προϊόν και δύο διαφορετικά ζευγάρια δυνητικών αγοραστών: σε κάθε περίπτωση, είχαμε μια διαφορετική διαμόρφωση της τιμής του ιδίου αυτού προϊόντος. Εάν η τιμή μπορεί να διαμορφωθεί με τόσο διαφορετικό τρόπο σε μια τόσο απλή και μικρή αγορά, με μόνο ένα προϊόν και δύο δυνητικούς αγοραστές, φανταστείτε τι συμβαίνει σε μια σύγχρονη χρηματιστηριακή αγορά με χιλιάδες ή ίσως εκατομμύρια συμμετέχοντες και με την όλη πληροφόρηση να είναι ανομοιόμορφα κατανεμημένη όσον αφορά την ποσότητά της και τον χρονισμό της, μεταξύ των συμμετεχόντων.

Οι χρηματιστηριακές αγορές είναι συχνά απρόβλεπτες – σε βραχυπρόθεσμο έως μεσοπρόθεσμο ορίζοντα. Πιστεύω ότι πολλοί που διαβάζετε αυτό το βιβλίο, το γνωρίζετε ήδη αλλά κάποιοι άλλοι, ιδίως οι νεοασχολούμενοι δεν το γνωρίζουν · γι'αυτό σας έδειξα ότι ακόμα και οι κορυφαίοι επαγγελματίες για ορισμένη περίοδο, στη συνέχεια αποτυγχάνουν να παρουσιάσουν επιτυχία · γενικότερα, οι επαγγελματίες αποτυγχάνουν σε μια λίγο πολύ συνεχή βάση και γι'αυτό η πλειοψηφία των, υποαποδίδουν εντέλει έναντι του βασικού χρηματιστηριακού δείκτη.

Οι χρηματιστηριακές αγορές κινούνται τυχαία, στα αγγλικά ο όρος είναι random. Ας δούμε τι σημαίνει 'random' στο βάθος, ποια είναι η ετυμολογία της λέξεως: Διαβάζω από το wiktionary ότι η λέξη random προέρχεται από τη μεσαιωνική αγγλική raundon, που με την σειρά της προέρχεται από την παλαιογαλλική randon, που σχετίζονταν άμεσα με την randir ("να καλπάζω") που εντέλει αναγάγεται στην πρωτογερμανική *randijō ("τρέξιμο"), που επίσης σχετίζεται άμεσα με την πρωτογερμανική *rinnaną ("να τρέξω") και εντέλει αναγάγεται στην πρωτοϊνδοευρωπαϊκή *ren- ("να ανεβώ · να βυθιστώ ").

Συνεπώς η ίδια βαθιά σημασία της λέξεως random, μας αποκαλύπτει ότι κάτι που μπορεί να είναι 'λογικό' αλλά ωστόσο αλλάζει με τέτοια ταχύτητα που τελικά, καθίσταται απρόβλεπτο και εντέλει οδηγούμαστε σε έννοια που δηλώνει και το ανέβασμα αλλά και το βύθισμα. Έβαλα δε τη λέξη λογικό εντός εισαγωγικών, καθώς θέλω να δηλώσω ότι όλοι και όχι μόνο στο πεδίο των επενδύσεων, θεωρούν ο κάθε ένας ότι ενεργεί λογικά, ότι ενεργεί βάσει κάποιας αιτίας και με μία μέθοδο και με έναν λογικό στόχο · συνεπώς ο καθένας θεωρεί εαυτόν ως λογικό αλλά όπως όλοι μας γνωρίζουμε, πολλοί άνθρωποι που δεν πάσχουν από κάποια διανοητική πάθηση, συχνά ενεργούν παράλογα – συμβαίνει σχεδόν με όλους μας περιστασιακά. Συνεπώς, το λογικό μπορεί να είναι και όντως αρκετές φορές είναι, έως και πολύ υποκειμενικό.

Ο κάθε συμμετέχοντας στην χρηματιστηριακή αγορά, σκέφτεται για τον εαυτό του, ότι αυτός έχει σκεφτεί σωστά και οι άλλοι, λάθος. Αυτό συμβαίνει σε κάθε ουσιώδες ελάχιστο σωμάτιο της αγοράς, που δεν είναι άλλο από την **συναλλαγή**, όταν κάποιος πουλάει σε μια τιμή και κάποιος άλλος αγοράζει στην ίδια τιμή. Σε κάθε συναλλαγή, έχουμε έναν που πουλάει, προφανώς διότι θεωρεί ότι η συγκεκριμένη μετοχή δεν μπορεί να δώσει κάτι περισσότερο και συνεπακόλουθα δεν αξίζει να την κρατάει, όταν ο άλλος εμπλεκόμενος στην συναλλαγή, ο αγοραστής, θεωρεί ακριβώς το αντίθετο: ότι αυτή η συγκεκριμένη μετοχή, σε αυτό το επίπεδο τιμής, αξίζει και μπορεί να δώσει σημαντικά κέρδη στο μέλλον, ανερχόμενη.

Ο καθένας κατανοεί ότι το ουσιώδες σωμάτιο της αγοράς, το οποίο είναι η συναλλαγή, είναι μία ας πούμε ανισόρροπη συνάντηση δύο συμμετεχόντων, που τα βρίσκουν μεταξύ τους στην τιμή και συμφωνούν την συναλλαγή, αλλά με απολύτως διαφορετικές οπτικές: ο πωλητής πιστεύει ότι η μετοχή δεν αξίζει στο επίπεδο της συναλλαγής καθώς την θεωρεί κατά βάση ακριβή, όταν ο αγοραστής θεωρεί ότι αποκτά την συγκεκριμένη μετοχή σε χαμηλή τιμή, ίσως και σε τιμή ευκαιρίας και ότι μπορεί να κερδίσει σημαντικά από αυτήν στην συνέχεια, όταν η μετοχή θα προσαρμοστεί σε περισσότερο λογικά και δίκαια επίπεδα, ήτοι υψηλότερα.

Αντίληψη, αυτή η άγνωστη...

Σας περιέγραψα πως μόλις δύο άτομα μπορούν να αντιληφθούν την ίδια κατάσταση διαφορετικά στα προηγηθέντα παραδείγματα αυτής της απλούστατης αγοράς. Και οι αγορές είναι ότι οι συμμετέχοντες σε αυτές, νομίζουν ότι είναι. Οι αγορές είναι το άθροισμα των ενεργών συμμετεχόντων που κάθε μέρα, ενεργούν συναλλαγές που διαμορφώνουν τα επίπεδα τιμών.

Ο καθένας γνωρίζει ότι στις αγορές, οι τιμές ανέρχονται και κατέρχονται, οι τιμές διακυμαίνονται συναλλαγή τη συναλλαγή και μέρα με την μέρα. Η αγορά και με την αγορά εννοώ τους συμμετέχοντες, αγνοεί εάν μια μετοχή έχει μια πραγματική αδιαμφισβήτητη δίκαιη αξία. Σε μια αγορά, δεν υπάρχει τέτοιο πράγμα όπως αντικειμενική δίκαιη αξία. Οι αγοραστές και οι πωλητές αμφισβητούν συνεχώς την δίκαιη αξία, κάθε ένας από αυτούς, πιστεύοντας ότι έχουν κατανοήσει την πραγματική δίκαιη αξία. Σε μια συναλλαγή, αυτός που αγοράζει νομίζει ότι αποκτά την μετοχή σε τιμή κάτω από την δίκαιη αξία και ο πωλητής θεωρεί ότι η ίδια αυτή μετοχή, βρίσκεται σε τιμή πάνω από την δίκαιη αξία. Και το περίεργο είναι ότι τουλάχιστον κάποιες φορές μπορεί να είναι επιτυχείς και οι δυο τους: εάν ο πωλητής έχει κέρδος στο επίπεδο τιμής που γίνεται η συναλλαγή, είναι OK καθώς κερδίζει αλλά και ο αγοραστής εάν διαπιστώσει μετά από κάποιο καιρό ότι οι εκτιμήσεις του επαληθεύονται, και η μετοχή ανέρχεται σε υψηλότερα επίπεδα, μπορεί να πουλήσει και αυτός με κέρδος. Και οι δυο τους μπορούν να κερδίσουν.

Στις αγορές, δεν πρέπει να ενδιαφερόμαστε πολύ για την ορθή ή λάθος τιμή μιας μετοχής σύμφωνα με την 'δίκαιη' αξία διότι κάθε επίπεδο τιμών είναι το αποτέλεσμα της μάχης μεταξύ των πωλητών και αγοραστών και ο νικητής, αυτός που επικρατεί, έχει πάντα δίκιο ως αυτός που υπερισχύει, σύμφωνα με το νόμο του ισχυρότερου που διέπει τον κόσμο μας. Συνεπώς, κάθε τιμή είναι 'δίκαιη' με έναν υποκειμενικό τρόπο.

Φυσικά αυτό που έχει ουσία και πρέπει να μας ενδιαφέρει, είναι να μην χάσουμε διότι κανείς δεν εισέρχεται στην αγορά στοχεύοντας να χάσει. Γι'αυτό και στην ελληνική μας γλώσσα, έχουμε την λέξη *κερδοσκόπος* που στα αγγλικά μεταφέρεται ως speculator (που ένας speculator είναι ως επί το πλείστον βραχυχρόνιος έως και προς μεσοπρόθεσμος επενδυτής, και κάνει speculate, ήτοι βασίζεται σε ένα σκεπτικό, μια εκτίμηση, ένα σενάριο που είναι βέβαια προϊόν ανάλυσης και που χρησιμοποιεί εργαλεία όπως τα Παράγωγα για να κερδίσει περισσότερο και συνήθως αναλαμβάνει μεγαλύτερο του μέσου ρίσκου, διεκδικώντας όμως και ένα πάνω του μέσου όρου, δυνητικό κέρδος). Ενώ λοιπόν η λέξη *κερδοσκόπος*, στα αγγλικά είναι ο speculator την οποία και προσδιορίσαμε όσον αφορά στην έννοιά της, στα ελληνικά κυριολεκτικά σημαίνει *αυτόν που σκοπεύει στο κέρδος* και δεν έχουμε στην γλώσσα μας, μιαν αντίθετη λέξη, χασοσκόπος, που θα σήμαινε *αυτόν που σκοπεύει να χάσει* διότι θα ήταν απολύτως παράλογο ως έννοια. Εάν ήθελε να χάσει, θα μπορούσε εύκολα, απλά να χαρίσει τα χρήματά του ή να τα κάψει: το να τα κάψει δε είναι ταχύτερο και πιο εντυπωσιακό. Κάθε ένας που εισέρχεται στην χρηματιστηριακή αγορά, στοχεύει στο κέρδος, αλλά όπως γνωρίζουμε ή έχουμε ακούσει, μερικές φορές κάποιοι άνθρωποι χάνουν χρήματα με την ενασχόλησή τους στις αγορές και άλλες φορές χάνουν πολλά και μερικές φορές φτάνουν μέχρι και την χρεοκοπία.

Ψυχολογία του Πλήθους και οι Αγορές

Το άθροισμα των επί μέρους αντιλήψεων όλων των συμμετεχόντων της αγοράς, συνθέτει την *ψυχολογία του πλήθους* και αυτή είναι που κινεί την αγορά προς όποια κατεύθυνση. Εάν κάποιος μπορούσε να κατανοήσει σε βάθος, πως διαμορφώνεται η ψυχολογία του πλήθους και πως λειτουργεί, θα μπορούσε με αρκετή ασφάλεια (με άλλα λόγια με περισσότερες πιθανότητες) να επενδύει στην αγορά και να κερδίζει. Αλλά η ψυχολογία του πλήθους, είναι κάτι τόσο σύνθετο και για να είμαστε ακριβείς, είναι τόσο πολύπλοκο που καθιστά τις αγορές χαοτικές, ιδιαίτερα σε βραχυχρόνιο ή μεσοπρόθεσμο ορίζοντα.

Οι αγορές είναι και δεν είναι αποτελεσματικές: Είναι αποτελεσματικές διότι πλέον έχουν τέτοιο μέγεθος, εύρος και λειτουργική δομή, κυρίως λόγω της τεχνολογίας, που κάθε πληροφορία που υπάρχει, μαθαίνεται σε μεγάλο μέρος των συμμετεχόντων πολύ γρήγορα. Τόσο πολύ, που σχεδόν δεν αφήνει περιθώρια στους πολλούς, να εκμεταλλευτούν την όποια πληροφορία, διότι η αγορά και κατά βάση, την ... γνωρίζει ήδη. Από μια άλλην άποψη όμως, οι αγορές δεν είναι αποτελεσματικές διότι το επίπεδο, ποιότητα και ποσότητα των πληροφοριών διαφέρει μεταξύ των συμμετεχόντων και σε αρκετές περιπτώσεις, σε έντονο βαθμό. Κάποιος έχει περισσότερη πληροφόρηση, άλλος έχει λιγότερη. Κάποιος λαμβάνει συντομότερα μια πληροφορία και κάποιος άλλος, την ίδια αυτή πληροφορία την λαμβάνει αργότερα ή και καθόλου. Ακόμα και εάν με κάποιο τρόπο, το σύνολο των πληροφοριών που θα δέχονταν οι συμμετέχοντες στην αγορά, ήταν κοινές προς όλους και δίδονταν σε όλους ταυτοχρόνως, οι συμμετέχοντες στην αγορά, θα διαπίστωναν πολλά διαφορετικά πράγματα, αναλόγως της αντιληπτικής ικανότητας που διαθέτει έκαστος.

Είναι χαρακτηριστικό ένα πείραμα που βάζω να κάνουν ορισμένες φορές στα Σεμινάρια που διεξάγω ως Εισηγητής, πάνω στο θέμα των Επενδύσεων: απαγγέλω στους συμμετέχοντες, μια περιγραφή ενός πραγματικά απλού σχεδίου με γραμμές και καμπύλες, το οποίο όμως οι συμμετέχοντες αγνοούν – οι συμμετέχοντες στο σεμινάριο απλώς ακούν την περιγραφή του από εμένα, ζωντανά, και βάσει της περιγραφής που κάνω, το σχεδιάζουν. Όλοι οι συμμετέχοντες, ακούν από μένα την ίδια περιγραφή, ταυτοχρόνως. Όταν τελειώνει η άσκηση, δηλαδή η περιγραφή, τους ζητώ να δείξουν τι σχεδίασαν βάσει αυτών που άκουγαν και τα συγκρίνουμε με το πρωτότυπο σχέδιο, αυτό που περιέγραφα, και το οποίο πλέον τους το παρουσιάζω. Θα περίμενε κανείς, λαμβάνοντας όλοι τους το ίδιο μήνυμα (η περιγραφή που κάνω είναι κοινή, ζωντανή, για όλους και την λέω μια φορά, χωρίς να επαναλαμβάνω την κάθε πρόταση) από τον ίδιο πομπό (εμένα), να βγάζουν ένα ίδιο ή σχεδόν ίδιο συμπέρασμα, που στην προκειμένη περίπτωση είναι ένα απλό σχέδιο. Ωστόσο, αφενός πολλοί λίγοι σχεδιάζουν ικανοποιητικά το σχέδιο που δεν τους έχω παρουσιάσει (άρα το αγνοούν) αλλά που τους περιέγραψα αναλυτικά, αφετέρου σχεδόν όλα τα σχέδια διαφέρουν μεταξύ τους, άρα ο κάθε συμμετέχοντας σχεδίασε κάτι το διαφορετικό, παρόλο που άκουγε ακριβώς ό,τι και όλοι οι υπόλοιποι. Το συμπέρασμα; Ακούν τα ίδια, δέχονται τις ίδιες δηλαδή πληροφορίες και στον ίδιο μάλιστα χρόνο, αλλά ωστόσο αντιλαμβάνονται διαφορετικά.

Οι χρηματιστηριακές αγορές είναι λοιπόν από μια άποψη μη αποδοτικές, είναι δηλαδή ατελείς όσον αφορά στην λήψη και χρήση των πληροφοριών και αυτό έχει να κάνει με την διαφορετική αντιληπτική ικανότητα των συμμετεχόντων σε αυτές. Οι χρηματιστηριακές αγορές κατά συνέπια, σε βραχυχρόνιο ή μεσοπρόθεσμο ορίζοντα, είναι όπως οι μανιοκαταθλιπτικοί άνθρωποι: με περιόδους μανίας (ευδαιμονίας, που είναι περισσότερο συχνές) και περιόδους κατάθλιψης (πτώσεως, κατήφειας, που παρουσιάζεται ολιγότερο συχνά) – και υπάρχει ένα μικρό ενδιάμεσο διάστημα μεταξύ των μανιών και καταθλίψεων το οποίο θα μπορούσε να θεωρηθεί νορμάλ, υπό την έννοια ότι σε αυτές τις περιόδους, η αγορά έχει καλά και λογικά επίπεδα τιμών, ούτε υψηλά, ούτε χαμηλά. Αλλά ο κανόνας στις βραχυπρόθεσμες έως μεσοπρόθεσμες περιόδους, είναι οι υπερβολές. Κανείς δεν μπορεί να προβλέψει *επακριβώς* την ένταση των ακραίων ανοδικών ή πτωτικών αντιδράσεων σε αυτό το μη μακροπρόθεσμο χρονικό πλαίσιο. Γι'αυτό οι αγορές κινούνται περισσότερο ή λιγότερο χαοτικά σε βραχυπρόθεσμο ή μεσοπρόθεσμο χρονικό πλαίσιο.

Σε αυτό το βιβλίο, θα σας παρουσιάσω και μερική ετυμολογική ανάλυση, η οποία είναι πολύ χρήσιμη στη κατανόηση του τι συμβαίνει στις χρηματιστηριακές αγορές. Αναφερόμαστε στην ψυχολογία του πλήθους. Η ίδια η λέξη *πλήθος*, στα αγγλικά crowd, προκύπτει από την παλαιοαγγλική λέξη crudan που σήμαινε "να πιέσω, συντρίψω". Με την σειρά έρχονταν από τη μεσαιωνική ολλανδική cruden, που σήμαινε "να πιέσω, σπρώξω" που και αυτή, σχετίζονταν με την μεσαιωνική γερμανική kroten, που είχε την σημασία "να πιέσω, καταθλίβω". Όταν πιέζεις, καταπιέζεις μια κατάσταση, αυτοί οι οποίοι εμπλέκονται σε αυτήν, δεν μπορούν να αντιδράσουν λογικά · ενεργούν συναισθηματικά και ενστικτωδώς. Η ίδια λοιπόν, η λέξη πλήθος στα αγγλικά, μας οδηγεί στην κατανόηση ότι το πλήθος (crowd), είναι κάτι στο οποίο δημιουργούνται συνθήκες πίεσης και κατά λογική συνέπεια, περιορίζεται η δυνατότητα λογικών κινήσεων και αντιδράσεων.

Τυχαιότητα και Χάος!

Τυχαιότητα και το Χάος, είναι κατά κάποιο τρόπο, δυο έννοιες συνδεόμενες.

Τι είναι τυχαίο; Καλούμε τυχαίο κάτι που:
i. Δεν είναι προβλέψιμο.
ii. Δεν μπορούμε να κατανοήσουμε τον τρόπο που παράγεται · φαίνεται να υπακούει σε κάποια μη λογική φόρμουλα ή η λειτουργία του είναι υπερβολικά σύνθετη για τη γνώση που διαθέτουμε και συνεπώς δεν το κατανοούμε.
iii. Εάν αναφερόμαστε σε έναν μηχανισμό / σύστημα που παράγει τυχαία αποτελέσματα, βασική συνθήκη αυτού, είναι ότι ο κάθε παράγοντας σε αυτό, θα πρέπει να έχει τις ίδιες πιθανότητες να εμφανιστεί ή να επιλεχθεί.
Εάν αυτή η συνθήκη δεν ισχύει, μπορούμε να μιλήσουμε για ένα ψευδο-τυχαίο που προσομοιάζει προς το αυθεντικά τυχαίο αλλά στο βάθος του, δεν είναι τυχαίο. Φυσικά τα ψευδο-τυχαία μπορεί να είναι επίσης μη προβλέψιμα.

Και πως η τυχαιότητα συνδέεται με το χάος; Το χάος είναι κάτι που μπορεί να παράγει μη προβλέψιμα αποτελέσματα. Το χάος είναι κάτι ντετερμινιστικό, το οποίο μπορεί να αναλυθεί και να βρούμε κανόνες στους οποίους υπακούει. Με το ντετερμινιστικό εννοώ αιτιοκρατικό, που σημαίνει ότι η μελλοντική συμπεριφορά ενός χαοτικού συστήματος, καθορίζεται πλήρως από τις αρχικές του συνθήκες και αίτια, χωρίς να υπεισέρχονται και να εμπλέκονται τυχαία στοιχεία.

Συνεπώς στα χαοτικά συστήματα, μπορείς να φτιάξεις μια φόρμουλα που θα περιγράφει την λειτουργία του συστήματος. Αυτό σημαίνει ότι αν δράσουμε με έναν συγκεκριμένο τρόπο, τότε αναμένουμε ένα συγκεκριμένο αποτέλεσμα. Παρόλο όμως που αναμένουμε ένα συγκεκριμένο αποτέλεσμα, το χαοτικό σύστημα είναι τόσο 'ευαίσθητο' στις αλλαγές των αρχικών του συνθηκών και μια αλλαγή σε αυτές, ακόμα και ελάχιστη - μικροσκοπική, παράγει ένα έως και πολύ διαφορετικό αποτέλεσμα, σε σχέση με αυτό που αναμέναμε. Γι'αυτό, ένα χαοτικό σύστημα μπορεί και είναι όντως συχνά, απρόβλεπτο όσον αφορά στα αποτελέσματά του.

Σύμφωνα με τον ορισμό που δώσαμε για την τυχαιότητα, τυχαία είναι για παράδειγμα, τα αποτελέσματα ενός παιγνιδιού ΛΟΤΤΟ. Κάθε μπάλα της λοταρίας έχει την ίδια πιθανότητα να επιλεγεί και δεν μπορούμε να προβλέψουμε, ποιες από αυτές, θα κληρωθούν. Ένα ψευδο-τυχαίο (που θα μπορούσε επίσης να κληθεί ως ομοιάζων προς τυχαίο) είναι για παράδειγμα, μια κρυπτογραφική μέθοδος που είναι ακαταλαβίστικη σε οποιονδήποτε δεν ξέρει τον κρυπτο-κώδικα αλλά για κάποιον που γνωρίζει τον κώδικα, έχει ένα συγκεκριμένο νόημα.

Φυσικά, μια κληρωτίδα του παιγνιδιού ΛΟΤΤΟ που ανακατεύει τις σφαίρες με τα νούμερα, δουλεύει με τους νόμους της φυσικής, και συνεπώς λογικά. Ωστόσο, η διαδικασία είναι τυχαία. Γιατί είναι αδύνατον να προβλέψουμε τα νούμερα που θα κερδίσουν; Διότι όλες οι μπάλες είναι πανομοιότυπες, έχοντας ακριβώς τον ίδιο όγκο και το ίδιο βάρος και ο αέρας που ανακατεύει τις σφαίρες, ρέει με τέτοια ταχύτητα προκειμένου να στροβιλίζει αυτές, τις πετάει δε προς πάσα κατεύθυνση εντός της κληρωτίδας, μερικές μπάλες μέσα στον περιορισμένο κλωβό της κληρωτίδας, χτυπούν άλλες μπάλες και συνεπακόλουθα αλλάζουν κατεύθυνση τόσο εύκολα και τόσο πολυσύνθετα έως ότου επιλεχθεί μία σφαίρα με νούμερο που θα κερδίζει.

Με άλλα λόγια η διαδικασία της λοταρίας είναι λογική, υπακούοντας σαφώς σε νόμους της φυσικής, ωστόσο επειδή είναι τόσο πολυπαραγοντική και σύνθετη, είναι αδύνατον να προβλέψουμε ποιες μπάλες εντέλει θα κληρωθούν. Επομένως είναι τυχαία ως διαδικασία αλλά και χαοτική ταυτοχρόνως, αφού κάθε φορά που επαναλαμβάνεται η διαδικασία, βγαίνουν διαφορετικοί συνδυασμοί αποτελεσμάτων, καθώς μικρές διαφορές στις αρχικές συνθήκες, επιφέρουν σημαντικά διαφορετικό αποτέλεσμα. Βεβαίως εάν μπορούσαμε να μετρήσουμε επακριβώς όλες τις παραμέτρους που περιέγραψα όσον αφορά στην κλήρωση ενός παιγνιδιού ΛΟΤΤΟ, θα μπορούσαμε να προβλέψουμε τα νούμερα που θα έβγαιναν, αλλά κατανοείτε φαντάζομαι, ότι με την σημερινή γνώση και τεχνολογία, είναι αδύνατον να το καταφέρουμε.

Οι Αγορές γυρνούν σε Ponzi

Σε αυτό το βιβλίο, προσπαθώ να καταρρίψω τις δοξασίες των χρηματιστηριακών αγορών και των επενδύσεων σε αυτές. Οι επαγγελματίες των αγορών, θέλουν να δείχνουν ότι οι αγορές λειτουργούν πολυσύνθετα, έτσι ώστε είναι πολύ δύσκολο να προβλέψεις την πορεία τους, αλλά εντέλει λειτουργούν και λογικά. Μόνο με αυτόν τον τρόπο, οι επαγγελματίες θα αυξήσουν την χρησιμότητά τους και θα δικαιολογήσουν τις αμοιβές που λαμβάνουν. Και επειδή μιλάμε - συνήθως – για παχυλές αμοιβές, δίδουν έμφαση στην πολυπλοκότητα των επενδύσεων, που σύμφωνα με αυτούς, πρόκειται για ένα πολύπλοκο επιστημονικό ζήτημα, για το οποίο αυτοί έχουν την γνώση και τα μέσα να το κατανοήσουν και να το διαχειριστούν επιτυχώς, ενώ εσείς δεν τα έχετε. Αυτό προβάλλουν οι επαγγελματίες για να προωθήσουν τα συμφέροντά τους. Λοιπόν, τα πράγματα δεν είναι ακριβώς έτσι!

Θέτοντάς το απλά, τι είναι οι αγορές; Οι αγορές είναι οι συμμετέχοντες σε αυτές, το όλο πλήθος. Γνωρίζουμε επίσης ότι οι αγορές συχνά κινούνται προς τα πάνω, οδηγούμενες από την απληστία του πλήθους. Όταν έχουμε αυτή την κατάσταση, συμβαίνει διότι το πλήθος μυρίζει 'εύκολο' χρήμα. Σε αυτή την χρονική στιγμή ή και περίοδο, το πλήθος δεν ενδιαφέρεται για τα θεμελιώδη, το πλήθος απλά στοιχηματίζει πάνω σε κάποιο σενάριο, απλά κερδοσκοπεί κατά την αγγλική έννοια του speculate, όπως την αναφέραμε σε προηγούμενο σημείο: σε αυτή την περίοδο, νέοι παίκτες και νέο χρήμα εισέρχεται στην αγορά επειδή μυρίζονται κέρδος. Απλά αυτό. Εξ αιτίας αυτού, δημιουργούνται φούσκες από καιρού εις καιρόν, για τις οποίες κατά κανόνα, οι επαγγελματίες, με όλα αυτά τα μέσα και γνώση που διαθέτουν, δεν προβλέπουν την ύπαρξή τους, δεν προβλέπουν το μέγεθός τους, ούτε και την διάρκειά τους · οι επαγγελματίες μπορεί να συμμετέχουν όταν η φούσκα διογκώνεται αλλά συνήθως δεν προβλέπουν πότε η φούσκα σκάει, δημιουργώντας ζημιές στους επενδυτές – φυσικά πρόσωπα αλλά και σε αυτούς τους ίδιους τους επαγγελματίες. Ποια εντέλει η χρησιμότητά τους εάν δεν μπορούν να προφυλάξουν τους πελάτες τους και επενδυτές από τις κακοτοπιές των αγορών;

Οι αγορές υπάρχουν από τους αρχαίους καιρούς, από τότε που ο άνθρωπος δημιούργησε χωριά και καθώς περνούσε ο καιρός, με την πρόοδο της αστικοποίησης. Ωστόσο, δεν έχω προσέξει και εντοπίσει τύπου φούσκας ανάπτυξη και σκάσιμο, στους αρχαίους ιστορικούς χρόνους, καθώς ως φούσκα θα περιέγραφα μια έντονα παράλογη αύξηση των τιμών κάποιου αγαθού ή προϊόντος και κάποια στιγμή η κατάρρευση αυτών, ακόμα και σε επίπεδα χαμηλότερα μιας ομολογουμένως νορμάλ τιμής. Παρατήρησα για πρώτη φορά αυτό που θα μπορούσα να το αποκαλέσω ως μία τυπική φούσκα, στον 17ο αιώνα και μετά στα χρόνια που ακολούθησαν, έως σήμερα. Φαίνεται λοιπόν ότι μόνο από εκείνη την χρονική περίοδο (17ο αιώνα) και εντεύθεν, είχαμε τον συνδυασμό των απαραίτητων παραγόντων που μπορούν να οδηγήσουν σε εμφανίσεις φουσκών. Ποιοι είναι αυτοί οι παράγοντες; Η οικονομία από τοπική, άρχισε να γίνεται παγκόσμια – αρχικά ανακαλύφθηκε η Αμερική και λίγο μετά η Ωκεανία, όπως επίσης επανανακαλύφθηκε η Αφρική – το εμπόριο άρχισε να διαδίδεται σε όλον τον πλανήτη και μερικές ήπειροι που ήταν 'παρθένες', άρχισαν να προσφέρονται προς εκμετάλλευση. Λίγο καιρό μετά, η βιομηχανική επανάσταση πρόσφερε νέες δυνατότητες. Οι προσδοκίες για τις μελλοντικές προοπτικές ανάπτυξης, δημιουργούνταν βασιζόμενες κυρίως στην ζωηρή φαντασία και πολύ περισσότερο από ό,τι στην λογική. Και οι ψευδαισθήσεις είναι ένα συχνά κοινό χαρακτηριστικό του όχλου, ιδίως όταν διακατέχεται από παρόμοιες αντιλήψεις και κοινές ιδέες: έχετε ακούσει για συναθροίσεις χριστιανικού πλήθους, σε διάφορες χρονικές στιγμές της ιστορίας και σε διάφορα γεωγραφικά σημεία, που έβλεπαν την Παναγία να 'εμφανίζεται';...

Λοιπόν, σε αυτό το εξαιρετικά αισιόδοξο περιβάλλον από τον 17ο αιώνα και εντεύθεν, οι χρηματιστηριακές αγορές άρχισαν να αναπτύσσονται, κατά τον τρόπο που λίγο έως πολύ τις γνωρίζουμε και σήμερα. Από την βαθιά αρχαιότητα και έως τον 17ο αιώνα, οι αγορές λειτουργούσαν με τον απλό και ουσιαστικό - πρωτεύοντα ρόλο τους: συναντιόντουσαν πωλητές και αγοραστές, συμφωνούσαν στην τιμή, ο αγοραστής έδιδε το αντίτιμο στον πωλητή και αυτός του έδιδε το προϊόν που αφορούσε η συναλλαγή. Τα χρηματιστήρια όμως είναι *δευτερογενείς αγορές* και άρχισαν να διαμορφώνονται στον 17ο αιώνα, για να πουλάνε όχι το ίδιο το προϊόν, αλλά έναν τίτλο σε μια επιχείρηση που παρήγαγε κάτι (ένα προϊόν ή μια υπηρεσία). Από τον 17ο αιώνα λοιπόν, αρχίσαμε να βιώνουμε τις αγορές και πωλήσεις, όχι των ιδίων των προϊόντων, ήτοι μιας διαδικασίας που είναι αρκετά απλή, αλλά στην ουσία των δικαιωμάτων σε έναν παραγωγό. Επειδή οι μετοχές είναι ακριβώς αυτό: ένας τίτλος ιδιοκτησίας σε μια επιχείρηση και με αυτόν, έχει κανείς μερίδιο στην παραγωγή της και συνεπακόλουθα, μερίδιο στο οικονομικό της αποτέλεσμα και εντέλει, στα κέρδη. Από την στιγμή που αγοράζετε τις μετοχές μιας εταιρίας, ο απώτερος στόχος σας, δηλαδή να κερδίσετε, θα επιτευχθεί ή όχι, εξαρτώμενος από την μελλοντική πορεία της επιχείρησης στην οποία τοποθετήσατε τα χρήματά σας. Η μαγική φρασούλα των μόλις δυο λέξεων, 'μελλοντική πορεία'... η μελλοντική πορεία μιας επιχείρησης είναι κάτι *εξαιρετικά πολύπλοκο* να διαγνωστεί, ήδη από τον 17ο αιώνα *(σας υπενθυμίζω την περίπτωση του Νεύτωνος και της φούσκας στην οποία ενεπλάκη και εντέλει έχασε πολλά χρήματα, που ανέφερα στην Εισαγωγή)*, πολύ περισσότερο στον 20ο αιώνα και ακόμα περισσότερο, στον 21ο αιώνα. Ο ανταγωνισμός τότε (17ο - 18ο αιώνα), ήταν ισχυρός, ταχέως αναπτυσσόμενος και αρκετά απρόβλεπτος. Συνεπώς από μία τόσο περίπλοκη κατάσταση όσο οι προσπάθειες να προσδιορίσουν την μελλοντική αξία, προέκυψε η κερδοσκοπία με την έννοια του αγγλικού speculation, όπως έχει αναφερθεί σε προηγούμενο μέρος και η οποία, βασικά δεν υπήρχε στις προγενέστερες του 17ου αιώνος, αγορές.

Τονίζω ξανά ότι οι χρηματιστηριακές αγορές είναι απρόβλεπτες. Από τους παλαιούς καιρούς, ο άνθρωπος ήθελε να προβλέψει το μέλλον, όχι μόνο για τις αγορές · γι'αυτό μάντεις και προφήτες είχαν αναπτυχθεί και ανθίσει σε όλο τον παλαιό κόσμο – αλλά χωρίς πραγματική επιτυχία έως τις ημέρες μας … Κανένας δεν προβλέπει το μέλλον, ούτε οι ενορατικοί και έχοντες κληρονομικό χάρισμα, ούτε οι επιστήμονες και οι αναλυτές.

Και όταν δεν μπορείτε να προβλέψετε, τι κάνετε; Εκτιμάτε, κάνετε speculate. Αλλά όταν εκτιμάτε - speculate, είναι εξαιρετικά πιθανό να λάβετε μια θέση βασισμένη στις ελπίδες ή τους φόβους σας – η θέση αυτή θα είναι εξ ορισμού μπορώ να πω, περισσότερο ακραία από την πραγματική πρόοδο του γεγονότος πάνω στο οποίο εσείς, κάνατε την εκτίμηση. Η κερδοσκοπία - speculation είναι εξ ορισμού, μια πολύ ευαίσθητη διαδικασία και εντέλει, χαοτική.

Στις χρηματιστηριακές αγορές δε, συναντάμε δε δύο ειδών συμμετεχόντων, αυτούς που είναι πιο μετριοπαθείς και αυτούς που είναι περισσότερο 'επιθετικοί':

Οι μετριοπαθείς αγοράζουν μετοχές σε ένα χρηματιστήριο για επένδυση, που σημαίνει ότι δίδουν βαρύτητα στα μερίσματα και στην απόδοση σε βάθος χρόνου · η άλλη κατηγορία, αγοράζει για κερδοσκοπία - speculation, που σημαίνει ότι έχουν στο μυαλό τους, να κερδίσουν κυρίως μέσω συντόμων ή σχετικά συντόμων επαναπωλήσεων σε υψηλότερα επίπεδα τιμών και δεν τους ενδιαφέρει το βάθος χρόνου. Το κερδοσκοπικό trading περιέχει επίσης τις ακάλυπτες πωλήσεις (short selling) μετοχών, που είναι οι πωλήσεις μετοχών που δεν βρίσκονται στην κατοχή του πωλητή κατά την στιγμή της πώλησης, αλλά αναμένει ότι θα μπορέσει να τις αγοράσει λίγο αργότερα σε χαμηλότερη βέβαια τιμή, αποκομίζοντας έτσι κέρδος από την χαμηλότερη τιμή αγοράς σε σχέση με αυτήν στην οποία είχε πουλήσει.

Και μαντέψτε ποια κατηγορία συμμετεχόντων στην αγορά αποτελεί την πλειοψηφία στα χρηματιστήρια;

Να είστε σίγουροι ότι την αποτελούν οι κερδοσκόποι και traders και όχι οι επενδυτές. Η μεγάλη πλειοψηφία στα χρηματιστήρια κερδοσκοπεί, περισσότερο ή λιγότερο.

Οι κερδοσκόποι αντιδρούν συχνά παράλογα καθώς εισέρχονται στην αγορά όταν μυρίζουν κέρδος και θα το οσμιστούν όταν το 'φαγητό' είναι σχεδόν τελειωμένο · ξανά, οι κερδοσκόποι θα εξέλθουν της αγοράς μαζικά όταν αντιληφθούν μια 'μυρωδιά καμένου'· είναι η μυρωδιά των κατεστραμμένων κερδοσκόπων, και η μάζα αγνοεί ότι όταν οι κερδοσκόποι καίγονται, συνήθως εισερχόμαστε στην καλύτερη περίοδο για να αγοράσουμε.

Από καιρού εις καιρόν λοιπόν, οι χρηματιστηριακές αγορές εξελίσσονται σε φούσκες και οι φούσκες απέχουν μακράν της λογικής. Βασικά και λέγοντας την αλήθεια … οι φούσκες είναι 'πυραμοειδείς' διαμορφώσεις, τύπου ponzi, διότι για να συνεχίσουν να μεγεθύνονται, απαιτείται ολοένα μεγαλύτερη ποσότητα χρήματος να εισέρχεται στην αγορά.

Μπορούμε να πούμε ότι οι χρηματιστηριακές αγορές, εξελίσσονται κατά καιρούς σε νόμιμα 'πυραμοειδή' σχήματα (τύπου ponzi, μεγάλου μεγέθους). Οι συμμετέχοντες σε μια αγορά - φούσκα, είναι τόσο αισιόδοξοι που η καλύτερη λέξη για να τους περιγράψει, είναι ότι βρίσκονται υπό την επήρεια ψευδαισθήσεων · άλλωστε, μια ψευδαίσθηση είναι απλά ευκολότερο να διαδοθεί: δεν χρειάζεται προσπάθεια, ο καθένας την δέχεται αρκετά εύκολα, αφού συχνά είναι πιο ευχάριστη από την πραγματικότητα. Ωστόσο, είναι ψευδής. Κάποια στιγμή τελικά, όλα τα σχήματα τύπου ponzi, βασιζόμενα στην απληστία αλλά και στις ψευδαισθήσεις του πλήθους, σταματούν να ανέρχονται – δεν μπορούν να συνεχίσουν την άνοδό τους για πάντα: το σχήμα φουσκώνει, αυξάνει και ξαναφουσκώνει, ολοένα και περισσότερο και σε κάποια στιγμή, σκάει.

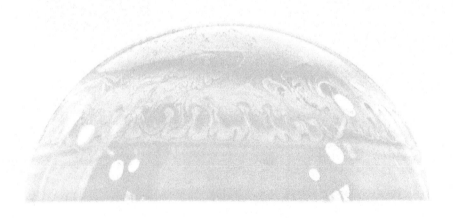

Δεύτερο Μέρος:
Κυρίως Τεχνικές και Πρακτικές ...

Τα περισσότερα όργανα, θέσεις και θεσμοί στην άμεση δημοκρατία, στην αρχαία Ελλάδα, κυρίως στην Αθήνα, συνίσταντο από τυχαία επιλογή πολιτών. Η τυχαία επιλογή ήταν η ουσία της άμεσης δημοκρατίας. Καθώς οι καιροί πέρασαν, αιώνες από τότε, η δημοκρατία έπαψε να είναι άμεση και έγινε αντιπροσωπευτική στην σύγχρονη εποχή.

Καθ'όλη την διάρκεια της ανθρώπινης ιστορίας, πολλά πολιτικά και κυβερνητικά συστήματα δοκιμάστηκαν και χρησιμοποιήθηκαν και η δημοκρατία αποδείχτηκε, όχι τέλεια αλλά καλύτερο σύστημα από όλα τα άλλα.

Θα δούμε πως οι τυχαίες επιλεγμένες επενδύσεις μπορούν να είναι, κατά τον ίδιο τρόπο όπως με το δημοκρατικό πολίτευμα, όχι τέλειες, αλλά ωστόσο καλύτερες από τις άλλες επενδυτικές τεχνικές.

Στο πεδίο των επενδύσεων άλλωστε, δεν θα βρείτε ποτέ μια τέλεια τεχνική, που να σας οδηγεί πάντα και με ασφάλεια, αποκλειστικά σε κέρδη. Δεν υπάρχει κάτι σε αυτό το πεδίο που να μπορεί να χαρακτηριστεί τέλειο. Αλλά υπάρχει το καλύτερο και βελτιωμένο.

Ένας Πίθηκος κερδίζει τους Επαγγελματίες

Το 2010, ένας θηλυκός χιμπατζής, με το όνομα Λούσα (Lusha), κέρδισε το 94 τοις εκατό των μετοχικών Κεφαλαίων στην Ρωσία, με το χαρτοφυλάκιό της να αυξάνει σχεδόν κατά τρεις φορές σε σχέση με το προηγούμενο του 2010, έτος. Πράγματι, διαβάζοντας την

ιστορία της Λούσα, με ενέπνευσε να γράψω αυτό το βιβλίο. Μέχρι τότε, θεωρούσα ότι οι επενδύσεις και ειδικότερα οι μακροχρόνιες επενδύσεις, ήταν θέμα γνώσεων και ανάλυσης και γενικά μιλώντας, ήταν όντως κάτι πολύπλοκο και δύσκολο … αλλά διαβάζοντας τα της Λούσα, όλη η γνώση και εμπειρία που είχα από τα 25 χρόνια ενασχόλησής μου με τις χρηματιστηριακές επενδύσεις, απέκτησαν μια άλλη 'οπτική' την οποία την τέσταρα, και καθώς τα αποτελέσματά της ήταν εξαιρετικά, συνεπακόλουθα, έγραψα το εν λόγω βιβλίο.

Αλλά ας επιστρέψουμε στην Λούσα και ας δούμε πως ένας ταπεινός χιμπατζής με έκανε να καταλάβω και συνεπακόλουθα και εσάς, ότι τα πράγματα ήταν ευκολότερα από ό,τι ενόμιζα τόσα χρόνια και από ό,τι φαίνονταν…

Στην Λούσα δόθηκαν 30 πανομοιότυπα τουβλάκια, τα οποία αντιπροσώπευαν τις 30 εταιρίες που συνέθεταν τον MICEX (ένας βασικός χρηματιστηριακός δείκτης της Ρωσίας) και μετά την ρώτησαν:
Λούσα, που θα ήθελες να επενδύσεις τα χρήματά σου φέτος;

Η Λούσα, μετά από σύντομη σκέψη, επέλεξε οκτώ τουβλάκια, όπως και έπρεπε στο πείραμα που διεξήγαγαν.

Αυτές οι οκτώ επιλογές της Λούσα, ξεπέρασαν σε απόδοση αυτές της μεγάλης πλειοψηφίας των επαγγελματιών της αγοράς. Μπορείτε να αναζητήσετε το θέμα στο google για την περιγραφή του και λεπτομέρειες.

Συνεπώς, πως είναι δυνατόν; Ήταν απλώς η Λούσα τυχερή;

Η απόδοση της Λούσα μπορεί να φαίνεται απολύτως τυχαία αλλά δεν είναι ακριβώς έτσι. Το πείραμα με την Λούσα έτυχε να συμβεί σε μια χρονιά που ο MICEX ήταν ανοδικός και μάλιστα η χρονιά εκείνη, ήταν ισχυρή ανοδική! Αλλά τότε, όταν έγινε το πείραμα, στην αρχή του έτους, κανένας δεν γνώριζε αυτό ως δεδομένο που το γνωρίζουμε σήμερα αφού αποτελεί παρελθόν · κανείς τότε δεν ήξερε μετά βεβαιότητας τι θα συμβεί στην ρωσική χρηματιστηριακή αγορά, καθώς τότε επρόκειτο για το μέλλον. Κανείς δεν γνώριζε εάν ο MICEX θα κινούνταν ανοδικά, πτωτικά ή πλευρικά κατά το επόμενο έτος. Ο καθένας βεβαίως, μπορούσε απλά, να εκτιμήσει την πορεία του δείκτη.

Η Λούσα προφανώς και πραγματικά, δεν ήξερε ότι 'επένδυε' - για αυτήν, ήταν ένα ευχάριστο παιχνιδάκι και φυσικά, δεν γνώριζε την μελλοντική πορεία της ρωσικής χρηματιστηριακής αγοράς, όπως επίσης όμως, δεν την γνώριζαν – ως βεβαιότητα και δεδομένο – ούτε και οι επαγγελματίες με τους οποίους ανταγωνίστηκε. Ωστόσο, ένα χρόνο μετά αποδείχτηκε ότι οι επιλογές της Λούσα απέδωσαν πολύ, μα πολύ καλύτερα από τους επαγγελματίες.

Πολλοί επαγγελματίες όπως τραπεζίτες, χρηματιστές, διαχειριστές Κεφαλαίων κ.ά., επιχείρησαν να απαξιώσουν την επενδυτική επίδοση της Λούσα λέγοντας ότι ... στάθηκε τυχερή (...τι άλλο;). Το βασικό τους επιχείρημα για να απαξιώσουν το επίτευγμα της Λούσα – διότι ήταν ένα πραγματικό επίτευγμα – ήταν ότι εάν κάποιος διαλέξει μετοχές σαν την Λούσα (τυχαία), τότε σε κάποιο βάθος χρόνου, δεν θα είναι τυχερός σε συνεχή βάση και εντέλει, θα αποτύχει και θα χάσει τα χρήματά του.

Μετά την επιτυχία της Λούσα με τις τυχαία επιλεγμένες επενδύσεις της και την αποτυχία των επαγγελματιών, πολλοί επαγγελματίες (ποιοι άλλοι;) επιχείρησαν να υποβαθμίσουν την απόδοση της συμπαθούς χιμπατζή. Ένας χρηματιστής είπε ότι εάν το πείραμα είχε συμβεί έναν χρόνο πριν, ο χιμπατζής δεν θα είχε καθόλου χρήματα για να πληρώσει για τις μπανάνες του στη συνέχεια. - (φυσικά, είναι αναμενόμενο ο χαμένος να λέει οτιδήποτε για να υποστηρίξει την θέση του).

Μπορείτε να σκεφτείτε οι επαγγελματίες της αγοράς, να έλεγαν κάτι το διαφορετικό, όταν βγάζουν 'χοντρά' χρήματα από τις υπηρεσίες που υποτίθεται ότι προσφέρουν; Κρατήστε στο μυαλό σας αυτή την ερώτηση.

Η υπόθεση της Λούσα είναι ένα γεγονός (ένας χιμπατζής νίκησε τους επαγγελματίες) και εάν αφήσουμε στην άκρη την τύχη της Λούσα, αυτό που μας δείχνει το περιστατικό, είναι ότι *η οικονομική γνώση δεν βοηθάει στην ανάλυση των παραγόντων που οδηγούν σε αλλαγές και διακυμάνσεις την χρηματιστηριακή αγορά. Ξεχάστε για λίγο την συμπαθητική Λούσα...* θέλω να τονίσω ότι οι επαγγελματίες με όλα τα μέσα και τη γνώση που έχουν, δεν μπορούν να προβλέψουν το μέλλον των χρηματιστηριακών αγορών βραχυμεσοπρόθεσμα. Τελεία και παύλα.

Τώρα, αφού σας είπα για την ιστορία επιτυχίας της Λούσα, είναι ο σωστός χρόνος για το ακόλουθο: Διαλέξτε δέκα νούμερα μεταξύ του 1 και του 200 (συμπεριλαμβανομένων του ενός και του διακόσια) και καταγράψτε τα στο ακόλουθο πινακάκι, στις δέκα κενές θέσεις:

Τα νούμερα που θα επιλέξετε τώρα, θα χρειαστούν αργότερα, όπου τότε θα σας πω και που και γιατί θα χρησιμεύσουν.

Η υπόθεση του Διαγωνισμού με τα Βελάκια

Ο καθηγητής Burton Malkiel, νωρίς κατά την δεκαετία του ΄70, παρουσίασε την Θεωρία του Τυχαίου Περίπατου (The Random Walk Theory) · με αυτήν του την θεωρία, ο καθηγητής σημείωνε ότι ακόμα και τυφλές μαϊμούδες εάν έριχναν βελάκια σε έναν πίνακα με τις μετοχές του χρηματιστηρίου, θα μπορούσαν να επιλέξουν έτσι, μετοχές που θα απέδιδαν καλύτερα από τις επιλογές των ειδικών της αγοράς.

Καθώς οι επενδύσεις με τυχαίες επιλογές φαίνεται ως μέθοδος πολύ προκλητική και συνάμα ενδιαφέρουσα, μια από τις γνωστότερες οικονομικές εφημερίδες, η Wall Street Journal, σκέφτηκε να ελέγξει το όλο ζήτημα των τυχαίων επιλογών έναντι των επιλογών των επαγγελματιών. Κατά την δεκαετία του ΄80 λοιπόν, η Wall Street Journal αποφάσισε να τεστάρει εάν η θεωρία του Malkiel θα μπορούσε να ισχύει και σε αυτά τα πλαίσια επινόησε έναν διαγωνισμό, τον Dartboard Contest (ή στα ελληνικά, Διαγωνισμό, με

Βελάκια · Dartboard είναι το γνωστό παιγνίδι με τον στρογγυλό στόχο που τοποθετείται σε τοίχο και στον οποίο ρίχνουμε βελάκια).

Στην περίπτωση της Wall Street Journal, δεν πήρανε πιθηκάκια για να επιλέγουν μετοχές αλλά αντί των 'πιθήκων' πήραν το μη εξειδικευμένο με το χρηματιστήριο, προσωπικό τους (της ίδιας της εφημερίδας). Αυτοί ενεργούσαν σαν 'μαϊμούδες' στον Διαγωνισμό, πετώντας βελάκια σε έναν πίνακα με τις μετοχές, διαλέγοντας έτσι απολύτως τυχαία όπως θα διάλεγε και μια μαϊμού, ενώ οι ειδικοί της αγοράς, διάλεγαν με τα δικά τους κριτήρια τις μετοχές που επιθυμούσαν, χρησιμοποιώντας όλες τις διαθέσιμες πληροφορίες και επιστημονικές και τεχνικές πρακτικές.

Η εφημερίδα έβαλε επίσης τους αναγνώστες της να επιλέγουν και αυτοί μετοχές. Είχε λοιπόν τρεις μεταξύ τους ανταγωνιστικές ομάδες: αυτή που επέλεγε τυχαία ως άλλες 'μαϊμούδες', την ομάδα των ειδικών της αγοράς και την ομάδα των αναγνωστών. Μετά από έξι μήνες, συνέκριναν τα αποτελέσματα των διαγωνιζομένων. Επίσης, διεξήγαγε όχι έναν αλλά 100 συνεχόμενους διαγωνισμούς, προκειμένου να δώσει κύρος στα αποτελέσματα.

Ποια ήταν τα αποτελέσματα; Στο έτος 1998 η εφημερίδα παρουσίασε τα αποτελέσματα του 100ου Dartboard Contest. Οι επαγγελματίες είχαν κερδίσει 61 από τους 100 διαγωνισμούς έναντι της τυχαίας επιλογής. Συνεπώς, οι επαγγελματίες κέρδισαν την ομάδα της τυχαίας επιλογής με 61 τοις εκατό.

Τι παρατηρούμε εδώ; Στα αποτελέσματα του Διαγωνισμού με τα Βελάκια - Dartboard Contest;

Πρώτον, ο Διαγωνισμός έλαβε χώρα σε μια περίοδο που η αγορά ήταν ισχυρή ανοδική – όπως και η Λούσα, κατά το 2009.

Δεύτερον, οι επαγγελματίες κέρδισαν στο σύνολο αλλά κάποιος μπορεί να ισχυριστεί ότι ένα ποσοστό 39 τοις εκατό, όπου ήταν μπροστά οι μη επαγγελματικές επιλογές (τυχαίες), είναι ολίγον απαξιωτικό για τους επαγγελματίες.

Τρίτον, η απόδοση των επαγγελματιών έναντι του Dow Jones Industrial Average, του βασικού δηλαδή δείκτη DJIA, ήταν λιγότερο εντυπωσιακή. Οι επαγγελματίες μετά βίας κέρδισαν τον DJIA με 51 έναντι 49 διαγωνισμών. Ξανά λοιπόν, φαίνεται ότι οι επαγγελματίες δεν μπορούν να υπεραποδώσουν έναντι ενός βασικού χρηματιστηριακού δείκτη εύκολα και γι'αυτό, είναι καλύτερο για τους επενδυτές – φυσικά πρόσωπα, να ακολουθούν την μέθοδο της παθητικής επένδυσης με ένα ETF πάνω σε κάποιον βασικό δείκτη, μη λαμβάνοντας με αυτόν τον τρόπο, τέτοια μεγάλα κόστη και αμοιβές που οι επαγγελματίες χρεώνουν για να διαχειριστούν τα χρήματα και χαρτοφυλάκια των επενδυτών.

Έχει ενδιαφέρον να δούμε και τις ακριβείς ποσοστιαίες αποδόσεις του Διαγωνισμού: οι επαγγελματίες είχαν μέση ετήσια απόδοση +10,8% συγκριτικά με +4,5% για την ομάδα των τυχαίων επιλογών και +6,8% για τον δείκτη DJIA.

Βάσει όλων αυτών, μπορεί κάποιοι να πουν ότι η επικράτηση των επαγγελματιών ήταν πλήρης και ξεκάθαρη... αλλά δεν είναι έτσι. Ας εξετάσουμε γιατί.

Δεν ήταν μια πλήρης και καθαρή νίκη των επαγγελματιών, διότι:

Πρώτον, κάθε διαγωνισμός dardboard ήταν βραχυχρόνιος – διάρκειας μόνο έξι μηνών. Υπενθυμίζω ότι η Λούσα, επέλεξε ορισμένες μετοχές για ετήσια περίοδο που και αυτή, είναι βραχυχρόνια αλλά ωστόσο είναι διπλάσια των έξι μηνών.

Δεύτερον, ο αριθμός των μετοχών που επιλέγονταν ήταν πολύ μικρός, μόλις έξι, ουσιαστικά μη επιτρέποντας σε αυτούς που επέλεγαν τυχαία, να έχουν αρκετές μετοχές και συνεπακόλουθα πιθανότητες να δομήσουν ένα ισχυρό *αντιπροσωπευτικό* χαρτοφυλάκιο. Φυσικά το ίδιο ίσχυε για όλους όσους πήραν μέρος στον Διαγωνισμό, δηλαδή και στους επαγγελματίες, αλλά γι'αυτό, μεταβείτε στο αμέσως επόμενο σημείο τρία.

Τρίτον, καθώς οι επαγγελματίες δεν ήθελαν ταπεινωθούν χάνοντας από αυτούς που επέλεγαν τυχαία, γι'αυτό επέλεγαν συνειδητά μετοχές με θεωρητικά υψηλότερο ρίσκο και περισσότερο 'επιθετικές' που τείνουν να αποδίδουν καλύτερα σε μια ανοδική αγορά · συνεπώς, αφού οι επαγγελματίες εκτιμούσαν ότι η γενικότερη αγορά ήταν ανοδική, έκαναν περισσότερο trendy και 'επιθετικότερες' επιλογές. Φυσικά αυτό ήταν ένα ρίσκο για αυτούς: εάν η αγορά άλλαζε ουσιαστικά κατεύθυνση και επικρατούσαν οι πτωτικές τάσεις, οι επαγγελματίες καθώς θα είχαν επιλέξει 'επιθετικές' μετοχές, θα είχαν υποφέρει από σοβαρές απώλειες στα θεωρητικά τους χαρτοφυλάκια. Συνεπώς εάν κάποιος μπορεί να κριτικάρει την Λούσα ότι εάν το χαρτοφυλάκιο τυχαίων επιλογών της υφίστατο σε εν εξελίξει τότε πτωτική αγορά, θα είχε οδηγηθεί σε ζημιές, άρα η Λούσα ήταν τυχερή, το ίδιο ισχύει και για τους επαγγελματίες που έκαναν 'επιθετικές' επιλογές – ήταν τυχεροί που στην αγορά επικρατούσαν οι ταύροι (ήταν έντονα ανοδική).

Τέταρτον και ιδιαιτέρως σημαντικό, υπήρχε ένα 'επιδραστικό' αποτέλεσμα: καθώς οι επιλογές των επαγγελματιών δημοσιεύονταν από μια πολύ γνωστή εφημερίδα με μεγάλο πλήθος αναγνωστών, οδηγούσε ορισμένους εκ των αναγνωστών να ακολουθήσουν τις επιλογές των επαγγελματιών – το έβλεπαν κάπως σαν δωρεάν συμβουλευτική – και ακολουθώντας τες, αύξαναν την ζήτηση σε αυτές τις συγκεκριμένες επιλογές – μετοχές, οδηγώντας κατ'επέκταση σε ενίσχυση των ανοδικών τάσεων των συγκεκριμένων επιλογών.

Για όλους τους παραπάνω λόγους, ο Διαγωνισμός Dartboard, δεν ήταν ακριβώς αντικειμενικός, παρά το ευρύ νούμερο των επιμέρους διαγωνισμών (100). Μπορούμε να πούμε ότι ο όλος Διαγωνισμός

Dartboard της Wall Street Journal ήταν εντέλει όχι επαρκώς αντικειμενικός, λόγω των παραπάνω σημείων κριτικής, και για προφανείς λόγους.

Προφανείς λόγους όπως ότι μια κυρίως ειδικευμένη εφημερίδα θα ήθελε να δείξει ότι η αγορά στην με την οποία ασχολείται και σχετίζεται, δεν είναι χαοτική, όπου ακόμα και εάν κάποιος πετούσε βελάκια για να επιλέξει μετοχές θα μπορούσε να κερδίσει τους επαγγελματίες, όπως έκανε η Λούσα το 2009-2010. Η Εφημερίδα είχε ισχυρό συμφέρον να αποδείξει ότι το πεδίο με το οποίο ασχολείται και αποκομίζει έσοδα από αυτό (χρηματιστηριακές αγορές), είναι ένα πεδίο που αξίζει κανείς να πληρώνει για να έχει πληροφόρηση κ.λπ., προκειμένου να έχει καλύτερες πιθανότητες για να πετύχει στις επενδύσεις του. Διαφορετικά, εάν από τον Διαγωνισμό φαίνονταν ότι κάποιος μπορεί να πετύχει καλύτερες αποδόσεις με καθαρά τυχαίες επιλογές, τότε γιατί ο πελάτης να πληρώνει για υπηρεσίες όπως η πληροφόρηση, οι συμβουλές και η διαχείριση;

Για λόγους αντικειμενικότητας της μελέτης μας, διότι δεν είναι ορθό να παρουσιάζουμε μονάχα αυτά που μας βολεύουν, παρουσίασα τα του Dartboard Διαγωνισμού της WSJ αλλά πιστεύω ότι υποβαθμίσαμε αποτελεσματικά αυτόν, που έδειξε ότι οι επαγγελματίες επικρατούν, ως έναν μη επαρκώς αντικειμενικό.

Θα υποβαθμίσουμε περαιτέρω την άποψη ότι οι επαγγελματίες πετυχαίνουν καλύτερες αποδόσεις, στη συνέχεια.

Τώρα πρόκειται να σας δείξω ότι οι επενδύσεις με τυχαίο τρόπο, μπορεί να είναι σπουδαίες και αποτελεσματικότατη ως τεχνική. Ας πειραματιστούμε ολίγο.

Τυχαιότητα

Οι βασικές ιδέες του καθηγητή Malkiel γυρόφερναν το μυαλό μου, όταν άρχισα να προσεγγίζω αυτή τη νέα οπτική περί επενδύσεων, οπότε και σκεφτόμουν να γράψω ένα σχετικό βιβλίο. Σε αυτά τα πλαίσια σκέφτηκα, *γιατί να μην το δοκιμάσω μόνος μου;*

Τι να δοκιμάσω; Να ελέγξω εάν οι τυχαίες επιλογές στις χρηματιστηριακές αγορές, ως επενδυτική μέθοδος, μπορούν να είναι επαρκώς αποδοτικές και επικερδείς. Εάν κάτι τέτοιο ίσχυε, δεν θα ήταν τότε μια 'επαναστατική' εξέλιξη στο πεδίο των επενδύσεων, αφού δεν θα είχαμε την ανάγκη των επαγγελματιών της αγοράς και των παχυλών αμοιβών τους, συν το ότι θα ελαχιστοποιούσαμε και τις προσπάθειές μας, τον χρόνο που πρέπει να ασχολούμαστε με τις επενδύσεις;

Η τυχαιότητα ως διαδικασία, μπορεί να είναι πολύ δημιουργική από πολλές απόψεις. Ας κάνουμε ένα διάλειμμα από τις επενδύσεις, και ας πάμε στο θέμα του σύμπαντος και της δημιουργίας ζωής: υπάρχουν δύο βασικές ομάδες που εξηγούν το φαινόμενο της ζωής, η μία ισχυρίζεται ότι η ζωή προέρχεται από συγκεκριμένες δράσεις θείας δημιουργίας (οι δημιουργιστές) και η άλλη, που εξηγεί τη ζωή ως μη θείας προέλευσης, η οποία προέκυψε τυχαία και εξελίχθηκε μέσω της φυσικής επιλογής. Κάποια από αυτές τις δύο βασικές απόψεις, θα είναι αναγκαστικά σωστή και η άλλη λάθος, αλλά όποια και να είναι σωστή, η τυχαιότητα είναι το 'εργαλείο' για την κατανόηση και των δύο.

Εάν το σύμπαν και η ζωή δημιουργήθηκαν από θεϊκές δυνάμεις, τότε το ίδιο το σύμπαν και η ζωή πρέπει να μοιάζει στον δημιουργό του · αυτό σημαίνει ότι σύμπαν και ζωή πρέπει να είναι τόσο σπουδαία όσο και οι θεοί που εμπλέκονται και φυσικά, πολυσύνθετα σε ένα πολύ μεγάλο βαθμό, αφού και τα θεία όντα που θα

112

εμπλέκονται πρέπει να είναι πολυσύνθετα και τέλεια. Εάν συμβαίνει έτσι, τότε δεν είναι δυνατόν για τους ανθρώπους να κατανοήσουν κάτι τόσο πολυσύνθετο με απλές παρατηρήσεις και τους τρόπους που διεξάγουμε την έρευνα έως σήμερα. Ο μόνος τρόπος για να έχεις μια αντιπροσωπευτική, καλή άποψη του πως θείοι νόες δημιούργησαν το σύμπαν και του πως η ζωή λειτουργεί και διαμορφώνεται, είναι να πάρεις *τυχαίες* ματιές των όλων αυτών φαινομένων. Εάν κάποιες ελάμβανε τυχαίες ματιές στο σύμπαν και στη ζωή, θα παρατηρούσε ότι από τον μικρόκοσμο έως τον μακρόκοσμο, υπάρχουν *αναλογίες*. Τα μικροσκοπικά άτομα του μικρόκοσμου δείχνουν παρόμοια με τα μεγάλα πλανητικά συστήματα του μακρόκοσμου. Στον μακρόκοσμο έχουμε τους ήλιους και τους πλανήτες που είναι σε τροχιά γύρω από τους φωτεινούς αστέρες, στον μικρόκοσμο έχουμε άτομα με νουκλεόνια στο 'κέντρο' και ηλεκτρόνια σε τροχιά γύρω από τους πυρήνες.

Από την άλλη μεριά – την επιστημονική οπτική, εάν το σύμπαν και η ζωή δημιουργήθηκαν άνευ θείας παρέμβασης και είναι το αποτέλεσμα *τυχαίας* διαδικασίας, αναπτυσσόμενα μέσω της φυσικής επιλογής και δουλεύουν και διέπονται από φυσικούς νόμους, δεχόμαστε δύο βασικά πράγματα:

α. Η *τυχαία* διαδικασία είναι κάτι που δεν είναι τύπου 'μαγείας', διαφορετικά η επιστήμη δεν θα την δέχονταν · συνεπώς η *τυχαιότητα* είναι κάτι το σημαντικό και επιστημονικό και εντέλει, δημιουργικό.

β. Εάν το σύμπαν και η ζωή αναπτύχθηκαν μέσω φυσικής επιλογής και διεπόμενα από φυσικούς νόμους, ως αποτέλεσμα αυτών, θα πρέπει να είμαστε ικανοί να αναγνωρίσουμε τα χαρακτηριστικά στα μοτίβα αυτών, διότι ό,τι λειτουργεί με συγκεκριμένη διαδικασία και νόμους, πρέπει να έχει μια παρατηρήσιμη συμπεριφορά · μια συμπεριφορά δηλαδή που κάποιος που διαθέτει βέβαια και κάποια γνώση, μπορεί να αναγνωρίσει και ακόμα και εάν δεν μπορεί να αναλύσει σε βάθος, ωστόσο θα μπορεί να διαπιστώσει και αναλύσει τα φαινομενικά χαρακτηριστικά και εδώ είναι που φτάνουμε στις ... τάσεις.

Φυσικά με όποιον τρόπο και εάν δημιουργήθηκε το σύμπαν, δηλαδή βάσει της άποψης των δημιουργιστών ή βάσει της επιστημονικής άποψης, υπάρχει ένα κοινό σημείο: ο μεγάλος βαθμός της πολυπλοκότητάς του. Και σε ένα πολυσύνθετο σύστημα, ο μόνος τρόπος για να το κατανοήσεις επαρκώς, είναι η *τυχαία* παρατήρηση αυτού.

Δείτε για παράδειγμα τις δημοσκοπήσεις: προβλέπουν με επαρκή ακρίβεια τα αποτελέσματα των επερχόμενων εκλογών, ρωτώντας ένα δείγμα ανθρώπων, που επιλέγονται τυχαία. Πως λοιπόν οι δημοσκοπήσεις πετυχαίνουν αυτό; Με το να λαμβάνουν υπόψη τους μέρη του πληθυσμού με τέτοιο τρόπο, που κάθε δυνατό δείγμα που μπορεί να επιλεχθεί, να έχει μια ίση από πριν, προσδιορισμένη πιθανότητα να επιλεχθεί · ουσιαστικά με το να *έχει την ίδια πιθανότητα να επιλεχθεί όσο οποιοδήποτε άλλο μέρος του πληθυσμού.* Λαμβάνοντας τυχαία κομμάτια ενός Συνόλου, το τυχαίο επιλεγμένο υποσύνολο, θα έχει περίπου τα ίδια χαρακτηριστικά με το Σύνολο. Σε μια δημοσκόπηση λοιπόν που θέλει να προβλέψει το εκλογικό αποτέλεσμα, τυχαία είναι η επιλογή η τηλεφωνική και πάλι με κλήσεις σε τυχαία νούμερα, διότι τηλεφωνώντας τυχαία, μπορεί να καλέσουν π.χ. σε μια συνοικία που θα επικρατούν τα χαμηλά εισοδήματα, όπως επίσης εξίσου άνετα, μπορεί να καλέσουν σε περιοχή με μεσαίο εισόδημα ή υψηλό. Ουσιαστικά τυχαία είναι η διαδικασία, που στην διαδικασία επιλογής δεν υπάρχει καμία προκατάληψη ή προτίμηση υπέρ του ενός ή άλλου αποτελέσματος. Είναι δε τόσο ισχυρή και επιτυχής ως διαδικασία, η τυχαία επιλογή και τυχαίο δείγμα που π.χ. στις δημοσκοπήσεις ενόψει εκλογικών αναμετρήσεων, με ένα τυχαία επιλεγμένο δείγμα που δεν ξεπερνούν τα 3.000 άτομα, μπορούν και προβλέπουν με αρκετή ακρίβεια τις εκλογές στις οποίες ψηφίζουν πολλά εκατομμύρια άνθρωποι.

114

Η ίδια αυτή αρχή της τυχαιότητας, που είναι επιστημονική και που χρησιμοποιείται όπως είδαμε από τους επιστήμονες για να εξάγουν με *εύκολο* τρόπο, αποτελέσματα και συμπεριφορές που αφορούν και χαρακτηρίζουν ένα τεράστιο σύνολο, ισχύει επίσης και στις επενδύσεις. Και έχει επίσης σπουδαία αποτελέσματα. Γι'αυτό η Λούσα, πέτυχε σπουδαίες αποδόσεις. Γι'αυτό οποιοσδήποτε μπορεί να πετύχει σπουδαίες αποδόσεις στην χρηματιστηριακή αγορά, άκοπα. Η τυχαία επιλογή είναι τόσο εύκολη που ακόμα και ένας χιμπατζής μπορεί να την κάνει · σίγουρα μπορεί να την κάνει, οποιοσδήποτε άνθρωπος ανεξαρτήτως του IQ του.

Τώρα, ας δούμε ένα δείγμα τυχαία επιλεγμένων μετοχών και πως αυτές απέδωσαν στην περίοδο ελέγχου.

Το Χαρτοφυλάκιο Α ως Ζ

Βρισκόμουν σε σκέψη, πως θα μπορούσα να επιλέξω τυχαία ορισμένες μετοχές τις οποίες μετά θα έλεγχα περί της αποδόσεώς τους σε ορισμένη περίοδο. Η απάντηση που μου ήρθε στο μυαλό, ήταν *αλφαβητικά*. Σκέφτηκα λοιπόν να βρω 26 μετοχές, όσα και τα γράμματα του αγγλικού αλφαβήτου, και μόνο βάσει του Κωδικού τους. Αναζήτησα λοιπόν εάν υπάρχει μετοχή που ο κωδικός της (αναφέρομαι στον κωδικό που έχουν στο αμερικάνικο χρηματιστήριο) να είναι Α, εάν υπάρχει μετοχή που ο κωδικός της να είναι Β, εάν υπάρχει με κωδικό που να είναι C, έως και το Z. Εάν σε ένα γράμμα δεν υπήρχε μετοχή με μονογράμματο Κωδικό, τότε αναζητούσα τον αμέσως επόμενο αλφαβητικό συνδυασμό, για παράδειγμα, δεν υπήρχε εισηγμένη με κωδικό **I** (σκέτο), συνεπώς πληκτρολόγησα **ΙΑ** (πρόσθεσα δηλαδή στο I το Α) και μου έβγαλε μία μετοχή που είχε κωδικό IACI, την οποία και πήρα για να καλύψω την θέση του I.

Αυτή ήταν η μέθοδός μου, να διαλέξω παντελώς τυχαία διότι εάν διαλέξεις αλφαβητικά, μπορείς να βρεις μετοχές που μπορεί να είναι από την κατηγορία της υψηλής κεφαλαιοποίησης, από την μεσαία κεφαλαιοποίηση ή και από την μικρή · μπορούσα επίσης να βρω μετοχές από οποιονδήποτε τομέα δραστηριοποίησης, 'αμυντικές' ή 'επιθετικές, παλαιών επιχειρήσεων ή νέων, οικονομικά υγειών ή όχι κ.λπ..

Συνεπώς, κοιτάξτε στον παρακάτω Πίνακα με αυτές τις 26 τυχαία επιλεγμένες (αλφαβητικά) μετοχές – ο κωδικός τους εμφανίζεται στην αριστερή στήλη (αναφέρεται ως Symbol). Υπέθεσα ότι είχα επενδύσει 5 χρόνια πριν (Μάρτιος 2010) περίπου 200 δολάρια σύνολο, σε κάθε μία μετοχή. Λέω 'περίπου' διότι στις μετοχές που το αποτέλεσμα της διαίρεσης δεν ήταν ακριβές, πράγμα συνηθισμένο, ελάμβανα το μικρότερο αποτέλεσμα, το κοντινότερο σε ακέραιο αριθμό.

Τοποθέτησα (θεωρητικά) το ίδιο ουσιαστικά ποσό σε κάθε μετοχή, για να αποφύγω μεγάλες ζημιές από έναν τίτλο και για να έχει κάθε μετοχή τις ίδιες 'δυνατότητες' να δώσει ισχύ ή και αδυναμία σε αυτό το αλφαβητικό χαρτοφυλάκιο – και αυτή η προσέγγιση, πρέπει να είναι ο *κανόνας* για την τυχαία επενδυτική. Διότι διαφορετικά, εάν δηλαδή έβαζα περισσότερα χρήματα στην μία τυχαία επιλεγμένη μετοχή ή στην άλλη, τότε η επιλογή μου *δεν θα ήταν αυθεντικά τυχαία*, καθώς θα υπήρχε προκατάληψη στην μία ή άλλη μετοχή και είπαμε ότι όταν υπάρχει προκατάληψη υπέρ του ενός ή άλλου αποτελέσματος, δεν έχουμε τυχαία διαδικασία. Επένδυσα θεωρητικά, συνολικά λιγότερα από πέντε χιλιάδες δολάρια (περίπου $4.900), δηλαδή ένα 'βατό' ποσό.

SYMBOL	NAME	PRICE PAID at March 2010 for each stock	GAIN in $	% GAIN March 2010 to May 2015	P.E. at May 2015	DIV YIELD at May 2015
A	Agilent Technologies Inc	23.91	15.28	79.09%	38.15	1.00
B	Barnes Group Inc	17.71	24.3.92	124.90%	17.88	1.20
C	Citigroup Inc	52.83	3.87	7.44%	21.87	0.40
D	Dominion Resources, Inc	71.06	0.92	0.65%	31.92	3.60
E	Eni SpA	47.84	-18.72	-20.23%	49.64	6.40
F	Ford Motor Co	13.54	33.32	17.84%	19.71	3.80
G	Genpact Limited	16.25	79.20	40.62%	26.93	0.00
H	Hyatt Hotels Corporation	34.05	123.90	72.78%	26.39	-
IACI	IAC InterActiveCorp	67.55	12.30	9.10%	15.73	1.90
JASO	JA Solar Holdings Co. Ltd	24.85	-11.84	-18.27%	9.32	-
K	Kellogg Company	52.49	34.02	21.60%	36.47	3.10
L	Loews Corporation	37.56	17.90	9.53%	26.61	0.60
M	Macy's, Inc	21.75	398.70	203.68%	15.65	1.90
N	NetSuite Inc	14.06	1.161.58	590.11%	-	-
O	Realty Income Corporation	29.17	107.34	61.33%	45.15	4.30
PAA	Plains All American Pipeline, L.P	28.43	135.17	67.92%	20.07	5.50
QADB	QAD Inc	1.88	1.796.70	954.17%	25.81	1.20
R	Ryder System, Inc	36.8	299.65	162.85%	23.06	1.50
S	Sprint Corporation	5.11	-10.38	-8.22%	-	0.00
T	AT&T Inc	25.62	35.23	30.80%	30.38	5.40
UA	Under Armour, Inc	7.10	1.997.52	1,004.79%	83.64	-
V	Visa Inc	23.25	367.52	197.99%	30.55	0.70
WAB	Westinghouse Air Brake Technologies Corporation	21.30	702.90	366.67%	26.34	0.30
X	United States Steel Corp	23.46	17.38	9.25%	37.15	0.80
Y	Alleghany Corporation	281.69	202.81	72.00%	11.70	-
ZAGG	ZAGG Inc	3.02	365.64	183.44%	25.22	-
Total			**8,137.54**	**167.03%**		

Όπως μπορούμε να δούμε από τον Πίνακα του Χαρτοφυλακίου Α έως Ζ, σε μια περίοδο ολίγο μεγαλύτερη των πέντε ετών, το αλφαβητικό αυτό Χαρτοφυλάκιο, κέρδιζε +167% έχοντας ανέλθει στα 8.138 δολάρια, όταν την ίδια περίοδο, ο βασικός χρηματιστηριακός δείκτης S&P 500 κέρδιζε περίπου 95%. Αυτό λοιπόν το αλφαβητικό, τυχαία επιλεγμένο χαρτοφυλάκιο, υπεραπόδωσε και μάλιστα άνετα και ισχυρά του δείκτη αναφοράς – του βασικού δείκτη αναφοράς που θυμίζω, ότι η μεγάλη πλειοψηφία των επαγγελματιών, ήτοι των ενεργά διαχειριζόμενων μετοχικών Κεφαλαίων, ούτε καν φτάνει.

Ήταν λοιπόν το χαρτοφυλάκιο "Α έως Ζ" τυχερό; Φαίνεται να ήταν αλλά δεν ήταν. Γιατί δεν ήταν τυχερό; Διότι την στιγμή που τέσταρα αυτό το τυχαία επιλεγμένο χαρτοφυλάκιο, είχαμε μια ανοδική αγορά και το γνώριζα όσον αφορά το παρελθόν που έκανα τον έλεγχο – έκανα το τεστ στο έτος 2015 και γνώριζα ότι η αγορά κινούνταν ανοδικά όλα αυτά τα τελευταία χρόνια. Αλλά δεν το έκανα επίτηδες, για να παρουσιάσω καλή εικόνα και μεγάλα κέρδη. Εάν ήθελα να δείξω εντυπωσιακά αποτελέσματα, βεβαίως πάλι εντυπωσιακά ήταν τα αποτελέσματα αλλά εν πάση περιπτώσει, εάν ήθελα να δείξω ακόμα πιο εντυπωσιακά, θα είχα διαλέξει για να κάνω το τεστ, το ξεκίνημα αυτής της bull market. Αλλά όπως διαπιστώνετε, στην περίπτωσή μας, δεν έλαβα υπόψη μου τις αρχές του 2009 όταν ξεκίνησε η bull market · αντ'αυτού έλαβα υπόψη μου για την έναρξη του χαρτοφυλακίου, το έτος 2010 διότι ήθελα ο έλεγχος να έχει χαρακτηριστικά ρεαλιστικότητας, καθώς θα περνούσε πράγματι κάποιος χρόνος, προκειμένου κάποιος να διαπιστώσει ότι περάσαμε από την πτωτική αγορά του 2008 σε ουσιαστικά ανοδική –θα έπρεπε να περάσει κάποιος καιρός προκειμένου να αναγνωρίσει και να πειστεί ότι πλέον, διαμορφώθηκε μία bull market. Γι'αυτό λοιπόν και σκοπίμως, πήρα ως έτος έναρξης του χαρτοφυλακίου αυτού το 2010 αντί του 2009 (ένα χρόνο δηλαδή μετά) που αν ελάμβανα το 2009 θα μου έδιδε σαφώς καλύτερα κέρδη. Λαμβάνοντας το 2010 είχα ως αποτέλεσμα να έχω μικρότερα κέρδη, ωστόσο όμως, το παράδειγμά μου αποκτούσε μια εικόνα πιο κοντινή προς την πραγματικότητα.

Όπως μπορείτε να δείτε από τον Πίνακα, επειδή το τεστ διεξήχθη σε μια bull market, έδωσε 23 από τις 26 συνολικά μετοχές, με κέρδη και μόνο τρεις μετοχές με ζημιά.

Εάν δεν το έχετε καταλάβει μέχρι τώρα, σε μια bull market, σχεδόν όλες οι μετοχές ανέρχονται και αντίθετα, σε μια bear market, όπου σχεδόν όλες οι μετοχές κατέρχονται. Καλές μετοχές, μέτριες ή και κακές μετοχές (για την ακρίβεια καλών, μέτριων ή κακών εταιριών), σε μια bull market, σχεδόν όλες τους κερδίζουν και σε μια bear market, ακόμα και οι καλές μετοχές, υποχωρούν.

Εξέτασα όμως το ίδιο αυτό αλφαβητικό χαρτοφυλάκιο, σε μια περίοδο πτωτικής αγοράς (bear market):

118

Στον επόμενο Πίνακα, βλέπουμε το ίδιο αυτό χαρτοφυλάκιο "Α έως Ζ" αλλά μεταξύ του Ιανουαρίου 2007 και του Δεκεμβρίου 2008, όταν η αγορά ήταν ισχυρά πτωτική. Σε αυτό το χρονικό πλαίσιο, ο S&P 500 έχασε 37,1%. Στην δεξιά στήλη φαίνονται οι ποσοστιαίες αποδόσεις για αυτή την πτωτική περίοδο.

SYMBOL	NAME	Shares Bought at Jan. 3, 2007	Total Cost per Bought ($)	Total Value at Dec. 30, 2008	Return
A	Agilent Technologies Inc.	8	274,40	119,04	-56,6%
B	Barnes Group Inc.	13	280,54	175,76	-37,3%
C	Citigroup Inc.	5	276,25	34,00	-87,7%
D	Dominion Resources, Inc.	3	250,95	105,69	-57,9%
E	Eni SpA	4	266,88	190,52	-28,6%
F	Ford Motor Co.	39	292,89	89,31	-69,5%
G	Genpact Limited				
H	Hyatt Hotels Corporation				
IACI	IAC InterActiveCorp	7	262,85	110,39	-58,0%
JASO	JA Solar Holdings Co., Ltd.				
K	Kellogg Company	5	252,25	215,95	-14,4%
L	Loews Corporation	7	288,61	194,39	-32,6%
M	Macy's, Inc.	7	262,57	65,87	-74,9%
N	NetSuite Inc.				
O	Realty Income Corporation	10	277,20	227,70	-17,9%
PAA	Plains All American Pipeline, L.P.	5	254,75	162,50	-36,2%
QADB	QAD Inc.	36	299,52	126,36	-57,8%
R	Ryder System, Inc.	5	264,50	184,65	-30,2%
S	Sprint Corporation	15	285,60	28,65	-90,0%
T	AT&T, Inc.	8	279,60	225,84	-19,2%
UA	Under Armour, Inc.	6	297,30	140,76	-52,7%
V	Visa Inc.				
WAB	Westinghouse Air Brake Technologies Corporation	10	299,60	389,10	29,9%
X	United States Steel Corp.	4	285,24	150,20	-47,3%
Y	Alleghany Corporation	1	371,50	281,29	-24,3%
ZAGG	ZAGG Inc	285	299,25	256,50	-14,3%
Total			5922,25	3474,47	-41,3%

Οι μετοχές που είναι σκιασμένες με γκρι, δεν είχαν δεδομένα στις αρχές του Ιανουαρίου 2007 και άρχισαν να διαπραγματεύονται αργότερα. Επειδή ήθελα το τεστ να είναι ρεαλιστικό, απέκλεισα αυτές τις μετοχές, τις σκιασμένες με γκρι και έλαβα υπόψη μου, μόνο τις μετοχές που είχαν στοιχεία για όλη την περίοδο – δηλαδή για 21 μετοχές. Συνεπώς το χαρτοφυλάκιο "Α έως Ζ" για τον έλεγχό του σε bear market, αποτελούνταν από 21 επιλογές καθώς οι υπόλοιπες πέντε, δεν υπήρχαν ακόμα.

Επειδή δεν υπήρχαν αυτές οι πέντε μετοχές, στην περίπτωση αυτού του πειραματισμού μου, υπέθεσα ότι κάποιος θα είχε επενδύσει περίπου 300 δολάρια σε κάθε μία από τις 21 υφιστάμενες σε εκείνη την περίοδο μετοχές, αγοράζοντας όσες περισσότερες μπορούσε με αυτά τα 300 δολάρια. Με αυτή την ισοβαρή όσον αφορά την επένδυση πρακτική, εκ των πραγμάτων, αγοράζεις περισσότερες μετοχές στις εταιρίες που η τιμή της μετοχής τους είναι χαμηλή σε απόλυτο μέγεθος και λιγότερες σε αυτές τις εταιρίες που η τιμή της μετοχής τους ήταν ακριβή σε απόλυτο μέγεθος. Ξανά λοιπόν η ιδέα ήταν παρόμοια με τον προηγούμενο πειραματισμό μας, με την διαφορά ότι τοποθετούσε ισοβαρώς περίπου 300 δολάρια σε 21 τίτλους. Το συνολικό ποσό που 'επενδύθηκε', το συνολικό κόστος δηλαδή του συνόλου των αγορών, ήταν 5.922 δολάρια στις 3 Ιανουαρίου 2007. Διευκρινίζω ξανά ότι λέω 'περίπου' διότι όταν το αποτέλεσμα της διαίρεσης δεν ήταν ακριβές, προχωρούσα σε 'αγορά' στο αμέσως χαμηλότερο ακέραιο νούμερο.

Σχεδόν δύο χρόνια μετά, στο τέλος του 2008, όπου πραγματικά βιώσαμε μία ισχυρότατη πτωτική αγορά, αυτό το Α έως Ζ χαρτοφυλάκιο, συρρικνώθηκε στα 3.474 δολάρια και παρουσίασε αρνητική απόδοση της τάξης του -41,3%.

Όπως περίμενα, το τυχαία επιλεγμένο χαρτοφυλάκιο, παρουσίασε χειρότερη απόδοση από τον S&P 500 στην bear market αυτής της περιόδου, που έτυχε να είναι και ασυνήθιστα ισχυρή. Επίσης, όπως μπορείτε να δείτε από τον Πίνακα, ακριβώς επειδή το τεστ σε πολύ ισχυρή bear market, έδωσε ως αποτέλεσμα 20 από τις 21 συνολικά μετοχές με ζημιές και μόνο μία κέρδη (αυτήν με το Σύμβολο WAB).

Ρώτησα την γυναίκα μου

Ήθελα να ελέγξω την μέθοδο των τυχαίων επιλογών, γι'αυτό και σκέφτηκα να την τσεκάρω για άλλη μία διαφορετική περίοδο, αυτήν από την αρχή του Ιανουαρίου 2011 έως τα τέλη Μαρτίου του 2015. Ήταν η σειρά της γυναίκας μου, να δείξει τις επενδυτικές της 'ικανότητες'.

Αφού έκανα αναζήτηση στο Google, βρήκα στο ακόλουθο σύνδεσμο *http://www.nasdaq.com/screening/company-list.aspx* την λίστα όλων των εισηγμένων εταιριών στο Χρηματιστήριο της Νέας Υόρκης (New York Stock Excghange – NYSE),όπως επίσης και αυτές του NASDAQ.

Ο NASDAQ για τους μη γνωρίζοντες, είναι το έτερον βασικό χρηματιστήριο στις ΗΠΑ. Σε αυτή την διεύθυνση, έχει την όλη λίστα των εισηγμένων και μπορείς να κάνεις αναζήτηση είτε αλφαβητικά, από το γράμμα Α έως το Ζ (όπως είναι δηλωμένες με τα Σύμβολα – Κωδικούς τους) ή μπορείς να κατεβάσεις στο laptop, ολόκληρη την λίστα σε αρχεία .csv – όπως και έκανα.

Έχοντας σε ένα αρχείο τις 3.283 μετοχές του NYSE και άλλες 3.031 μετοχές του NASDAQ, τις ταξινόμησα πρώτα από το Ζ στο Α, δηλαδή σε φθίνουσα αλφαβητική σειρά, προκειμένου να το κάνω πιο δύσκολο για την γυναίκα μου, αφού όλο και της έλεγα τι περίπου έκανα μέχρι εκείνη την στιγμή. Μετά έβαλα αύξοντα αριθμό σε όλες αυτές, από 1 έως 3283 για τις του NYSE και από 1 έως 3031 για τις του NASDAQ.

```
2993   BAC,"Bank of America Corporation","16.74","$175.81B","n/a","Finance","Major Banks","http://www.nas
2994   BABA,"Alibaba Group Holding Limited","90.7","$226.34B","2014","Miscellaneous","Business Services","t
2995   BA,"Boeing Company (The)","146.42","$101.25B","n/a","Capital Goods","Aerospace","http://www.nasdi
2996   B,"Barnes Group, Inc.","40.86","$2.24B","n/a","Capital Goods","Metal Fabrications","http://www.nasdac
2997   AZZ,"AZZ Incorporated","48.96","$1.26B","n/a","Consumer Durables","Building Products","http://www.i
2998   AZO,"AutoZone, Inc.","687.81","$21.82B","n/a","Consumer Services","Other Specialty Stores","http://w
2999   AZN,"Astrazeneca PLC","63.62","$86.618","n/a","Health Care","Major Pharmaceuticals","http://www.na
3000   AYR,"Aircastle Limited","20.08","$2.04B","2006","Technology","Diversified Commercial Services","http:/
3001   AYN,"Alliance New York Municipal Income Fund Inc","14.12","$68.29M","2002","n/a","n/a","http://www
3002   AYI,"Acuity Brands Inc","182.5","$7.93B","n/a","Consumer Durables","Building Products","http://www.r
3003   AXTA,"Axalta Coating Systems Ltd.","34.66","$7.97B","2014","Basic Industries","Paints/Coatings","http:/
```

Part of excel spreadsheet that put the total 3283 stocks of NYSE

(The left column, the serial number I put at them.

The arrow, two of my wife's random choices, numbers 2999 and 3000)

Έπειτα, ρώτησα τη γυναίκα μου, να μου πει έξι νούμερα από το 1 έως το 3283, αντιπροσωπεύοντας *χωρίς να το γνωρίζει*, τις εισηγμένες εταιρίες στο NYSE, όπως επίσης να μου πει τέσσερα νούμερα από το 1 έως το 3031, αντιπροσωπεύοντας τις εισηγμένες στο NASDAQ. Ζήτησα λοιπόν από την γυναίκα μου να μου πει έξι συν τέσσερα νούμερα σε ένα εύρος και δεν είχε ιδέα περί τίνος επρόκειτο – τι ήταν αυτά τα νούμερα. Οι επιλογές της για το NYSE, ήταν τα νούμερα 283, 1936, 1010, 39, 2999, 3000 και για το NASDAQ ήταν τα νούμερα 31, 2321, 17, 21. Στην παραπάνω φωτογραφία, μπορείτε να δείτε, μέρος από το αρχείο excel με την λίστα των μετοχών, έτσι όπως την είχα ταξινομήσει, σε φθίνουσα αλφαβητική σειρά, όπου σημειώνω τις δύο από τις επιλογές της συζύγου μου, αυτές με αύξοντα αριθμό 2999 και 3000. Έτσι, η γυναίκα μου μη έχοντας ιδέα τι ήθελα να τα κάνω αυτά τα νούμερα, μου έδωσε συνολικά δέκα και επέλεξε θεωρητικά (και εννοείται τυχαία), τις μετοχές που παρουσιάζονται στον ακόλουθο Πίνακα. Θεωρητικά διότι δεν επρόκειτο για πραγματικές συναλλαγές, αλλά θεωρητικό έλεγχο.

Πήρα ξανά μια περίοδο ανοδικής αγοράς, αλλά πιο μικρής χρονικά συγκριτικά με τον προηγούμενο πειραματισμό μας, με το 'Α έως Ζ' χαρτοφυλάκιο. Πήρα μικρότερη χρονική περίοδο καθώς ήθελα να ελέγξω τι θα συνέβαινε εάν κάποιος αργούσε να εισέλθει στην (ανοδική) αγορά, η οποία θα είχε ήδη 'τρέξει' αρκετά για δύο χρόνια, προ του 2011. Επίσης ήθελα να ελέγξω εάν η μέθοδος επένδυσης με τυχαίες επιλογές, είναι αποτελεσματική με ένα χαρτοφυλάκιο αποτελούμενο από λιγότερες μετοχές, όπως σε αυτή την περίπτωση από 10 μετοχές αντί 26 του 'Α έως Ζ'.

My wife's random picks portfolio

SYMBOL	NAME	Shares Bought at Jan. 3, 2011	Total Cost per Bought (S)	Total Value at Mar. 31, 2015	Return
TWN	The Taiwan Fund, Inc.	30	487.8	504.3	3,4%
HBI	Hanesbrands Inc.	80	496.8	2672,00	437,8%
OZM	Och-Ziff Capital Management Group LLC	49	498.82	608.58	22,0%
XLS	Exelis Inc.	52	499.72	1262.04	152,5%
AZN	AstraZeneca PLC	13	471.77	889.59	88,6%
AYR	Aircastle LTD	57	499.32	1280.22	156,4%
YHOO	Yahoo! Inc.	29	485.75	1288.76	165,3%
CTCT	Constant Contact, Inc.	16	496,00	611.36	23,3%
ZGNX	Zogenix, Inc.	79	499.28	108.23	-78,3%
ZAZA	ZaZa Energy Corporation	2	346,00	3.26	-99,1%
Total			4781.26	9228.34	93,0%

Αφού έκανα τον έλεγχο, διαπίστωσα ότι η γυναίκα μου είχε πετύχει διάνα με τις επιλογές της! Όπως μπορούμε να δούμε στον Πίνακα (My wife's random picks), οι δέκα τυχαίες επιλογές της, με την ίδια μέθοδο σύμφωνα με την οποία τοποθετούμε σε κάθε επιλογή – μετοχή, περίπου το ίδιο χρηματικό ποσό (στην προκειμένη περίπτωση, επειδή το συγκεκριμένο χαρτοφυλάκιο ήταν μικρότερο του 'Α έως Ζ' , αγόραζα 500 δολάρια σε κάθε μετοχή), πέτυχε απόδοση της τάξης του +93% όταν στην ίδια χρονική περίοδο, ο S&P 500 ανήλθε από τις 1271,87 μονάδες στις 2067,89, που αποτελεί μια καλή απόδοση κατά +62,6% αλλά αρκετά μικρότερη του +93%. Και λάβετε υπόψη σας, ότι οι τυχαίες επιλογές της συζύγου μου ήταν μερικώς 'άτυχες' καθώς οι δύο τελευταίες επιλογές της (με τα Σύμβολα ZGNX, ZAZA στην αριστερή στήλη) σχεδόν εξαφανίστηκαν.

Και πιστέψτε με, δεν είναι ψεύτικος αυτός ο πειραματισμός: Δεν το έλεγξα δηλαδή ξανά και ξανά μέχρις ότου να βρω τις επαρκώς ικανοποιητικές αποδόσεις για να σας παρουσιάσω αυτές τις τυχαίες επιλογές. Ήταν η πρώτη και μοναδική φορά που ζήτησα από την γυναίκα μου και δεύτερος γενικά πειραματισμός, αμέσως μετά το "A to Z", όπου για το τελευταίο σας εξήγησα και το σκεπτικό του, που ως αλφαβητικό θα ήταν αναγκαστικά, τυχαίο.

Μετά, δοκίμασα πως τα πήγε το τυχαίο χαρτοφυλάκιο της γυναίκας μου στην bear market από την αρχή του 2007 έως και τον Δεκέμβριο του 2008 (όταν ο S&P 500 έχασε 37,1%). Πριν κάνω τον έλεγχο, θεωρούσα ότι το χαρτοφυλάκιο αυτό σε αυτήν την περίοδο δοκιμής, θα έπρεπε να υποαποδώσει αφού μια ομάδα που κινείται επιθετικά σε μια bull market, θεωρητικά θα πρέπει να κινηθεί επιθετικά και στην bear market.

My wife's random picks portfolio - Bear Market test 1

SYMBOL	NAME	Shares Bought at Jan. 3, 2007	Total Cost per Bought ($)	Total Value at Dec. 30, 2008	Return
TWN	The Taiwan Fund, Inc,	40	492,00	302,40	-38,5%
HBI	Hanesbrands Inc,	85	495,55	249,90	-49,6%
OZM	Och-Ziff Capital Management Group LLC	29	498,22	89,61	-82,0%
XLS	Exelis Inc,	N/A	N/A	N/A	N/A
AZN	AstraZeneca PLC	14	494,76	398,86	-19,4%
AYR	Aircastle LTD	26	482,82	84,24	-82,6%
YHOO	Yahoo! Inc,	19	486,59	227,43	-53,3%
CTCT	Constant Contact, Inc,	16	408,16	205,44	-49,7%
ZGNX	Zogenix, Inc,	N/A	N/A	N/A	N/A
ZAZA	ZaZa Energy Corporation	1	257,61	49,88	-80,6%
Total			3615,71	1607,76	-55,5%

... και πράγματι, έτσι ήταν! Όπως το περίμενα. Οι τυχαίες επιλογές της γυναίκας μου, ελεγχόμενες στην περίοδο Ιανουαρίου 2007 έως και Δεκέμβριο 2008, όταν η γενικότερη αγορά ήταν ισχυρά πτωτική, υποαπόδωσε, δίδοντας αρνητική απόδοση 55,5%. Καθώς οι μετοχές με τα Σύμβολα XLS και ZGNX δεν είχαν δεδομένα σε αυτή την περίοδο, τις απέκλεισα και γι'αυτό αναφέρουν N/A. Οι σκιασμένες με γκρι μετοχές με κωδικούς OZM και CTCT είχαν δεδομένα από τα μέσα Νοεμβρίου 2007 και Οκτωβρίου 2007 αντίστοιχα, γι'αυτό στους υπολογισμούς των αποδόσεών τους, έλαβα υπόψη μου τις ημερομηνίες εισαγωγής τους, που ισούται με μια ελαφρώς μικρότερη χρονική περίοδο αποδόσεώς τους, αναγκαστικά. Εάν όμως αποκλείσουμε από την απόδοση και αυτές τις δύο, τότε το χαρτοφυλάκιό μας θα παρέμενε με έξι μόλις μετοχές (με τους κωδικούς TWN, HBI, AZN, AYR, YHOO, ZAZA), οι οποίες όμως μετοχές θα είχαν δεδομένα για όλη την περίοδο δοκιμής – τότε η συνολική απόδοσή τους, θα ήταν λίγο καλύτερη, μόλις -51,5% αλλά πάλι χειρότερα από τον S&P 500. Αυτό αποτυπώνεται στον ακόλουθο Πίνακα (My wife's random picks – Bear Market test 2).

My wife's random picks portfolio - Bear Market test 2

SYMBOL	NAME	Shares Bought at Jan. 3, 2007	Total Cost per Bought ($)	Total Value at Dec. 30, 2008	Return
TWN	The Taiwan Fund, Inc.	40	492,00	302,40	-38,5%
HBI	Hanesbrands Inc.	85	495,55	249,90	-49,6%
OZM	Och-Ziff Capital Management Group LLC	N/A	N/A	N/A	N/A
XLS	Exelis Inc.	N/A	N/A	N/A	N/A
AZN	AstraZeneca PLC	14	494,76	398,86	-19,4%
AYR	Aircastle LTD	26	482,82	84,24	-82,6%
YHOO	Yahoo! Inc.	19	486,59	227,43	-53,3%
CTCT	Constant Contact, Inc.	N/A	N/A	N/A	N/A
ZGNX	Zogenix, Inc.	N/A	N/A	N/A	N/A
ZAZA	ZaZa Energy Corporation	1	257,61	49,88	-80,6%
Total			2709,33	1312,71	-51,5%

Οι τυχαίες επιλογές φίλων από το Facebook

Όπως ανέφερα, ήθελα να κάνω αρκετούς πειραματισμούς για να ελέγξω την υπόθεση των τυχαίων επενδύσεων, οπότε για άλλη μια φορά, ρώτησα φίλους μου στο Facebook να μου πούνε:
• έξι νούμερα από ένα σετ αριθμών από το 1 έως το 3283 (που ήταν οι 3283 μετοχές του NYSE) · οι φίλοι μου δεν ήξεραν τι ήταν αυτά νούμερα ούτε τι ήθελα να τα κάνω – μου έδωσαν συνεπώς απλά, έξι νούμερα,
• όπως επίσης, τέσσερα νούμερα από το εύρος από 1 έως 3031 (που ήταν οι 3031 μετοχές του NASDAQ) · παρομοίως, οι φίλοι μου δεν είχαν ιδέα τι ήθελα αυτά τα νούμερα ή / εάν αντιπροσώπευαν κάτι.

Σκέφτηκα να ελέγξω την υπόθεσή μου περί των τυχαία επιλεγμένων μετοχών, με τους πρώτους δύο που θα μου απαντούσαν. Οι 'κανόνες' για το τεστ ήταν οι ίδιοι, όπως πριν: Θα τοποθετούσα θεωρητικά 500 δολάρια σε κάθε μετοχή, και συνεπώς σε μια μετοχή με μεγαλύτερη απόλυτη τιμή, θα αγόραζα λιγότερα τεμάχια και σε μία μετοχή με μικρότερη απόλυτη τιμή, θα αγόραζα περισσότερα τεμάχια. Αφού διαιρούσα το ποσό των 500 δολαρίων σε κάθε μετοχή, καθώς το αποτέλεσμα ήταν δεκαδικό, ελάμβανα ("αγόραζα") αριθμό στον μικρότερο ακέραιο αριθμό · για παράδειγμα εάν το αποτέλεσμα της διαίρεσης ήταν 42,38 μετοχές, υπολόγιζα ότι στην συγκεκριμένη αυτή εταιρία, "αγόραζα" 42 μετοχές.

Ο πρώτος εκ των φίλων μου στο Facebook, που απάντησε, μου είπε ότι από το Σύνολο Α, οι έξι επιλογές του ήταν 2583, 1027, 1915, 2284, 712, 3002 και βέβαια χωρίς να γνωρίζει, τα νούμερα αυτά αντιπροσώπευαν τις ακόλουθες μετοχές του NYSE, βάσει του αύξοντος αριθμού που είχα βάλει στο σχετικό excel (δίδω τα σύμβολά τους): CRD-A, OMN, HES, EPR, ROG, AYI. Ο δεύτερος εκ των φίλων μου στο Facebook, που απάντησε, μου είπε ότι από το

Σύνολο Β, τα τέσσερα νούμερα επιλογές του ήταν 28, 98, 782, 2016 που χωρίς να γνωρίζει, ήταν των ακόλουθων μετοχών του NASDAQ: YORW, WHLM, RAND, FFBC.

Ας δούμε λοιπόν τους πίνακες, ο πρώτος με την απόδοση αυτού του τυχαία επιλεγμένου χαρτοφυλακίου στην bull market από τον Ιανουάριο 2011 έως το τέλος Μαρτίου 2015 όπως επίσης, ο δεύτερος πίνακας που ακολουθεί, στην bear market από τον Ιανουάριο του 2007 έως το τέλος του 2008.

My facebook friends random picks, Portfolio A

SYMBOL	NAME	Shares Bought at Jan. 3, 2011	Total Cost per Bought ($)	Total Value at Mar. 31, 2015	Return
CRD-A	Crawford & Company	236	497.96	1765.28	254,5%
OMN	OMNOVA Solutions Inc.	59	496.19	503.27	1,4%
HES	Hess Corporation	6	446.88	407.22	-8,9%
EPR	EPR Properties	13	469.82	776.36	65,2%
ROG	Rogers Corporation	12	480,00	986.52	105,5%
AYI	Acuity Brands, Inc.	8	460.24	1344.24	192,1%
YORW	The York Water Company	32	492.80	776.96	57,7%
WHLM	Wilhelmina International, Inc.	166	498,00	904.70	81,7%
RAND	Rand Capital Corporation	154	497.42	608.30	22,3%
FFBC	First Financial Bancorp.	33	496.32	587.73	18,4%
Total			4835,63	8660,58	79,1%

Το χαρτοφυλάκιο των δέκα τυχαία επιλεγμένων μετοχών, στην ανοδική αγορά Ιανουαρίου 2011 έως και Μάρτιο 2015, παρουσίασε μια απόδοση σχεδόν 80% (βλ. προηγηθέν Πίνακα) όταν στην ίδια περίοδο ο S&P 500 κέρδισε σχεδόν 63% · η απόδοση λοιπόν του τυχαία επιλεγμένου χαρτοφυλακίου στην bull market, ήταν αρκετά καλύτερη του βασικού χρηματιστηριακού δείκτη. Παρατηρήστε δε, ότι από τις δέκα επιλεγμένες μετοχές, μόνο μία από αυτές είχε αρνητική απόδοση, αυτή με το σύμβολο HES.

Ο επόμενος Πίνακας δείχνει το ίδιο χαρτοφυλάκιο, στην bear market από τον Ιανουάριο 2007 έως και το τέλος Δεκεμβρίου 2008, το οποίο έχασε 29,1% της αξίας του, όταν αντίστοιχα ο S&P έχασε 37,1%. Σε αυτή την περίπτωση, δοκίμασα μία "θετική" έκπληξη καθώς το χαρτοφυλάκιο απέδωσε αρκετά καλύτερα σε αυτήν την πτωτική αγορά – πρόσεξα επίσης σε αυτό το χαρτοφυλάκιο ότι ήμασταν "τυχεροί" καθώς όλες οι μετοχές του, και οι δέκα, υπήρχαν από τις αρχές Ιανουαρίου 2007, και συνεπακόλουθα η περίοδος δοκιμής αφορούσε στο σύνολο του χαρτοφυλακίου και όχι σε μερικό – περιορισμένο μέγεθός του, όπως έτυχε στα προηγούμενα παραδείγματα.

My facebook friends random picks, Portfolio A

SYMBOL	NAME	Shares Bought at Jan. 3, 2007	Total Cost per Bought ($)	Total Value at Dec. 30, 2008	Return
CRD-A	Crawford & Company	95	498.75	462.65	-7,2%
OMN	OMNOVA Solutions Inc.	102	496.74	62.22	-87,5%
HES	Hess Corporation	11	491.15	561.33	14,3%
EPR	EPR Properties	15	493.35	278.70	-43,5%
ROG	Rogers Corporation	8	479.92	217.44	-54,7%
AYI	Acuity Brands, Inc.	12	476.28	381.6	-19,9%
YORW	The York Water Company	36	497.88	358.56	-28,0%
WHLM	Wilhelmina International, Inc.	113	497.20	293.80	-40,9%
RAND	Rand Capital Corporation	137	498.68	463.06	-7,1%
FFBC	First Financial Bancorp.	44	491.48	411.84	-16,2%
Total			4921.43	3491.2	-29,1%

Για άλλη μια φορά παρατηρούμε ότι στο τυχαία επιλεγμένο αυτό χαρτοφυλάκιο, δοκιμαζόμενο στην bear market, εννέα από τις δέκα μετοχές του, υποχώρησαν και μόνο μία σημείωσε άνοδο, που μάλιστα συμπτωματικά και κατά περίεργο τρόπο, ήταν η ίδια που στην ακριβώς προηγούμενη δοκιμή στην ανοδική αγορά, είχε τότε ξεχωρίσει ως η μοναδική ανάμεσα στις δέκα, που είχε σημειώσει ζημιές (HES).

128

Και το σπουδαίο σχετικά με τις τυχαία επιλεγμένες επενδύσεις, είναι ότι εάν πολλοί άνθρωποι ακολουθούν αυτή την μέθοδο επιλογής και δεν εστιάζουν στην επιλογή συγκεκριμένων μετοχών, τότε αυτοί που επιλέγουν τυχαία, είναι πολύ πιθανό ότι θα πιάσουν τον παλμό της αγοράς. Με άλλα λόγια, οι επιλογές τους βασιζόμενες στις πιθανότητες θα είναι σε μετοχές της μεσαίας ή μικρής κεφαλαιοποίησης και πολύ λιγότερο από την υψηλή κεφαλαιοποίηση.

Έτσι, η ζήτηση για αυτές τις μικρότερες κατηγορίες κεφαλαιοποίησης που κατά κανόνα 'τρέχουν' ταχύτερα από την μεγάλη κεφαλαιοποίηση, θα ενισχυθεί, συμβάλλοντας στην διαμόρφωση ακόμα ισχυρότερης ανοδικής τάσης και συνεπακόλουθα, σε αυξημένες πιθανότητες, να κερδίσουν ακόμα περισσότερο.

Ανόμοια από οποιαδήποτε άλλη τεχνική που εστιάζει κάπου (όπως με τις τεχνικές της θεμελιώδους και τεχνικής, επιλογής συγκεκριμένων μετοχών), εάν χρησιμοποιείται από πολλούς – πολλούς ανθρώπους ταυτόχρονα, βασικά χάνει σε ισχύ και αξία και ορισμένες φορές αυτοακυρώνεται.

Πιθανότερη η μεσαία κεφαλαιοποίηση, επιλέγοντας τυχαία

Επιλέγοντας τυχαία, έχεις περισσότερες πιθανότητες να πετύχεις μετοχές από την μικρή και μεσαία κεφαλαιοποίηση και κατά πολύ λιγότερο από την υψηλή. Γιατί συμβαίνει αυτό; Διότι έξω, στην πραγματική ζωή και οικονομία, η μεγάλη πλειοψηφία των επιχειρήσεων είναι μικρού και μεσαίου μεγέθους. Πολύ λίγες είναι αυτές, που είναι μεγάλου μεγέθους επιχειρήσεις. Οι ίδιες αναλογίες διέπουν και την χρηματιστηριακή αγορά, η οποία είναι μια μικρογραφία της πραγματικής οικονομίας.

Κοιτάξτε στην ακόλουθη εικόνα παρακάτω: Εάν διαλέξεις τυχαία, το μέγεθος δεν μετράει αφού ως τυχαίες, οι επιλογές δεν επηρεάζονται από το μέγεθος.

Είναι σαν να έχετε βάλει όλες τις μετοχές σε μια δεξαμενή και επιλέγετε χωρίς να τις βλέπετε. Εάν η μικρή και μεσαία κεφαλαιοποίηση είναι η πλειοψηφία, δεν είναι αναμενόμενο να επιλέξετε περισσότερες από αυτές (μικρή και μεσαία κεφαλαιοποίηση), παρά από την μεγάλη;

Στην εικόνα, οι μαύρες μπάλες αντιπροσωπεύουν τις μετοχές υψηλής κεφαλαιοποίησης, οι σκούρες γκρι αυτές της μεσαίας κεφαλαιοποίησης και οι ανοιχτόχρωμες γκρι, τις μετοχές της χαμηλότερης κεφαλαιοποίησης.

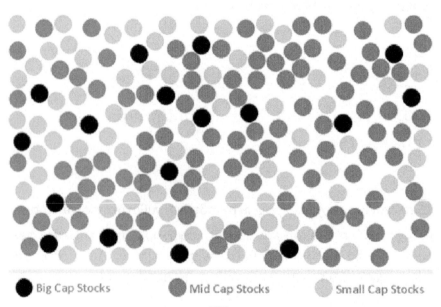

● Big Cap Stocks   ● Mid Cap Stocks   ● Small Cap Stocks

Τώρα σας υπενθυμίζω ότι σας είχα ζητήσει να επιλέξετε δέκα νούμερα (στην σελίδα 107).

Ποια νούμερα επιλέξατε; βρείτε τα στον ακόλουθο Πίνακα και δείτε πόσες – υποθετικά – μετοχές μικρής κεφαλαιοποίησης, μεσαίας και υψηλής, επιλέξατε χωρίς να γνωρίζατε τι κάνατε, τότε που σας ζήτησα να καταγράψετε δέκα νούμερα.

Στον ακόλουθο Πίνακα λοιπόν, υπάρχουν τα νούμερα από το 1 έως το 200 και κάθε ένα από τα νούμερα συνοδεύεται από την λέξη "SMALL" = Μικρή, "MID" = Μεσαία ή "BIG" = Υψηλή.

Από αυτές τις 200 επιλογές, 64,0% είναι της κατηγορίας της μικρής κεφαλαιοποίησης, 28,5% από την Μεσαία και 7,5% από την Υψηλή Κεφαλαιοποίηση – πιστεύω ότι είναι αντιπροσωπευτικά της πραγματικότητας.

1	2	3	4	5	6	7	8	9	10
SMALL	MID	SMALL	BIG	SMALL	SMALL	MID	SMALL	MID	MID
11	12	13	14	15	16	17	18	19	20
SMALL	MID	SMALL	SMALL	MID	MID	MID	MID	MID	BIG
21	22	23	24	25	26	27	28	29	30
MID	SMALL	BIG	SMALL	MID	SMALL	MID	MID	MID	MID
31	32	33	34	35	36	37	38	39	40
BIG	SMALL	SMALL	SMALL	SMALL	SMALL	SMALL	BIG	MID	MID
41	42	43	44	45	46	47	48	49	50
SMALL	MID	MID	MID	MID	MID	MID	SMALL	SMALL	SMALL
51	52	53	54	55	56	57	58	59	60
SMALL	MID	MID	MID	BIG	SMALL	SMALL	SMALL	SMALL	SMALL
61	62	63	64	65	66	67	68	69	70
SMALL	SMALL	MID	MID	SMALL	MID	MID	SMALL	SMALL	BIG
71	72	73	74	75	76	77	78	79	80
SMALL	SMALL	SMALL	BIG	SMALL	SMALL	SMALL	SMALL	SMALL	BIG
81	82	83	84	85	86	87	88	89	90
SMALL	SMALL	SMALL	MID	SMALL	SMALL	SMALL	SMALL	SMALL	SMALL
91	92	93	94	95	96	97	98	99	100
SMALL	SMALL	SMALL	BIG	SMALL	MID	MID	SMALL	SMALL	SMALL
101	102	103	104	105	106	107	108	109	110
MID	MID	MID	SMALL	SMALL	MID	MID	BIG	SMALL	SMALL
111	112	113	114	115	116	117	118	119	120
SMALL	SMALL	SMALL	SMALL	SMALL	SMALL	SMALL	BIG	MID	SMALL
121	122	123	124	125	126	127	128	129	130
SMALL	MID	SMALL	SMALL	BIG	MID	MID	SMALL	SMALL	SMALL
131	132	133	134	135	136	137	138	139	140
SMALL	SMALL	MID	MID	SMALL	MID	SMALL	SMALL	SMALL	SMALL
141	142	143	144	145	146	147	148	149	150
SMALL	SMALL	SMALL	MID	SMALL	SMALL	MID	MID	MID	SMALL
151	152	153	154	155	156	157	158	159	160
SMALL	SMALL	SMALL	SMALL	SMALL	SMALL	SMALL	SMALL	SMALL	SMALL
161	162	163	164	165	166	167	168	169	170
SMALL	SMALL	SMALL	SMALL	MID	SMALL	BIG	SMALL	SMALL	SMALL
171	172	173	174	175	176	177	178	179	180
SMALL	SMALL	MID	SMALL	SMALL	SMALL	SMALL	SMALL	SMALL	SMALL
181	182	183	184	185	186	187	188	189	190
SMALL	SMALL	MID	SMALL	SMALL	SMALL	SMALL	SMALL	SMALL	SMALL
191	192	193	194	195	196	197	198	199	200
BIG	SMALL	MID	MID	SMALL	SMALL	SMALL	SMALL	MID	MID

Δείτε τα νούμερα που είχατε επιλέξει τυχαία σε τι κατηγορίες κεφαλαιοποίησης ανήκουν βάσει του ανωτέρω πίνακα. Δεν επιλέξατε κυρίως μετοχές από την μικρή και μεσαία

132

κεφαλαιοποίηση; Κατανοείτε τώρα ότι είναι φυσιολογικό σε μια αγορά στην οποία η μικρή και μεσαία κεφαλαιοποίηση συνιστούν την μεγάλη πλειοψηφία, ότι είναι λογικό και αναμενόμενο, επιλέγοντας τυχαία, να πετυχαίνεις κυρίως από αυτές. Δεν είναι τύχη, είναι οι πιθανότητες.

Το 'μικρότερο' δίδει περισσότερα!

Τώρα, γιατί άραγε οι μετοχές της μικρής και μεσαίας κεφαλαιοποίησης ανέρχονται ταχύτερα από αυτές της μεγάλης κεφαλαιοποίησης, οδηγώντας και σε μεγαλύτερα κέρδη; Μπορείτε να λάβετε την απάντηση από την φύση: Ό,τι είναι μικρό αυξάνεται και γίνεται μεγαλύτερο · ό,τι είναι ήδη μεγάλο, ίσως να αυξάνεται αλλά πιο αργά, λιγότερο έντονα. Η ίδια 'μηχανική' που ισχύει για τους ζωντανούς οργανισμούς και τα συστήματα, είναι φανερό ότι ισχύει και για τα κοινωνικά συστήματα και για τα οικονομικά συστήματα, όπως άλλωστε είναι και οι επιχειρήσεις.

Ο λόγος είναι ότι η φύση λειτουργεί μέσω φυσικών νόμων · ο άνθρωπος ως ζωντανός οργανισμός και σύστημα, υπακούει στο νόμο του κύκλου της ζωής, αποτελούμενος από τις φάσεις της γέννησης, ανάπτυξης, ωριμότητας, ύφεσης, θανάτου. Οι κοινωνίες, ως παραγόμενα συστήματα εκ των ανθρώπων, υπακούουν παρομοίως στο νόμο του κύκλου της ζωής. Το ίδιο ισχύει σε οτιδήποτε προέρχεται από τον άνθρωπο: εφαρμόζεται σε συστήματα μεγαλύτερης μακροκλίμακας όπως τα έθνη, βασίλεια, χώρες, οικονομίες, όπως και σε συστήματα μεσαίας προς μικρή κλίμακα όπως είναι οι βιομηχανίες και γενικότερα οι επιχειρήσεις κάθε είδους. Είναι δε αξιοσημείωτο ότι σε αυτόν τον κανόνα, δεν υπάρχει εξαίρεση: στο τέλος, κάθε σύστημα οδεύει προς τον θάνατο. Αλλά ο κύκλος ζωής μπορεί να διαφέρει πολύ μεταξύ διαφόρων συστημάτων του αυτού είδους.

Για να καταλάβετε πως λειτουργεί το μικρό που αναπτύσσεται ταχύτερα, δείτε για παράδειγμα, ένα φρεσκοφυτεμένο δέντρο: όταν φυτεύεται είναι ένα δενδρύλλιο μόλις, περί τα 20 εκατοστά ψηλό. Το ίδιο δέντρο, μετά από δέκα χρόνια ξεπερνάει σε ύψος τα τρία μέτρα. Ένα ίδιο δέντρο (του ιδίου είδους) που είναι ήδη περί τα τρία μέτρα ψηλό, μετά από δέκα χρόνια, το ύψος του υπερβαίνει τα τέσσερα μέτρα. Σε αυτό το παράδειγμα έχουμε το ίδιο είδος δέντρου, αλλά σε διαφορετικές ηλικίες, ένα πολύ νεαρό και ένα αρκετά πιο γηραιό · το νεαρό έχει μια ανάπτυξη περί του 1.400% στο ύψος του (ή 15 φορές περισσότερο), όταν στην ίδια περίοδο, το γηραιότερο αναπτύσσεται μόλις περί του 50% (ή 1 ½ φορές) – δείτε την ακόλουθη ενδεικτική εικόνα.

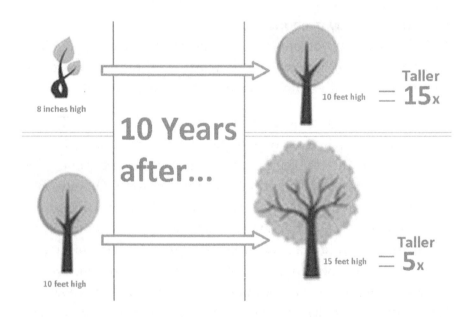

Το ίδιο ισχύει και στις επιχειρήσεις: η μικρότερη και νεαρότερη έχουν τον χώρο και την ορμή να αναπτυχθούν πολύ ταχύτερα από την γηραιότερη και μεγαλύτερη ... και οι μετοχές τους, αφού μιλάμε για εισηγμένες, ακολουθούν παρομοίως...

Αλλά πρέπει να είμαστε προσεκτικοί με τους κακούς σπόρους και τα καχεκτικά φυτά · κάποια φρεσκοφυτεμένα δέντρα θα παραμείνουν αδύναμα και δεν θα επιβιώσουν για να γίνουν ψηλά και ισχυρά. Αντιθέτως, ένα ήδη σχετικά γηραιό δέντρο, είναι αρκετά ισχυρό: εάν ήταν να στοιχηματίζαμε στην επιβίωσή τους στην επόμενη πενταετία, το να στοιχηματίζαμε σε ένα ήδη μεγαλωμένο δέντρο, θα ήταν μάλλον ασφαλέστερο από ό,τι αν ποντάραμε στο δενδρύλλιο. Αλλά έτσι είναι η ζωή: το ρίσκο συνδέεται με την δυνητική απόδοση – το μεγαλύτερο ρίσκο μπορεί να οδηγήσει σε μεγαλύτερη απόδοση και το μικρότερο ρίσκο σε χαμηλότερη απόδοση.

Τώρα που μάθατε πως δουλεύει, μπορείτε να καταλάβετε γιατί στο ακόλουθο γράφημα, αυτός ο ίδιος ο S&P 500, που την απόδοσή του δεν καταφέρνει να πιάσει η πλειοψηφία των επαγγελματιών, αποδίδει χειρότερα από δύο ETFs που επέλεξα τυχαία (...τι άλλο;) για την Μεσαία και Μικρή Κεφαλαιοποίηση και συγκεκριμένα το *SPDR S&P MidCap 400* (με σύμβολο MDY) και το *iShares S&P Small-Cap 600 Value* (με σύμβολο IJS) αντίστοιχα.

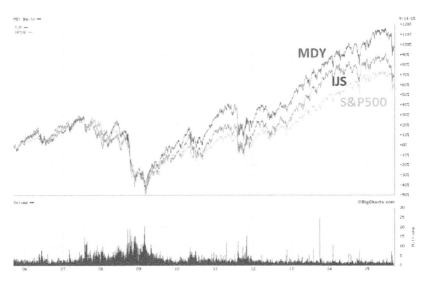

Προσέξτε στο παραπάνω γράφημα πως το ETF της Μεσαίας κεφαλαιοποίησης (MDY), 'τρέχει' περισσότερο από αυτό της Μικρής Κεφαλαιοποίησης (IJS). Θα περίμενε κανείς ότι το μικρότερης κεφαλαιοποίησης θα 'έτρεχε' καλύτερα από αυτό της μεσαίας. Αυτό λοιπόν που παρατηρείτε, μπορεί να οφείλεται στην συγκεκριμένη σύνθεση του συγκεκριμένου ETF ή και στον βαθμό μεγαλύτερης 'θνησιμότητας', που παρατηρείται στην μικρή κεφαλαιοποίηση.

Δείτε ξανά, στο ακόλουθο γράφημα, μόνο το MDY της μεσαίας κεφαλαιοποίησης έναντι του S&P 500, σε μεγαλύτερο χρονικό πλαίσιο:

... ομολογουμένως, πολύ καλύτερα. Η ψαλίδα της διαφοράς τους και παρά τις όποιες διακυμάνσεις που είναι χαρακτηριστικό όλων των χρηματιστηρίων, ανοίγει συν τω χρόνω, ολοένα και περισσότερο υπέρ του ETF της μεσαίας κεφαλαιοποίησης – και είναι ιδιαίτερα εμφανές σε αυτό το μακροχρόνιο γράφημα. Αφήστε τον χρόνο λοιπόν, να αυξήσει και να ωριμάσει τις επενδύσεις σας, οι οποίες είναι προτιμότερο να είναι από την κατηγορία της μεσαίας κεφαλαιοποίησης.

Σε ένα αρκετά μεγάλο χρονικό πλαίσιο, θα υπάρξουν bull και bear markets · στις bull markets, η μεσαία κεφαλαιοποίηση αναμένεται να κινηθεί περισσότερο επιθετικά προς τα πάνω και αντιθέτως στις bear markets, όταν η μεσαία κεφαλαιοποίηση αναμένεται να κινηθεί περισσότερο επιθετικά προς πτωτική κατεύθυνση.

Όμως οι ταύροι εμφανίζονται αρκετά πιο συχνά από ό,τι οι αρκούδες, δίδοντας ως αποτέλεσμα για όσο καιρό μένετε εντός της αγοράς και επενδεδυμένοι κυρίως στην μεσαία κεφαλαιοποίηση, μια ως επί το πλείστον ολοένα αυξανόμενη διαφορά έναντι του βασικού χρηματιστηριακού δείκτη, ο οποίος προφανώς επηρεάζεται από τις 'βαριές' μετοχές της υψηλής κεφαλαιοποίησης.

Αλλά να προσέχετε! Ειδικά εάν επιλέγετε με τυχαίο τρόπο, υπάρχουν πιθανότητες να κάνετε μια αποτυχημένη επιλογή. Καθώς ήθελα να ελέγξω την υπόθεσή μου ότι η μικρή και μεσαία κεφαλαιοποίηση 'τρέχουν' καλύτερα από τον βασικό δείκτη (S&P 500), τσέκαρα αρκετά ETFs της μικρής και μεσαίας κεφαλαιοποίησης · βρήκα αρκετά μεταξύ αυτών που δεν ακολουθούσαν τον κανόνα.

Συνεπώς εάν θέλετε να επενδύσετε σε ένα ETF της μικρής ή μεσαίας κεφαλαιοποίησης, ελέγξτε πρώτα εάν κινείται σύμφωνα με τον κανόνα - τοποθετήστε το σε ένα γράφημα μαζί με τον S&P 500 και σε ένα μακρύ χρονικό πλαίσιο και δείτε εάν πράγματι με τον καιρό, αυξάνει την (θετική) διαφορά του.

Θυμάστε που στην σελίδα 107, σας ζήτησα να διαλέξετε τυχαία δέκα αριθμούς από το 1 έως το 200;

Θα τα χρειαστείτε ξανά και επιπρόσθετα, σας συνιστώ να κάνετε το ίδιο τεστ που θα κάνω και εγώ μόλις τώρα: διαλέξτε τέσσερις φορές, από δέκα νούμερα κάθε φορά - τα νούμερα μπορούν να είναι μεταξύ του 1 και 200.

Pick (randomly) 10 Numbers from 1 to 200									
1 ⇨									
2 ⇨									
3 ⇨									
4 ⇨									

Αυτό εδώ, θα το κάνουμε παρέα: Οι πέντε σειρές μου, με τα τυχαία επιλεγμένα νούμερα, φαίνονται στον αμέσως παρακάτω Πίνακα:

My random picks of 10 Numbers between 1 and 200, five times									
1 ⇨ 156	151	70	94	22	143	124	43	160	15
2 ⇨ 181	94	115	88	173	125	72	104	18	101
3 ⇨ 138	97	57	167	196	95	122	37	153	170
4 ⇨ 18	56	94	24	84	30	80	14	25	4
5 ⇨ 77	17	122	9	70	11	84	66	96	15

Σημειώσεις:

• Ναι, εάν θέλετε, κάποια από τα νούμερα που θα επιλέξετε, μπορεί να είναι τα ίδια.

• Για τις δικές μου τυχαίες επιλογές, χρησιμοποίησα μια τυχαία γεννήτρια που βρήκα στο διαδίκτυο, αναζητώντας στο Google 'random numbers generator' και βρήκα την εφαρμογή www.random.org/integers/, στην οποία και ζήτησα να μου παράγει 10 τυχαία νούμερα, που κάθε νούμερο θα ήταν μεταξύ του 1 και 200. Παρήγαγε ό,τι ζήτησα και μετά επανέλαβα την διαδικασία άλλες τέσσερις φορές.

• Εσάς σας ζήτησα να κάνετε τέσσερις φορές τυχαία επιλογή από το 1 ως το 200 και όχι πέντε, όπως έκανα εγώ, διότι εσείς έχετε ήδη κάνει άλλη μια φορά (στην σελίδα 107), την οποία και θα χρησιμοποιήσετε ξανά συν τις άλλες τέσσερις που θα καταγράψετε στο προηγούμενο πινακάκι.

Λίγο πριν κάνω την επιλογή των τυχαίων αριθμών μου, πήρα τον Πίνακα που σας παρουσιάζω στην σελίδα 132, που περιέχει νούμερα από το 1 έως το 200, αντιπροσωπεύοντας εταιρίες (και τις μετοχές τους) ταξινομημένες βάσει μεγάλης, μεσαίας και μικρής κεφαλαιοποίησης. Σε αυτόν τον πίνακα, πρόσθεσα για κάθε μία επιχείρηση την μέση ετήσια αύξηση κερδών για μια περίοδο δέκα ετών. Τα ποσοστά αυξήσεως των κερδών που παρουσιάζει ο πίνακας, τα επινόησα εγώ (δεν τα είδα σε κάποια βάση δεδομένων) και ενήργησα όπως ακολούθως, για να ελέγξω την θεωρία που θέλει:

• Τις εταιρίες μικρής κεφαλαιοποίησης, να δείχνουν κατά μέσο όρο, καλύτερους ρυθμούς ανάπτυξης συγκριτικά με την μεσαία και την μεγάλη κεφαλαιοποίηση, αλλά με μεγαλύτερη διακυμανσιμότητα.

• Τις εταιρίες μεσαίας κεφαλαιοποίησης, να δείχνουν κατά μέσο όρο, καλύτερο ρυθμό ανάπτυξης συγκριτικά με την υψηλή κεφαλαιοποίηση, αλλά με λίγο μεγαλύτερη διακυμανσιμότητα, ωστόσο μικρότερη, εν συγκρίσει με την χαμηλή κεφαλαιοποίηση.

• Η ανάπτυξη των κερδών που έβαλα, κυμαίνονταν από αρνητική της τάξεως του -10% έως θετική, της τάξεως του +21%.

• Για μια επιχείρηση που ο Πίνακας δείχνει -10%, σημαίνει ότι κατά μέσο όρο, είχε μια μείωση της τάξης του 10% στα κέρδη της κάθε χρόνο για αυτή την δεκαετή συνολικά περίοδο, ωστόσο είχε κέρδη.

• Επίσης σε λίγες περιπτώσεις, έβαλα τον όρο 'LOSS', εννοώντας ότι οι επιχειρήσεις με αυτόν τον όρο, εμφάνιζαν ζημιές κατά μέσο όρο στην δεκαετή περίοδο.

Για να έχετε μια ιδέα, τι σημαίνουν οι ακραίες ποσοστιαίες μεταβολές κερδών που έβαλα, εάν μια επιχείρηση η οποία έχει καθαρά κέρδη 100 εκατομμυρίων δολαρίων και σε μια περίοδο δέκα ετών που ακολουθεί, παρουσιάζει μια υποχώρηση στα κέρδη της κατά 10% ετησίως, μετά δέκα χρόνια, τα κέρδη της θα είχαν συρρικνωθεί σε λιγότερα των 35 εκατομμυρίων δολαρίων. Από την άλλη πλευρά, μια επιχείρηση που αρχίζει με 100 εκατομμύρια κέρδη στον χρόνο Χ, μετά από δέκα χρόνια, τα κέρδη της θα ανέρχονται περίπου σε 673 εκατομμύρια, στην περίπτωση που θα πετυχαίνει μια μέση ετήσια αύξηση αυτών, κατά +21%.

Ο Πίνακας λοιπόν, έχει ως ακολούθως:

1	2	3	4	5	6	7	8	9	10
13	3	-5	3	7	10	12	6	-2	15
11	**12**	**13**	**14**	**15**	**16**	**17**	**18**	**19**	**20**
15	13	5	4	10	-2	7	13	-3	6
21	**22**	**23**	**24**	**25**	**26**	**27**	**28**	**29**	**30**
2	17	10	LOSS	9	2	10	10	-5	17
31	**32**	**33**	**34**	**35**	**36**	**37**	**38**	**39**	**40**
9	4	2	11	8	1	-5	12	6	-2
41	**42**	**43**	**44**	**45**	**46**	**47**	**48**	**49**	**50**
10	4	10	15	16	11	11	5	1	6
51	**52**	**53**	**54**	**55**	**56**	**57**	**58**	**59**	**60**
6	-5	15	18	-5	2	6	18	12	14
61	**62**	**63**	**64**	**65**	**66**	**67**	**68**	**69**	**70**
5	12	10	17	3	17	16	7	6	16
71	**72**	**73**	**74**	**75**	**76**	**77**	**78**	**79**	**80**
8	-2	17	4	5	LOSS	10	12	10	8
81	**82**	**83**	**84**	**85**	**86**	**87**	**88**	**89**	**90**
3	9	-3	16	13	7	9	14	LOSS	18
91	**92**	**93**	**94**	**95**	**96**	**97**	**98**	**99**	**100**
13	13	-5	11	5	-2	16	16	2	10
101	**102**	**103**	**104**	**105**	**106**	**107**	**108**	**109**	**110**
LOSS	1	13	3	17	-3	12	14	5	4
111	**112**	**113**	**114**	**115**	**116**	**117**	**118**	**119**	**120**
12	3	15	16	6	18	12	10	8	3
121	**122**	**123**	**124**	**125**	**126**	**127**	**128**	**129**	**130**
20	15	1	19	6	16	-3	15	7	10
131	**132**	**133**	**134**	**135**	**136**	**137**	**138**	**139**	**140**
1	9	13	15	13	18	6	10	2	11
141	**142**	**143**	**144**	**145**	**146**	**147**	**148**	**149**	**150**
-3	8	14	17	2	11	8	9	14	-3
151	**152**	**153**	**154**	**155**	**156**	**157**	**158**	**159**	**160**
13	4	LOSS	10	11	12	9	15	1	19
161	**162**	**163**	**164**	**165**	**166**	**167**	**168**	**169**	**170**
21	-2	9	12	18	3	11	19	4	9
171	**172**	**173**	**174**	**175**	**176**	**177**	**178**	**179**	**180**
16	10	15	13	8	-3	9	5	14	1
181	**182**	**183**	**184**	**185**	**186**	**187**	**188**	**189**	**190**
7	11	-3	20	6	19	7	11	-5	20
191	**192**	**193**	**194**	**195**	**196**	**197**	**198**	**199**	**200**
13	8	14	19	7	21	3	16	5	8

Στον παραπάνω Πίνακα, σε κάθε κουτάκι, έχουμε δύο νούμερα. Το μικρότερο σε μέγεθος νούμερο, που είναι πιο αχνό και στο κάτω μέρος κάθε κουτιού, παρουσιάζει τον ρυθμό ανάπτυξης των κερδών, για κάθε μία από τις 200 επιχειρήσεις. Δίδω ορισμένα παραδείγματα για την ευκολότερη κατανόηση: στο κουτάκι 200 (τελευταίο κάτω δεξιά στην γωνία) που γράφει 8 σημαίνει 8% μέση ετήσια αύξηση των κερδών για μια περίοδο δέκα ετών ή το κουτάκι 189 (και αυτό περίπου κάτω δεξιά), το οποίο γράφει -5 σημαίνει αρνητική μεταβολή στα κέρδη ετησίως, της τάξης του 5%, για περίοδο δέκα ετών ή στο κουτάκι 101 (στην αριστερή στήλη και περίπου στο μέσον) που γράφει LOSS, σημαίνει ότι αυτή η εταιρία εμφάνιζε ζημιές κατά μέσο όρο για κάθε ένα από αυτά τα δέκα έτη.

Από τον παραπάνω λοιπόν Πίνακα, δεκαπέντε εκ των 200 συνολικά επιχειρήσεων (ή τα κουτάκια που βλέπετε) αντιπροσωπεύουν εταιρίες από την υψηλή κεφαλαιοποίηση ή ως ποσοστό, 7,5% της συνολικής 'αγοράς' (τα 200 κουτάκια - επιχειρήσεις). Αυτές οι δεκαπέντε εταιρίες υψηλής κεφαλαιοποίησης, έχουν μέσο ετήσιο ρυθμό αύξησης των κερδών τους για την δεκαετή αυτή περίοδο, της τάξης του 6,1%. Καμία εταιρία εκ της μεγάλης κεφαλαιοποίησης, δεν παρουσιάζει ζημιές καθώς οι εταιρίες μεγάλης χρηματιστηριακής αξίας θεωρούνται ισχυρές. Το πλεονέκτημα της απουσίας ζημιών όμως, αντισταθμίζεται με το χαμηλότερο ρυθμό αύξησης των κερδών τους, αφού η μέση ετήσια αύξηση στο σύνολο και των 200 εταιριών (συνεπώς συμπεριλαμβανομένων και των επιχειρήσεων υψηλής κεφαλαιοποίησης) είναι 8,5%, σχεδόν δηλαδή δυόμισι ποσοστιαίες μονάδες θετική διαφορά. Και αυτό διότι οι εταιρίες της μικρής και μεσαίας κεφαλαιοποίησης, 'τρέχουν' ταχύτερα αλλά έχουν και μεγαλύτερο κίνδυνο - μερικές από τις επιχειρήσεις μικρής και μεσαίας κεφαλαιοποίησης, έχουν αρνητικό ρυθμό ανάπτυξης των κερδών τους ή ακόμα και ζημιές, με μέλλον αβέβαιο.

Δημιούργησα αυτόν τον Πίνακα σύμφωνα με αυτή την απλοποιημένη ιδέα του ρυθμού ανάπτυξης των κερδών που απεικονίζω εδώ, στο ακόλουθο 'ωοειδές γράφημα ανάπτυξης', το οποίο δείχνει τους μέσους ετήσιους ρυθμούς ανάπτυξης κερδών, σε μια μακροχρόνια περίοδο όπως δέκα έτη.

Το γράφημα 'αυγού ανάπτυξης' μας δείχνει ότι η μεγάλη πλειοψηφία των επιχειρήσεων, παρουσιάζουν ήπιους ρυθμούς ανάπτυξης (δείτε ότι οι μεγαλύτεροι ρυθμοί στο 'αυγό', είναι μεταξύ 0 και 10% που η χρωματισμένη περιοχή, περίπου στην μέση, είναι και πιο ευρεία, πιο εκτεταμένη), λίγες από αυτές εμφανίζουν αρνητικούς

ρυθμούς (δείτε την μικρότερη πορτοκαλί προς κόκκινη περιοχή του 'αυγού'), πολύ λίγες παρουσιάζουν ζημιές (άκρα αριστερά γωνία του 'αυγού'), λίγες εκ του συνόλου σημειώνουν ισχυρή ανάπτυξη (δείτε την πράσινη περιοχή, όσο πιο πράσινη τόσο το καλύτερο) και μια μικρή μειοψηφία, πετυχαίνει πολύ ισχυρή ανάπτυξη (η άκρα δεξιά, έντονα πράσινη άκρη του 'αυγού').

Random Choices		Number		Number		Number		Number		Number	
		Capitali zation	10 Years yearly Growth	Capitali zation	10 Years yearly Growth	Capitali zation	10 Years yearly Growth	Capitali zation	10 Years yearly Growth	Capitali zation	10 Years yearly Growth
1	⇨	156 SMALL	12%	151 SMALL	13%	70 BIG	16%	94 BIG	11%	22 SMALL	17%
2	⇨	181 SMALL	7%	94 BIG	11%	115 SMALL	6%	88 SMALL	14%	173 MID	15%
3	⇨	138 SMALL	10%	97 MID	16%	57 SMALL	6%	167 BIG	11%	196 SMALL	21%
4	⇨	18 MID	13%	56 SMALL	2%	94 BIG	11%	24 SMALL	LOSS	84 MID	16%
5	⇨	77 SMALL	10%	17 MID	7%	122 MID	15%	9 MID	-2%	70 BIG	16%

My random picks of 10 Number

Επιστρέφω στις τυχαίες επιλογές μου που αναφέρθηκαν στον Πίνακα της σελίδας 138) και τις τοποθετώ στον προηγηθέν Πίνακα όπου φαίνονταν οι ρυθμοί ανάπτυξης κερδοφορίας για τις 200 συνολικά επιχειρήσεις. Οι επιλογές που έκανα τυχαία, συνθέτουν τα ακόλουθα πέντε 'χαρτοφυλάκια' (δείτε τον Πίνακα που μοιράζεται μεταξύ των σελίδων 142 και 143):

Όπως παρατηρούμε στο Πίνακα, τα δεδομένα τα πήρα από τους πίνακες των τυχαίων επιλογών μου (σ.138), της κεφαλαιοποίησης (σ.132) και του πίνακα με τους ρυθμούς ανάπτυξης (σ.140). Σε αυτόν τον τελευταίο πίνακα, παρουσιάζονται τα πέντε τυχαία 'χαρτοφυλάκιά' μου (η αριστερή στήλη, που φέρει τίτλο Τυχαίες Επιλογές - 'Random Choices' από το 1 έως το 5), ένα σε κάθε μία από τις πέντε γραμμές. Μπορούμε επίσης να δούμε από τι επιχειρήσεις και τι ρυθμούς ανάπτυξης κερδών, παρουσίαζε το κάθε ένα από αυτά τα πέντε.

Τι παρατηρούμε σε αυτά; Ότι όλα τους– και τα πέντε, πέτυχαν μέση ετήσια αύξηση κερδών που κυμαίνεται από ελάχιστη 8,1% έως μέγιστη 14,1%. Οι εν λόγω ρυθμοί ανάπτυξης των κερδών, από το min. έως και το max., είναι καλύτεροι της μέσης ετήσιας αύξησης της κατηγορίας της μεγάλης κεφαλαιοποίησης, που ήταν 6,1%.

s between 1 and 200, five times

Number		Number		Number		Number		Number		Average Growth of those 10 random choices
Capitali ration	10 Years yearly Growth	Capitali ration	10 Years yearly Growth	Capitali ration	10 Years yearly Growth	Capitali ration	10 Years yearly Growth	Capitali ration	10 Years yearly Growth	
143 SMALL	14%	124 SMALL	19%	43 MID	10%	160 SMALL	19%	15 MID	10%	14,1%
125 BIG	6%	72 SMALL	2%	104 SMALL	3%	18 MID	13%	101 MID	LOSS	8,1%
95 SMALL	5%	122 MID	15%	37 SMALL	-5%	153 SMALL	LOSS	170 SMALL	9%	9,8%
30 MID	17%	80 BIG	8%	14 SMALL	4%	25 MID	9%	4 BIG	3%	9,2%
11 SMALL	15%	84 MID	16%	66 MID	17%	96 MID	-2%	15 MID	10%	10,2%

Παρατηρήστε επίσης ότι στις περιπτώσεις αυτών των πέντε 'χαρτοφυλακίων', όταν υπήρχε μια επιλογή με ζημιά (LOSS), όπως συμβαίνει στις περιπτώσεις των 'χαρτοφυλακίων' 2, 3 και 4), υπολόγισα τον μέσο ετήσιο ρυθμό ανάπτυξης των κερδών, διαιρώντας με 9 φορές και όχι με δέκα · με άλλα λόγια απέκλεισα τις επιλογές με ζημιές (LOSS) και θα εξηγήσω γιατί αναλυτικά αργότερα · τώρα σας λέω εν συντομία ότι θα σας δείξω μια απλή μέθοδο για να αποβάλουμε τις κακές επιλογές.

Προς το παρόν αρκεί ως εξήγηση και βασική αιτία, που δεν υπολόγισα τις επιλογές LOSS, ότι κάνουμε ένα φιλτράρισμα όσον αφορά στις κακές επιλογές και φροντίζουμε, να τις διώξουμε γρήγορα από τα χαρτοφυλάκιά μας.

Για να μην σας αφήσω με την απορία, εάν υπολόγιζα τον μέσο ρυθμό αύξησης των κερδών, διαιρώντας με 10 αντί του 9, στις περιπτώσεις των 'χαρτοφυλακίων' 2, 3 και 4, οι ρυθμοί αύξησης των κερδών θα προσαρμόζονταν σε – εντός των παρενθέσεων τα προηγούμενα δεδομένα, που διαιρούσα με 9, για την σύγκριση:

• 7,3% (8,1%) για το χαρτοφυλάκιο 2,
• 8,8% (9,8%) για το χαρτοφυλάκιο 3,
• 8,3% (9,2%) για το χαρτοφυλάκιο 4

παρατηρούμε για άλλη μια φορά ξανά, ότι οι μέσοι ρυθμοί αύξησης αυτών των πέντε 'χαρτοφυλακίων' είναι καλύτεροι από το 6,1% μέσου ρυθμού αύξησης κερδών στην κατηγορία της υψηλής κεφαλαιοποίησης.

Με αυτόν τον θεωρητικό πειραματισμό, ήθελα να δείξω ότι διαλέγοντας με τυχαίο τρόπο, οδηγείται κανείς κυρίως σε μετοχές μικρής και μεσαίας κεφαλαιοποίησης, σε επιχειρήσεις που κατά μέσο όρο, 'τρέχουν' αρκετά ταχύτερα από τις μετοχές της υψηλής κεφαλαιοποίησης. Συνεπακόλουθα, με τις επιχειρήσεις να παρουσιάζουν ισχυρότερη ανάπτυξη, είναι λογικό να αναμένουμε να υπεραποδώσουν μακροπρόθεσμως στην αγορά, προσφέροντάς μας εντέλει μεγαλύτερη κέρδη – και έτσι θα γίνει όντως!

144

Φτιάξτε και εσείς τώρα, όπως έκανα εγώ εδώ, έναν παρόμοιο πίνακα όπως αυτόν μεταξύ των σελίδων 142 και 143, σε ένα κομμάτι χαρτί ή σε ένα Excel εάν προτιμάτε και δείτε από τις τυχαίες επιλογές σας (αυτές που σημειώσατε στους πίνακες των σελίδων 107 και 138), ποιες και πόσες ανήκουν στην μικρή, μεσαία και υψηλή κεφαλαιοποίηση (θα πρέπει η πλειοψηφία των επιλογών σας να είναι από τις δύο πρώτες κατηγορίες βάσει των πιθανοτήτων) και τους ρυθμούς ανάπτυξης των κερδών, που λογικά θα είναι υψηλότεροι από τον μέσο όρο της μεγάλης κεφαλαιοποίησης, που σας υπενθυμίζω ότι είναι 6,1%.

Βεβαίως ακόμα, μπορεί να υπάρχουν πολλοί που θα αρνούνται να υιοθετήσουν την μέθοδο τυχαίας επιλογής, θεωρώντας ότι μέσω ανάλυσης, μπορούν να βρουν επιχειρήσεις που θα έχουν εξαιρετική ανάπτυξη στο μέλλον και έτσι, εξαιρετική απόδοση και στο χρηματιστήριο. **Λάθος**. Ακόμα και εάν δαπανήσετε πολύ χρόνο και κόπο για να αναλύσετε επιχειρήσεις προκειμένου να βρείτε μια εταιρία που μελλοντικά θα απογειωθεί, πόσες εντέλει εταιρίες θα αναλύσετε; Δέκα; Είκοσι; Πενήντα;

Θα έχετε καταναλώσει πολύ από τον πολύτιμο χρόνο σας αλλά και χρήμα, για να αναλύσετε πόσες εταιρίες; Και τι γίνεται εάν η ανάλυσή σας, αποδειχτεί στο μέλλον λανθασμένη; Όταν η αγορά αποτελείται από χιλιάδες εταιρίες, είναι ουσιαστικά αδύνατον να ερευνήσετε τόσες πολλές εταιρίες και μάλιστα ορθά και αποτελεσματικά για να βρείτε την επόμενη εταιρία που θα απογειωθεί. Προτιμώντας όμως την μέθοδο της τυχαίας επιλογής, μπορείτε άκοπα, άνευ οικονομικού κόστους και άνευ δαπάνης του χρόνου σας, να βρείτε ενδεχομένως και εταιρίες που μελλοντικά θα απογειωθούν, ακριβώς διότι θα επιλέγετε τυχαία · γιατί να μην γίνει; Και μάλιστα με αυτόν τον τρόπο, μπορείτε να τις βρείτε σε πρώιμα στάδια, μπορείτε να τις βρείτε νωρίς, όταν κανείς από όλους αυτούς που μελετούν δεν θα την έχει προσέξει και αναγνωρίσει ως μια πιθανή μελλοντική επιτυχία, ενδεχομένως ούτε και το ίδιο το

Διοικητικό τους Συμβούλιο, να μην γνωρίζουν την μελλοντική τους μεγάλη αξία, παρόλο που γνωρίζουν τα πράγματα από μέσα.

Λέω ξανά, ότι δεν είναι σίγουρο αλλά σίγουρα έχετε πιθανότητες να επιλέξετε μερικές επιχειρήσεις που θα αποδειχτούν αρκετά πετυχημένες στο μέλλον. Στους πειραματισμούς που κάναμε με τα τυχαία επιλεγμένα χαρτοφυλάκια, θα διαπιστώσατε ότι δεν έλειψαν περιπτώσεις εταιριών που έδωσαν καταπληκτικά κέρδη. Συνεπώς γίνεται. Το γεγονός ότι δεν είναι κάτι βέβαιον ότι θα επιλέξετε μελλοντικά πετυχημένες επιχειρήσεις, δεν μπορεί να εκληφθεί ως μειονέκτημα για την μέθοδο τυχαίας επιλογής διότι δεν υπάρχει και καμία άλλη μέθοδος που να σας οδηγεί με ασφάλεια στην ανακάλυψη των επόμενων μεγάλων "χιτ". Αντιθέτως, κάθε άλλη μέθοδος απαιτεί πολύ χρόνο, είτε πολύ προσπάθεια, πολλά χρήματα ή και συνδυασμό των παραπάνω. Μόνο εμένα μου φαίνεται ως ένα μεγάλο μειονέκτημα των άλλων μεθόδων;

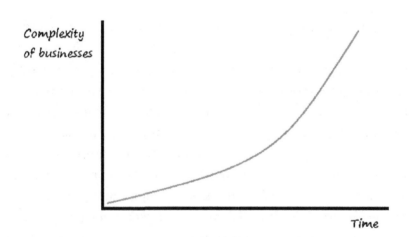

Υψηλές Κεφαλαιοποιήσεις και Πράγματα να προσέχουμε!

Φυσικά πρέπει να έχετε στο μυαλό σας ότι οι υψηλές κεφαλαιοποιήσεις συχνά προσελκύουν κάποιο premium στις τιμές τους που είναι λίγο μεγαλύτερο από τα premium που παρατηρούνται στην μικρή και μεσαία κεφαλαιοποίηση. Αυτό οφείλεται στο λιγότερο ρίσκο που έχουν οι υψηλές κεφαλαιοποιήσεις συγκριτικά με τις μεσαίες ή και τις μικρές.

Άλλος ένας λόγος για το μεγαλύτερο premium στις υψηλές κεφαλαιοποιήσεις, είναι ότι λόγω του μεγέθους τους, αυτές οι επιχειρήσεις είναι πολύ γνωστές, πολύ περισσότερο από ό,τι είναι οι εταιρίες της μεσαίας και μικρής κεφαλαιοποίησης, η κάλυψη αυτών από αναλυτές και επαγγελματίες της αγοράς είναι μεγαλύτερη και συνεπακόλουθα, οι μετοχές τους προσελκύουν ευκολότερα το ενδιαφέρον αγοραστών.

Αλλά προσέξτε! Αυτό δεν σημαίνει ότι οι μετοχές της υψηλής κεφαλαιοποίησης δεν έχουν ρίσκο · απλά έχουν λιγότερο. Υπάρχει άλλωστε πλήθος παραδειγμάτων, πραγματικών υποθέσεων γιγαντιαίων επιχειρήσεων σε όλο τον κόσμο που έχουν εμπλακεί σε σκάνδαλα, έως και σε μεγάλες απάτες και έφτασαν έως το σημείο να χρεοκοπήσουν, να κλείσουν και να εξαφανιστούν.

Τον καιρό που έγραφα αυτό το βιβλίο, εκδηλώθηκε το σκάνδαλο 'diesel'της Volkswagen (VW) το οποίο και αποκαλύφθηκε · ο γιγαντιαίος γερμανικός όμιλος στην αυτοκινητοβιομηχανία, βρέθηκε να έχει διαπράξει ευρεία απάτη σε ό,τι αφορούσε στα τεστ εκπομπών ρύπων στα ντιζελοκίνητα μοντέλα του. Σας υπενθυμίζω ότι η Volkswagen είναι ο δεύτερος μεγαλύτερος όμιλος από πλευράς πωλήσεων αυτοκινήτων και οχημάτων διεθνώς, μετά την Toyota και μάλιστα, κάποια στιγμή εντός του 2015 και προτού αποκαλυφθεί η απάτη της, η Volkswagen (ως όμιλος που έχει επίσης τα Audi, Porsche, Škoda, Seat, Bentley, Lamborghini, Bugatti, Scania και MAN) ξεπέρασε την Toyota. Η Volkswagen μεμονωμένα και όχι ως όμιλος, είναι μία από τις μεγαλύτερες γερμανικές επιχειρήσεις από πλευράς εσόδων και εξαγωγών. Και είναι μια επιχείρηση που λόγω μεγέθους, επηρεάζει ένα πολύ μεγάλο πλήθος άλλων επιχειρήσεων – προμηθευτών της. Η βαρύτητά της στην γερμανική οικονομία είναι πραγματικά, πολύ μεγάλη. Εδώ, μιλάμε για μια πραγματικά γιγαντιαία επιχείρηση. Ένα αυθεντικό Blue Chip. Πριν το ξέσπασμα του σκανδάλου, εάν κάποιος είχε επενδύσει στις μετοχές της VW, θα μπορούσε να αισθάνεται ασφαλής αλλά όταν το σκάνδαλο βγήκε στην επιφάνεια, η γιγαντιαία αυτοκινητοβιομηχανία έχασε σε πρόστιμα, πολλά δισεκατομμύρια δολαρίων, για να μην αναφέρουμε το ανυπολόγιστο και μακροχρόνιο κόστος από την μείωση της αξιοπιστίας της. Οι μετοχές της VW έχασαν σχεδόν 60% της αξίας τους, πέφτοντας από την κορυφή των 250 ευρώ στα 100 ευρώ σε λίγους μήνες. Η Volkswagen έχει ήδη υποφέρει πολύ από αυτό το ζήτημα και θα συνεχίσει να υποφέρει για κάποιο καιρό αλλά τουλάχιστον το σκάνδαλο δεν έθεσε σε κίνδυνο την ύπαρξή της.

Και υπάρχει πλήθος περιστατικών σκανδάλων που αφορούσαν μεγάλες επιχειρήσεις, άλλα μεγαλύτερα, άλλα μικρότερα, αλλά όλα τους σημαντικά και ικανά να βλάψουν εντόνως τις μετοχές των επιχειρήσεων που αφορούσαν – εάν είστε άτυχος να έχετε μετοχές μιας τέτοιας επιχείρησης σε κακούς καιρούς.

Σκάνδαλα ξέσπασαν για μεγάλες και πολύ γνωστές επιχειρήσεις · αναφέρω μερικά τέτοια περιστατικά των τελευταίων ετών:

• Η Toshiba, ένας από τους μεγαλύτερους ιαπωνικούς βιομηχανικούς ομίλους, το έτος 2015 βρέθηκε ότι είχε υπερεκτιμήσει τα κέρδη της κατά περίπου δύο δισεκατομμύρια δολάρια κατά την διάρκεια των τελευταίων επτά ετών. Οι μετοχές της Toshiba έχασαν 45% από την κορυφή τους τον Δεκέμβριο του

2014 έως και τον Νοέμβριο του 2015 που έγραφα αυτό το κομμάτι – ίσως να πέσουν και περισσότερο μέχρι να ανακάμψουν. Για την σύγκριση δε, την περίοδο που οι μετοχές της Toshiba σημείωναν κατακόρυφη πτώση, ο Nikkei, ήτοι ο βασικός δείκτης του χρηματιστηρίου του Τόκιο, είχε ανοδική πορεία.

• Η Olympus, άλλη μία εκ των πολύ μεγάλων ιαπωνικών επιχειρήσεων, το έτος 2011 βρέθηκε ότι είχε αποκρύψει 1,7 δισεκατομμυρίων δολαρίων ζημιές κατά τα προηγούμενα χρόνια, πηγαίνοντας πίσω έως την δεκαετία του '90. Ως αποτέλεσμα, εξαφανίστηκε περισσότερο από το 80% της χρηματιστηριακής αξίας της επιχείρησης σε τέσσερις μόλις μήνες, πριν αρχίσει η μετοχή της να ανακάμπτει τον Νοέμβριο του 2011.

Σε άλλες περιπτώσεις, μεγάλες και γνωστές επιχειρήσεις χρεοκόπησαν και έκλεισαν. Ένα πασίγνωστο παράδειγμα, είναι η Enron. Αυτή η αμερικάνικη μεγάλη ενεργειακή εταιρία, θεωρούνταν Blue chip αλλά και ελκυστική επενδυτικά, καθώς αναπτύσσονταν ταχέως για μια τέτοιου μεγέθους επιχείρηση. Δυστυχώς κάποια στιγμή με το γύρισμα του αιώνα, βρέθηκε ότι η Enron χρησιμοποιούσε κάποιες οντότητες ειδικού σκοπού (μικρές επιχειρήσεις εντός του ομίλου της) για να φουσκώσει τα περιουσιακά της στοιχεία και την κερδοφορία της, όταν μάλιστα σε ορισμένες περιπτώσεις, τα περιουσιακά στοιχεία ή και κέρδη αυτών των οντοτήτων βρέθηκαν να είναι παντελώς ανύπαρκτα, όπως επίσης χρησιμοποιούσε μερικέ από αυτές τις οντότητες για να κρύψει ζημιές. Με άλλα λόγια, η Enron 'μαγείρευε' εντόνως και για πολύ καιρό, τα λογιστικά της μεγέθη και βιβλία. Όταν η απάτη αποκαλύφθηκε, μετά τις έρευνες των Αρχών, ήταν πολύ αργά. Οι μετοχές της Enron κατέρρευσαν από το υψηλό των 91 δολαρίων σε λιγότερο από ένα (1) δολάριο, σε λίγους μήνες.

Και δεν είναι μόνο οι περιπτώσεις των σκανδάλων που συρρικνώνουν έως και εξαφανίζουν, μεγάλες επιχειρήσεις. Μπορεί να είναι το γενικότερο οικονομικό περιβάλλον ή και ο κύκλος ζωής.

Να αναφέρω σχετικά την δική μας περίπτωση, εδώ στην χώρα μας, στην Ελλάδα, που λόγω γενικότερου περιβάλλοντος όπου η οικονομία έχει ουσιαστικά χρεοκοπήσει, οι μετοχές της αλλοτινά «Μεγάλης μας φίλης», δηλαδή της Εθνικής Τράπεζας, σήμερα διαπραγματεύονται σε τιμή χαμηλότερη από ένα πακέτο τσιγάρα. Ποιας; Της Εθνικής Τράπεζας που όντως ως επιχείρηση, ήταν πολύ μεγάλη για τα ελληνικά δεδομένα και παραμένει πολύ μεγάλη σε μέγεθος (καταστήματα, εργαζόμενοι κ.λπ.).

Άλλο μη ελληνικό παράδειγμα, έχει να κάνει με παλαί ποτέ κραταιά διεθνή επιχείρηση, που σήμερα έχει συρρικνωθεί σε απίστευτο βαθμό: η φινλανδική NOKIA, πριν περίπου 15 χρόνια, επικρατούσε μακράν στην νέα τότε αγορά των κινητών τηλεφώνων. Δεν έκανε δε, κανένα 'χοντρό' λάθος, δεν ενεπλάκη σε απάτες, τίποτα · απλά δεν συμμετείχε στις εξελίξεις της τεχνολογίας και ξεπεράστηκε από άλλες. Σήμερα, έχει σχεδόν σβήσει.

Άλλο παράδειγμα, ιστορικό αυτή την φορά, είναι της Ολλανδικής Εταιρίας Ανατολικών Ινδιών (Dutch East India Company). Αυτή ιδρύθηκε το έτος 1602 με την έκρηξη του εμπορίου λόγω της ανακάλυψης νέων ηπείρων, νέων εμπορικών δρόμων και νέων εκμεταλλεύσεων. Τότε, η Ολλανδική Εταιρία Ανατολικών Ινδιών απέκτησε το μονοπώλιο στο εμπόριο σε μεγάλες περιοχές. Γιγαντώθηκε εξαιρετικά γρήγορα και κατέστη η πρώτη ουσιαστικά πολυεθνική επιχείρηση στον κόσμο. Η ισχύς και επιρροή της ήταν τέτοια, που περνούσε νόμους και κανόνες λειτουργίας και είχε φτάσει στο σημείο να έχει κόψει δικό της νόμισμα, που ετύγχανε μάλιστα ευρείας αποδοχής από τους εμπόρους, επιχειρηματίες και γενικότερα, οικονομικά συναλλασσόμενους. Ωστόσο λόγω των εντόνων αλλαγών διεθνώς και σταδιακής ενίσχυσης του ανταγωνισμού από άλλα ισχυρά κέντρα, όπως την Μεγάλη Βρετανία, η Ολλανδική Εταιρία Ανατολικών Ινδιών συρρικνώθηκε θα λέγαμε φυσικώ τω τρόπω και έπαψε να λειτουργεί μετά από περίπου δύο αιώνες.

Σας λέω αυτά τα παραδείγματα για να σας δείξω ότι στις χρηματιστηριακές επενδύσεις δεν μπορείτε να είστε ποτέ απολύτως ασφαλείς, ακόμα και εάν επιλέγετε να επενδύσετε σε μεγάλες και θεωρούμενες ισχυρές εταιρίες. Η ασφάλεια είναι κάτι μη γνώριμο στις χρηματιστηριακές αγορές. Το γνώριμο και σύνηθες στις χρηματιστηριακές αγορές είναι ο κίνδυνος: υπάρχουν επίπεδα στο ρίσκο. Γι'αυτό, **δεν πρέπει να επαφίεστε και επαναπαύεστε**:

• στις **Αρχές**, ότι αυτές θα παρακολουθούν και θα ελέγχουν σε απόλυτο βαθμό την αγορά, τις εισηγμένες εταιρίες και τους εμπλεκόμενους με αυτήν, επαγγελματίες. Είναι βέβαιο ότι η Αμερικάνικη Επιτροπή Κεφαλαιαγοράς, στα αγγλικά Securities and Exchange Commission (SEC), κάνει το καλύτερο δυνατόν για να αποτρέψει απάτες από το να συμβούν, αλλά με τις χιλιάδες των εισηγμένων εταιριών στην αμερικάνικη χρηματιστηριακή αγορά, είναι βασικά αδύνατον να εξασφαλίσουν ότι δεν θα υπάρχουν ξανά φαινόμενα απάτης στο μέλλον.

• ούτε στους **μηχανισμούς ελέγχου** του χρηματοοικονομικού συστήματος όπως οι ελεγκτικές εταιρίες · άλλωστε ήταν η Arthur Andersen, ήτοι μία εκ των κορυφαίων πέντε ελεγκτικών εταιριών, τότε, πίσω στα έτη 2000 και 2001, που ήλεγχε τα λογιστικά της Enron και είναι σαφές ότι χωρίς την ανοχή ή και συμμετοχή της Α.Α., ένα τέτοιου μεγέθους σκάνδαλο, δεν θα μπορούσε να είχε συμβεί. Το σκάνδαλο κόστισε πολύ και στην ίδια την Arthur Andersen: έφερε ως αποτέλεσμα, την απώλεια περίπου 85.000 θέσεων εργασίας, απόλυτη απώλεια της αξιοπιστίας της, η εταιρία συρρικνώθηκε εξαιρετικά και πλέον, διατηρείται σε λειτουργία, αλλά πλέον, σε άλλα, πολύ μικρότερα μεγέθη.

Το συντομότερο που θα το καταλάβετε, το καλύτερο για εσάς: Για όσο θα υπάρχουν άνθρωποι, θα συμβαίνουν κατά διαστήματα περιστατικά που θα προκύπτουν από την απληστία, όπως απάτες, υπεξαιρέσεις και κλοπές. Είναι στην ανθρώπινη φύση. Πάντα κάποιοι θα προσπαθούν με πονηρές, παράνομες και παράτυπες ενέργειες, να κερδίσουν περισσότερα, όπως επίσης η κοινωνία θα αμύνεται μέσω των Αρχών και ελεγκτικών μηχανισμών, οι οποίοι θωρακίζονται ολοένα περισσότερο.

Φυσικά τέτοια φαινόμενα απάτης κ.λπ. είναι σπάνια στην υψηλή κεφαλαιοποίηση και πιο συχνά στην μικρή κεφαλαιοποίηση. Αλλά πάλι, απάτες, δωροδοκίες, υπεξαιρέσεις κ.ά. δεν είναι ο κανόνας για την αγορά, είναι η εξαίρεση. Σίγουρα το ρίσκο είναι μεγαλύτερο στις επενδύσεις στην μεσαία και μικρή κεφαλαιοποίηση από κάθε πλευρά αλλά διαθέτουν ένα αντίβαρο, που δεν μπορούμε να αγνοήσουμε εύκολα: εντονότερη ανάπτυξη, μεγαλύτερη δυνητικά αύξηση της κερδοφορίας και έτσι, ευνοϊκότερες προοπτικές για τις μετοχές τους, να υπεραποδώσουν μελλοντικά έναντι της υψηλής κεφαλαιοποίησης και του βασικού δείκτη της αγοράς, που ως βασικός δείκτης επηρεάζεται από το ειδικό βάρος της κατηγορίας της υψηλής κεφαλαιοποίησης.

Να είστε Καχύποπτοι

Θα πρέπει να είστε πάντα σε συναγερμό και υποψιασμένοι. Σε αυτό το σημείο, αξίζει να πω ότι θα πρέπει να είστε καχύποπτοι διπλά ή και τριπλά, σε περιπτώσεις μετοχών μικρής κεφαλαιοποίησης της Ανατολικής Ασίας. Αυτά που πρόκειται να σας πω εδώ, τα έχω προσέξει από μόνος μου και όχι μόνο μια φορά. Διότι εάν τα είχα διαπιστώσει μόνο μια φορά, δεν θα άξιζαν να

152

αναφερθούν, θεωρώντας το περιστατικό μια σπάνια εξαίρεση – τα έχω παρατηρήσει πολλάκις.

Αυτά που θα σας πω, αφορούν σε περιπτώσεις εταιριών μικρής κεφαλαιοποίησης από μεγάλη χώρα της Άπω Ανατολής, εισηγμένες στα αμερικάνικα χρηματιστήρια. Βεβαίως ο τρόπος της απάτης μπορεί να είναι κοινός και σε περιπτώσεις εταιριών, από άλλες χώρες.

Οι εταιρίες μικρής κεφαλαιοποίησης αυτής της μεγάλης χώρας της νοτιοανατολικής Ασίας, παρουσιάζουν ένα 'ισχυρό' επιχειρηματικό concept, δείχνοντας ταχέως αναπτυσσόμενους κύκλους εργασιών και κέρδη στις οικονομικές καταστάσεις που εκδίδουν και φαίνονται να έχουν φοβερή αναπτυξιακή προοπτική. Όμως όλα αυτά είναι απολύτως ψευδή. Όπως λέει η παροιμία μας, μερικές φορές τα φαινόμενα απατούν. Στην περίπτωσή μας, αυτό συμβαίνει με παραποιήσεις των οικονομικών καταστάσεων, με το να φουσκώνουν τις πωλήσεις και κέρδη και να κρύβουν ενδεχομένως ζημιές. Οι πληροφορίες που δίδουν αυτές οι εταιρίες, είναι εξαιρετικά θετικές και αισιόδοξες, προκειμένου να στηρίξουν την 'προοπτική έντονης ανάπτυξης' και εντέλει, να προσελκύσουν θύματα (επενδυτές, κερδοσκόπους).

Αυτές οι επιχειρήσεις, καθώς είναι αρκετά μικρές, δεν καλύπτονται από αναλύσεις από επενδυτικούς οίκους και ακόμα και αν κατ'εξαίρεση συμβαίνει, ο επενδυτικός οίκος που τις καλύπτει, βασίζεται στις πληροφορίες που δίδουν οι ίδιες οι επιχειρήσεις · φυσικά οι επενδυτικοί οίκοι που τις καλύπτουν, αγνοούν την ψευδότητα των πληροφοριών, καταπίνουν το δόλωμα και εκδίδουν Εκθέσεις που συνιστούν Αγορά των μετοχών τους.
Λόγω δε της απόστασης, αφού αναφέρομαι σε εταιρίες που η έδρα τους και οι οποίες εγκαταστάσεις τους βρίσκονται στην χώρα της Ανατολικής Ασίας, οι χρηματιστηριακές που κάνουν αναλύσεις σε αυτές, δεν είναι σε θέση να κάνουν πρωτογενή έρευνα, με

επισκέψεις στις εγκαταστάσεις των εταιριών αυτών, στα γραφεία τους κ.λπ.. Κάνουν λοιπόν την ανάλυσή τους από μακριά. Φυσικά εάν μπορούσαν να επισκεφτούν τις εγκαταστάσεις και γραφεία των εν λόγω εταιριών, θα έβλεπαν – για παράδειγμα – ότι δεν διαθέτουν το μέγεθος των εγκαταστάσεων, βιομηχανικών, αποθηκευτικών κ.λπ. ή την παραγωγική δυναμικότητα ή το δίκτυο διανομής για να υποστηρίξουν την 'προοπτική εντονότατης ανάπτυξης' που ισχυρίζονται οι ίδιες οι εταιρίες ότι έχουν, όπως θα διαπίστωναν ότι δεν έχουν τα μέσα για να υποστηρίξουν ούτε καν τα υφιστάμενα επίπεδα πωλήσεων και κερδών.

Ωραίες είναι οι διαπιστώσεις, του πως εξαπατούν την επενδυτική κοινότητα, όμως πως μπορεί κανείς να τις αντιληφθεί; Όταν μάλιστα, δεν μπορεί κανείς να ταξιδέψει στην μακρινή χώρα για να δει ιδίοις όμμασι εάν έχουν τις απαιτούμενες υποδομές και εγκαταστάσεις; Αυτό είναι το σημαντικό, προκειμένου να προστατευθεί κάποιος επενδυτής από αυτές τις πονηρές εταιρίες. Μπορεί να το κάνει, παρατηρώντας σχολαστικά τις πληροφορίες που δίδονται και τα όποια δεδομένα υπάρχουν, ψάχνοντάς τα ως ένας άλλος Σέρλοκ Χολμς. Μερικές σκέψεις πάνω σε αυτό:

Πρώτα απ'όλα, όπως είπαμε, πρέπει να είσαι υποψιασμένος, ακούγοντας ένα πολύ καλό concept, βλέποντας στις οικονομικές καταστάσεις ήδη πολύ καλά αποτελέσματα, όπως και εκτιμήσεις για εξαιρετικό μέλλον. Μόλις βλέπεις έναν τέτοιο συνδυασμό, πρέπει να δυσπιστείς. Δεν πρέπει επ'ουδενί να βασίζεσαι στα δελτία τύπου των ιδίων των εταιριών · μιλάμε για απατεώνες. Χρησιμοποιούν τα δελτία τύπου για να περιγράψουν την ισχυρότατη προοπτική τους, διότι αφενός είναι πανεύκολο (απλά τυπώνουν ένα Δ.Τ.), αφετέρου διοχετεύοντάς τα αυτά σε διάφορα κανάλια ενημέρωσης, κυρίως διαδικτυακά (μικρά websites, blogs κ.ά.), υποστηρίζουν και διαφημίζουν το υποτιθέμενο ισχυρότατο concept τους και μελλοντική προοπτική έτσι ώστε εντέλει, να αποκομίσουν πολλά χρήματα εξαπατώντας τους επενδυτές.

Διαβάζετε βεβαίως τα εταιρικά δελτία τύπου που δημοσιεύουν αλλά εάν αυτά είναι πολύ καλά, πρέπει να κάνετε περαιτέρω έρευνα, ψάχνοντας προφανώς άλλες πηγές πληροφόρησης. Οι άλλες πηγές μπορεί να είναι γνωστά και έγκυρα μέσα ενημέρωσης της χώρας στην οποία εδράζονται (εφημερίδες, τοπικά ειδησεογραφικά ή και άλλου είδους web sites κ.λπ.): Μπορείτε να φανταστείτε μία εξ αυτών των εταιριών, που στην πραγματικότητα αποτελούν απάτη, να λένε ότι αναπτύσσονται τόσο δυνατά και να έχουν τόσο καταπληκτικές μελλοντικές προοπτικές και ωστόσο τα σοβαρά και έγκυρα μέσα ενημέρωσης της χώρας τους να την αγνοούν; Εάν δεν μπορείτε να βρείτε τα μεγάλα 'νέα' της, τις σπουδαίες 'εξελίξεις' της και 'προόδους' της κ.λπ. σε κάποιο γνωστό και έγκυρο μέσο ενημέρωσης της χώρας της, θα πρέπει να αναρωτηθείτε γιατί συμβαίνει αυτό; Μια πολύ πιθανή πλέον απάντηση είναι ότι αυτή η φαινομενικά 'σπουδαία' εταιρία, είναι απάτη.

Κάντε επίσης έρευνα στα προϊόντα της εταιρίας, αναζητώντας μέσω Google με όρους αναζήτησης τα 'σήματά' τους, να δείτε εάν θα βγουν αποτελέσματα σε γραπτά αρχεία ή και σε εικόνες. Εάν είναι μια πραγματική επιχείρηση, θα εμφανίζει αρκετά αποτελέσματα, εάν όχι, τότε είναι πιθανότατα απάτη.

Επισκεφθείτε τους ιστότοπους (websites) αυτών των υπό έρευνα εταιριών: εάν είστε λίγο εξοικειωμένος με το ίντερνετ, μπορείτε να αναγνωρίσετε ένα πολύ απλό web-site που δεν ταιριάζει με την ισχυρή εικόνα που η εταιρία – απάτη, έχει κτίσει. Μια πραγματικά ισχυρή εταιρία, θα έχει ένα σοβαρό, καλό και έστω λίγο σύνθετο, website. Εάν η εικόνα του ιστοτόπου που βλέπετε δεν είναι έτσι, θα πρέπει να γίνετε ιδιαίτερα καχύποπτοι. Δείτε επίσης τις φωτογραφίες αυτών των επιχειρήσεων που βρίσκετε στους ιστότοπούς τους: Είναι αρκετά μεγάλες και καλής ανάλυσης; Ή είναι μικρές φωτογραφίες, στις οποίες δεν μπορείτε να δείτε τις λεπτομέρειες;

Επιπλέον, οι αληθινές επιχειρήσεις, ακόμα και εάν είναι μικρές, έχουν στα web-sites τους μια καρτέλα ή υποσελίδα "Καριέρα" ή "Δουλέψτε μαζί μας", στις οποίες παρουσιάζονται πληροφορίες για το ανθρώπινο δυναμικό της εταιρίας, πληροφορίες περί των ανοικτών Θέσεων Εργασίας, εφαρμογή "Στείλτε Βιογραφικό" κ.λπ.. – οι ψεύτικες όμως επιχειρήσεις, καθώς πρόκειται για εταιρίες – 'αέρα', δεν θα έχουν τέτοια χαρακτηριστικά στους ιστοτόπους τους ή το πολύ - πολύ να έχουν τύποις υποσελίδα "Καριέρα" ή "Δουλέψτε μαζί μας", η οποία όμως θα είναι πάντα 'κενή', μη έχοντας πληροφορίες για το ανθρώπινο δυναμικό, για ανοικτές θέσεις εργασίας κ.λπ. και φυσικά, αυτή η εικόνα δεν θα είναι ταιριαστή με την ψευδή, της ταχέως αναπτυσσόμενης επιχείρησης, που παρουσιάζουν οι απατεώνες που βρίσκονται πίσω από αυτές.

Ακόμα περισσότερο, μια πραγματικά ισχυρή και ταχέως αναπτυσσόμενη εταιρία, θα έχει πολλά τμήματα και πληροφορίες επικοινωνίας (conduct information) για κάθε ένα από αυτά – δείτε εάν συμβαίνει κάτι σαν αυτό που περιέγραψα και εάν θέλετε, δοκιμάστε να τους στείλετε ένα e-mail, για να τους τσεκάρετε, να δείτε εάν θα απαντήσουν ή πόσο χρόνο θα κάνουν να απαντήσουν. Εννοείται ότι εάν δεν απαντήσουν ή κάνουν πολύ χρόνο να απαντήσουν, είναι αυξημένες οι πιθανότητες να πρόκειται για εταιρία - απάτη.

Φυσικά το συμπέρασμά σας το βγάζετε συνδυαστικά, βάσει όλων των ανωτέρω που σας υπέδειξα, ενδεικτικά. Φυσικά, ανάλογα την περίπτωση, μπορείτε να σκεφτείτε και δικούς σας τρόπους ελέγχου.

Με άλλα λόγια, ό,τι φαίνεται ιδιαιτέρως ελκυστικό, ερευνήστε το με όλα τα μέσα που διαθέτετε (προφανώς κυρίως ιντερνετικά και μέσω Google) πριν αγοράσετε και ιδιαιτέρως εάν σκέφτεστε να λάβετε μια σημαντική θέση. Τονίζω ότι αυτά που σας περιέγραψα τα έχω διαπιστώσει ο ίδιος για αρκετές μικρές εταιρίες από μεγάλη χώρα της Ανατολικής Ασίας, εισηγμένες στα αμερικάνικα χρηματιστήρια, αλλά ο τρόπος που διεξάγουν τις απάτες τους, είναι θεμελιώδεις για όσους επιχειρούν να κλέψουν, και να εξαπατήσουν, οπότε να το έχετε στο μυαλό σας συνεχώς και να είστε καχύποπτοι, με οποιαδήποτε εταιρία σας φαίνεται πολύ καλή για να είναι αληθινή και σκέφτεστε να επενδύσετε σε αυτήν και ας είναι από οποιαδήποτε χώρα.

Ο βασικός λόγος που ωθεί τους ανθρώπους σε απάτες και οι οποίες μπορεί να οδηγήσουν στην αποτυχία επιχειρήσεων, είναι η απληστία. Θέλουν να βγάλουν περισσότερα με τον λιγότερο κόπο · εάν αυτό μπορεί να γίνει ακόμα και με παράνομες δράσεις, φαίνεται ότι δεν πειράζει αρκεί να μην πιαστούν. Αυτό είναι κακή δεοντολογία και ηθική διαφθορά – μπορείτε να τα βρείτε παντού και όλους τους καιρούς και δεν συμβαίνει μόνο στον κόσμο των επιχειρήσεων αλλά και σε ατομικό επίπεδο επίσης. Βασικά, συμβαίνει σε επίπεδο φυσικών προσώπων και συνεπακόλουθα, συμβαίνει και σε επιχειρηματικό επίπεδο. Άλλωστε, οι επιχειρήσεις αποτελούνται από φυσικά πρόσωπα. Εάν κάποιοι οικονομικοί διευθυντές μεγάλων επιχειρήσεων θέλουν περισσότερα και ακόμα πιο πολύ, μπαίνουν στον πειρασμό να πετύχουν αυτό που θέλουν, ακόμα και με παράνομα μέσα. Και όχι μόνο των μεγάλων επιχειρήσεων αλλά και των μικρών και στις τελευταίες συμβαίνει συχνότερα, καθώς για να γίνει μια απάτη, υπεξαίρεση κ.λπ. σε μια μεγάλη επιχείρηση, απαιτεί εκ των πραγμάτων την συμμετοχή πολλών, αφού ως μεγάλου μεγέθους, έχει δικλείδες ασφαλείας και μηχανισμούς εσωτερικού ελέγχου · απαιτώντας την συμμετοχή πολλών, καθίσταται δυσκολότερο, να διαπραχθεί μια απάτη, άρα και σπανιότερα θα διαπραχθεί απάτη στις μεγάλες επιχειρήσεις.

Μάλιστα την χρονική στιγμή που έγραφα αυτές τις γραμμές, είδα στο ίντερνετ ένα κοινωνικό πείραμα σε βίντεο · το μεταφέρω εδώ, καθώς είναι ενδεικτικό της ελαφρότητας και πλαστικότητας των ηθών: ένας στην Αυστραλία υποκρίνονταν ότι ήταν παντελώς τυφλός, φορώντας τα χαρακτηριστικά μαύρα γυαλιά και χρησιμοποιώντας το ειδικό ραβδί που έχουν οι τυφλοί. Προχωρούσε σε κάποιο δρόμο και ρωτούσε τυχαίους περαστικούς, να του 'χαλάσουν' ένα χαρτονόμισμα των 5 αυστραλιανών δολαρίων (AUD), μόνο που επίτηδες, έβγαζε από την τσέπη του ένα πενηνταδόλαρο αντί των 5 AUD, δείχνοντας προς τα έξω, ότι έκανε λάθος. Υπήρχαν λοιπόν πολλοί περαστικοί που δεν μίλησαν για το 'λάθος', εκμεταλλευόμενοι την τυφλότητά του, έπαιρναν το πενηνταδόλαρο και του έδιδαν πίσω σε κέρματα, μόνο 5 AUD και όπως καταλαβαίνετε, του έκλεβαν 45 AUD. Μάλιστα ένας από αυτούς, πήρε το χαρτονόμισμα των 50 δολαρίων και έφυγε, σαν "κύριος" – του έκλεψε χωρίς κανένα δισταγμό, όλο το ποσό (!). Αξίζει να δείτε το σύντομο βίντεο στο YouTube, με τον τίτλο "The Real Blind Man Honesty Test (Social Experiment)".

Γιατί όλοι αυτοί οι άνθρωποι εκμεταλλεύονταν την τυφλότητα αυτού που έκανε το πείραμα και τον έκλεβαν κανονικά; Διότι ήταν *ξένος* προς αυτούς, παντελώς άγνωστος και προφανώς διότι, σκέφτονταν ότι κανένας δεν τους βλέπει · είναι φανερό λοιπόν ότι πολλοί άνθρωποι όταν αντιλαμβάνονται ότι μπορούν να πράξουν κάτι επωφελές στους ίδιους, αλλά με τρόπο παράνομο ή ανήθικο, θα το κάνουν και κυρίως προς άγνωστους ανθρώπους, προς ανθρώπους που δεν συνδέονται με κάποια σχέση και εφόσον θεωρούν ότι δεν θα γίνουν αντιληπτοί και άρα δεν θα αντιμετωπίσουν, κυρίως τις νομικές συνέπειες. Δυστυχώς, πολλοί άνθρωποι έχουν κακές αρχές και είναι ανήθικοι, ακόμα και εάν δείχνουν σοβαροί και ηθικοί.

Είναι σίγουρο ότι στον επαγγελματικό τομέα ή στον κόσμο των επενδύσεων, οι απατεώνες θα δείχνουν μάλλον συμπαθείς και σοβαροί, ενώ ως πονηροί, θα προσπαθήσουν να σας εξαπατήσουν, ως επενδυτή, ως εργαζόμενο ή και ως πελάτη. Θα πρέπει να είστε ικανοί να τους ανιχνεύετε νωρίς και να απομακρύνεστε από αυτούς τους απατεώνες.

Εντροπία – κατανοώντας πότε πρόκειται να γυρίσει

Υπάρχει μια ενδιαφέρουσα ελληνική λέξη, η *εντροπία*, η οποία είναι σύνθετη λέξη, προκύπτοντας από το εν + τροπή. Σημαίνει δε *αλλαγή* και ουσιαστικά, *εσωτερική αλλαγή*. Εκεί που τρέπεται μία κατάσταση.

Στον κόσμο των επιστημόνων, η εντροπία είναι ένα μαθηματικό μέτρο του βαθμού της αβεβαιότητας μιας τυχαίας μεταβλητής. Αυτό στην απλή γλώσσα, σημαίνει ότι η εντροπία είναι ένα μέτρο της τυχαιότητας και συνεπακόλουθα, ένα μέτρο των χαοτικών φαινομένων, που συμπεριφέρονται τυχαία και απρόβλεπτα.

Η εντροπία παρατηρείται σε οποιοδήποτε οργανικό, μηχανικό ή κοινωνικό σύστημα και κατασκευή. Όπως λέει η ετυμολογία της λέξης, είναι το μέτρο της εσωτερικής αλλαγής από την τάξη που κρατάει ένα σύστημα ζωντανό, στην αταξία και στο χάος που σταδιακά ή ξαφνικά, οδηγεί στη διάλυση του συστήματος.

Ένα σύστημα που λειτουργεί ικανοποιητικά, έχει χαμηλή εντροπία: γι'αυτό παρατηρούμε στα συστήματα αυτά χαρακτηριστικά όπως τάξη, ανάπτυξη, επέκταση, υγεία, ισχύ, ισορροπία, αρμονία, ομορφιά. Τα συστήματα που έχουν χαμηλή εντροπία, συνήθως είναι σύνθετα και αποτελεσματικά.

Αλλά όταν η εντροπία αυξάνει, παρατηρούμε το αντίθετο των παραπάνω: απουσία ανάπτυξης, περιορισμό της επέκτασης ή και συρρίκνωση, νοσηρότητα, αδυναμία, ασχήμια, ανισορροπία, δυσαρμονία, αταξία και χάος επικρατούν και εντέλει, σημειώνεται ο θάνατος του συστήματος ή η υποβάθμισή του σε απλούστερη κατάσταση.

Τα συστήματα που έχουν χαμηλή εντροπία, απαιτούν 'τροφή' και ενέργεια σε μια αρχική φάση ή και σε μια συνεχή βάση, τις οποίες αντλούν από το περιβάλλον. Δείτε για παράδειγμα, ένα άγαλμα: απαιτεί την δράση (ενέργεια) του γλύπτη για να σκαλιστεί από έναν μαρμάρινο όγκο. Αυτός ο λίθινος όγκος, δεν αλλάζει χωρίς την επίδραση του γλύπτη. Αλλά από την στιγμή που θα σκαλιστεί, το γλυπτό άγαλμα πλέον, το οποίο έχει χαμηλή εντροπία συγκριτικά με τον προηγηθέν μαρμάρινο ογκόλιθο, θα παραμείνει αμετάβλητο στο πέρασμα του καιρού – από μόνο του. Ένα άγαλμα χρειάζεται την αρχική δράση (ενέργεια) του γλύπτη για να φτιαχτεί αλλά μετά από αυτή, παραμένει στους αιώνες χωρίς να φθείρεται, χωρίς να απαιτεί περαιτέρω δράση ή ενέργεια. Το άγαλμα θα καταστραφεί μόνο εάν χτυπηθεί εξωτερικά από μια επαρκώς ισχυρή δύναμη. Μόνο τότε, εάν έχουμε έναν εξωτερικό παράγοντα με επαρκή δύναμη / ενέργεια, μπορεί η εντροπία του αγάλματος να αυξηθεί έως το βαθμό που θα καταστρέψει το γλυπτό σε μικρότερα λίθινα ακανόνιστα κομμάτια, που πλέον δεν αποτελούν άγαλμα, ήτοι υποβαθμίζεται σε μια απλούστερη κατάσταση.

Αλλά τα οργανικά συστήματα, βασικά ως ζωντανοί οργανισμοί , απαιτούν συνεχείς εισροές ενέργειας για να παραμείνουν ζωντανά. Εάν ένας άνθρωπος δεν λαμβάνει καθόλου τροφή (που μεταβάλλεται στην απαιτούμενη ενέργεια) για μικρή χρονική περίοδο, ο οργανισμός του θα αδυνατίσει και εντέλει θα πεθάνει. Το ίδιο συμβαίνει με κοινωνικές δομές όπως οι πολιτείες και οι οικονομίες. Τα παράγωγα αυτά του ανθρώπου συστήματα, έχουν τις ίδιες ανάγκες: μια Πολιτεία χρειάζεται αρκετή 'ενέργεια' σε ένα συνεχές πλαίσιο για να παραμείνει 'ζωντανή', ευημερούσα, αποτελεσματική και αρμονική. Η ενέργεια στην περίπτωση μιας Πολιτείας, είναι το οικονομικό προϊόν – εάν η οικονομία της είναι ικανοποιητικά μεγάλη και ισορροπημένη, τότε όλοι οι πολίτες απολαμβάνουν ένα καλό επίπεδο διαβίωσης και είναι ευτυχισμένοι.

Αλλά όταν για το μέγεθος του συστήματος, η λαμβανόμενη ενέργεια μειώνεται, η εντροπία αυξάνει με αρνητικές συνέπειες για το σύστημα. Στην περίπτωση μιας Πολιτείας, αυτό σημαίνει οικονομική ύφεση, αυξημένη αναποτελεσματικότητα όπως μπορεί να γίνει εμφανής στην ανερχόμενη ανεργία, στο μειούμενο εισόδημα και σε άλλα χαρακτηριστικά που οδηγούν σε ανισορροπία του συστήματος (κοινωνίες). Ταραχές ξεσπούν, οι άνθρωποι είναι δυστυχισμένοι και αν το οικονομικό πισωγύρισμα και στενότητα διαρκέσουν για αρκετά μεγάλο χρονικό διάστημα, μπορεί να οδηγήσει μέχρι και στην διάλυση μιας πρώην κυρίαρχης Πολιτείας μέσω μιας επανάστασης ή της εισβολής ενός εχθρού στην αδύναμη πλέον Πολιτεία ή μπορεί να οδηγήσει την αλλοτινά ευημερούσα Πολιτεία σε μια υποβάθμισή της σε απλούστερη κατάσταση, ήτοι να καταστεί π.χ. τριτοκοσμική.

Η αυξημένη εντροπία παρατηρείται παντού και πάντα: άστρα σβήνουν, αυτοκρατορίες παρακμάζουν και χάνονται, οι υγιέστεροι και δυνατότεροι άνθρωποι γηράσκουν και πεθαίνουν ή ένα γυάλινο ποτήρι σπάει και διαλύεται σε μικρά γυάλινα κομματάκια, βάζοντας τέρμα στην χρησιμότητά του, που είχε για να πίνει κάποιος νερό ή οποιοδήποτε άλλο υγρό, όταν ήταν ολόκληρο ποτήρι.

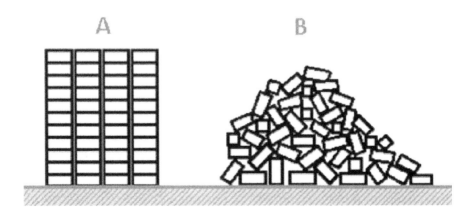

Για να κατανοήσετε την εντροπία, δείτε την προηγηθείσα εικόνα: στην φιγούρα Α έχουμε μια στοίβα τούβλων τοποθετημένα με τάξη · στην περίπτωση Α η εντροπία είναι πολύ χαμηλή, ουσιαστικά μηδενική. Στη φιγούρα Β, αφού εξασκήθηκε μια επαρκής δύναμη, η εντροπία αυξήθηκε σημαντικά και η στοίβα κατέρρευσε και τα τούβλα πλέον, δείχνουν σωρός.

Τα ίδια όπως αυτά που περιγράψαμε παραπάνω, συμβαίνουν και στις χρηματιστηριακές αγορές: για κάμποσο καιρό είναι ανοδικές και τότε είναι δυνατές, υγιείς και εξαπλούμενες, κυριεύοντας υψηλότερα επίπεδα αλλά κάποια μέρα, τα πράγματα αρχίζουν να αλλάζουν, να τρέπονται έως και να εκ-τρέπονται: το bullish μοτίβο αλλάζει σε άνευ κατεύθυνσης, πλευρικό και σίγουρα όχι ανοδικό, αυξάνει η διακυμανσιμότητα, η εμπιστοσύνη στην δύναμη της αγοράς εξασθενεί, η ανασφάλεια αυξάνεται και τελικά, αργά ή γρήγορα, έχουμε την αντιστροφή της κυρίαρχης τάσης.

Πρόδρομα φαινόμενα της αντιστροφής και σαφώς ενδείξεις μιας αυξημένης εντροπίας, μπορεί να είναι:

• οι τιμές των μετοχών εκλαμβάνονται ακριβές από θεμελιώδη άποψη, λαμβάνοντας υπόψη τις διαφαινόμενες προοπτικές ανάπτυξης ή με άλλα λόγια, παρατηρούμε μιαν απουσία αρμονικής αντίληψης της αποτίμησης της αγοράς,

• οι μετοχές που υποχωρούν ή μένουν στάσιμες, ξεπερνούν (σε αριθμό, σε ποσότητα) αυτές που ανέρχονται, ακόμα και εάν ο βασικός χρηματιστηριακός δείκτης συνεχίζει να κρατάει τα επίπεδά του ή ακόμα και εάν ανέρχεται, πιθανότατα μέσω των λίγων μετοχών της υψηλής κεφαλαιοποίησης σε σχέση με τον συνολικό αριθμό μετοχών της αγοράς,

• παρατηρούνται ζημιές, απώλειες δηλαδή των μετοχών ολοένα πιο συχνά και πιο σταθερά,

• η εμπιστοσύνη στις δυνάμεις της αγοράς εξασθενεί, η ανησυχία αυξάνεται

Σε κάποιο σημείο, ο φόβος επικρατεί ως το βασικό συναίσθημα στην ψυχολογία του πλήθους που εμπλέκεται στην αγορά. Οι συμμετέχοντες στην αγορά που μόλις πριν λίγες μέρες, ήταν αισιόδοξοι, άφοβοι και άπληστοι, τώρα είναι απαισιόδοξοι και πουλάνε επιθετικά, ελπίζοντας ότι μπορούν να διασώσουν τα κέρδη τους ή να περιορίσουν τις ζημιές τους.

Δείτε το πλαϊνό γράφημα: παρουσιάζει το μοτίβο τιμών μιας μετοχής κ.λπ. με θεωρητικά μηδενική εντροπία.

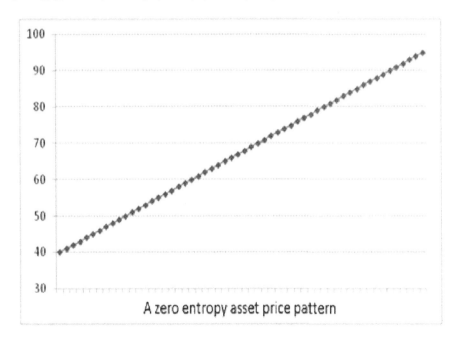

A zero entropy asset price pattern

Η εντροπία είναι μηδενική διότι οι τιμές ακολουθούν ένα πολύ συγκεκριμένο μοτίβο, καθώς σε κάθε συνεδρίαση η τιμή αυξάνεται κατά ένα δολάριο, σε μια οφθαλμοφανώς ευθεία γραμμή. Οι μελλοντικές τιμές μπορούν να προβλεφθούν εύκολα και με ακρίβεια εάν η εντροπία του συστήματος δεν αλλάξει.

Τώρα, βλέπετε το μοτίβο τιμών μιας μετοχής κ.λπ. με χαμηλή εντροπία: βλέπουμε διακυμάνσεις αλλά είναι μικρές και οι μελλοντικές τιμές μπορούν να προβλεφθούν με σχετική ασφάλεια, πάντα υπό την συνθήκη ότι η εντροπία θα παραμείνει σε αυτά τα χαμηλά επίπεδα.

A low entropy asset price pattern

Η εντροπία σε αυτό το γράφημα είναι χαμηλή καθώς η διακυμανσιμότητα είναι μικρή και οι τιμές κινούνται με μια πρόδηλη και αρκετά σταθερή ανοδική τάση. Αυτό είναι το συχνότερα παρατηρούμενο μοτίβο μιας δυνατής ανοδικής αγοράς, που έχει χαμηλή εντροπία και που θα συναντήσετε στην πραγματικότητα.

Πηγαίνοντας στο τρίτο γράφημα, μπορούμε να δούμε το μοτίβο μια μετοχής κ.λπ. με υψηλότερη εντροπία.

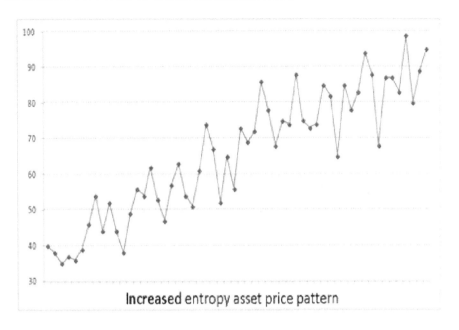

Increased entropy asset price pattern

Η εντροπία είναι υψηλότερη καθώς η διακύμανση είναι εντονότερη και οι μελλοντικές τιμές μπορούν δύσκολα να προβλεφθούν για την προσεχή βραχυπρόθεσμη περίοδο. Οποιαδήποτε πρόβλεψη πάνω σε αυτό το μοτίβο, είναι πολύ ανασφαλής συγκριτικά με τις δύο προηγούμενες περιπτώσεις. Παρόλο που στο συγκεκριμένο γράφημα, φαίνεται μια γενικά ανοδική πορεία, ωστόσο λόγω της αυξημένης εντροπίας είναι μια εξουθενωτική αγορά και περιέχει αρκετές πιθανότητες και για ζημιές.

Το τελευταίο γράφημα, παρουσιάζει μια μετοχή / αγορά που ενώ αρχικά, στο πρώτο αριστερά μέρος του γραφήματος, παρουσιάζει χαμηλή εντροπία, γυρνάει σε υψηλότερη. Πολύ συχνά στις bull markets, βιώνουμε αντιστροφές σε τέτοιες περιπτώσεις όπου από μια κινούμενη αρμονικά, περίπου σταθερά, ανοδική αγορά μετοχής ή δείκτη, μεταβαίνουμε σε μια άτακτη κίνηση με αυξημένη μεταβλητότητα, ακόμα και εάν παραμένει χονδρικώς σε ανοδική κατεύθυνση. Μετά από λίγο, η μετοχή / αγορά, αλλάζει κατεύθυνση και βγαίνουν οι αρκούδες.

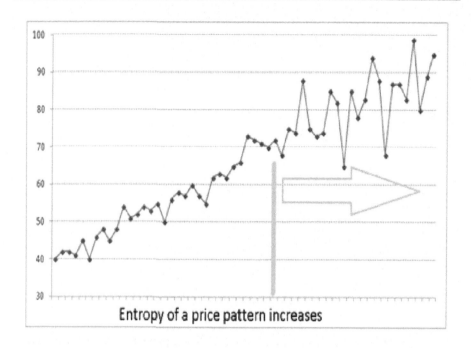

Συνεπώς μπορείτε να είστε σε εγρήγορση, γνωρίζοντας πως εκδηλώνεται η εντροπία στις χρηματιστηριακές αγορές, για να εντοπίζετε τις μεγάλες και σημαντικές τροπές στην πορεία μιας συγκεκριμένης μετοχής ή και ολόκληρης της αγοράς.

Βραχυπρόθεσμο τεστ ενός τυχαίου χαρτοφυλακίου

Θέλησα να ελέγξω την υπόθεσή μου περί των τυχαίως επιλεγμένων χαρτοφυλακίων σε βραχυπρόθεσμο πλαίσιο, καθώς πολλοί εκ των συμμετεχόντων στην αγορά, δελεάζονται να είναι βραχυχρόνιοι και να κερδίσουν έτσι περισσότερα. Παρατήρησα ότι ο S&P 500 κατά την περίοδο από τις 14 Απριλίου 2015 τις 12 Ιουνίου 2015, κινούνταν πλευρικά παρουσιάζοντας μικρές διακυμάνσεις (βλ. ακόλουθο γράφημα). Επέλεξα λοιπόν αυτή την περίοδο, καθώς ο δείκτης και αγορά γενικότερα, έρχονταν από προηγηθείσα ανοδική κίνηση και θα περίμενε κανείς να έχει μια σχετική ορμή – ήθελα να δω λοιπόν πως θα τα πάει ένα τυχαία επιλεγμένο χαρτοφυλάκιο σε αυτήν την βραχυπρόθεσμη περίοδο και εν συγκρίσει με τον βασικό χρηματιστηριακό δείκτη (S&P 500).

Το χαρτοφυλάκιο που δημιούργησα με τυχαία επιλογή, είναι αυτό ακριβώς από κάτω, αποτελούμενο από είκοσι μετοχές, που δεν είναι λίγες αλλά ούτε και πολλές:

Random Picks - Short term test

SYMBOL	NAME	Price Apr., 14, 2015	Price Jun., 12, 2015	Shares Bought at Apr. 14, 2015	Total Cost per Bought ($)	Total Value at Jun. 12, 2015	Return
SMLP	Summit Midstream Partners, LP	33,92	32,83	14	474,88	459,62	-3,2%
RAD	Rite Aid Corporation	8,36	8,95	59	493,24	528,05	7,1%
WPX	WPX Energy, Inc.	13,46	12,92	37	498,02	478,04	-4,0%
CCC	Calgon Carbon Corporation	21,80	21,00	22	479,60	462,00	-3,7%
DDS	Dillard's Inc.	139,62	107,43	3	418,86	322,29	-23,1%
PBFX	PBF Logistics LP	22,59	21,03	22	496,98	462,66	-6,9%
WGL	WGL Holdings Inc	55,59	54,76	8	444,72	438,08	-1,5%
HPQ	Hewlett-Packard Company	32,14	32,21	15	482,10	483,15	0,2%
SHW	The Sherwin-Williams Company	288,80	280,22	1	288,80	280,22	-3,0%
CUBE	CubeSmart	23,00	23,19	21	483,00	486,99	0,8%
MTD	Mettler-Toledo International Inc.	324,50	337,54	1	324,50	337,54	4,0%
GPM	Guggenheim Enhanced Equity Income Fund	8,31	8,53	60	498,60	511,80	2,6%
SNV	Synovus Financial Corporation	27,75	30,48	18	499,50	548,64	9,8%
MVT	BlackRock MuniVest Fund II, Inc.	15,90	14,58	31	492,90	451,98	-8,3%
FCH	FelCor Lodging Trust Incorporated	11,28	10,29	44	496,32	452,76	-8,8%
OC	Owens Corning	42,05	39,99	11	462,55	439,89	-4,9%
BAK	Braskem S.A.	7,78	9,03	64	497,92	577,92	16,1%
TYG	Tortoise Energy Infrastructure Corporation	41,27	38,92	12	495,24	467,04	-5,7%
PLD	Prologis, Inc.	42,45	39,29	11	466,95	432,19	-7,4%
AET	Aetna Inc.	107,64	115,62	4	430,56	462,48	7,4%
Total					9225,24	9083,34	-1,5%

Δώδεκα εκ των είκοσι συνολικά μετοχών, παρουσίασαν αρνητική απόδοση σε αυτή την βραχυπρόθεσμη περίοδο. Το τυχαίο αυτό χαρτοφυλάκιο υποχώρησε κατά 1,5% όταν την ίδια περίοδο ο S&P 500 σημείωσε οριακές απώλειες (-0,08%) κινούμενος από τις 2095,85 μονάδες στις 14 Απριλίου στις 2094,11 μονάδες στις 12 Ιουνίου.

Συμπέρασμα: Οι τυχαία επιλεγμένες βραχυπρόθεσμες 'επενδύσεις' μπορεί να μην είναι επιτυχημένες όπως είναι οι μακροπρόθεσμες (και έχουμε αποδείξει ότι οι τελευταίες, είναι επιτυχείς). Οι βραχυπρόθεσμες περίοδοι είναι μικρού μήκους και είναι πολλοί οι παράγοντες που εντός αυτού του μικρού χρονικού διαστήματος, μπορούν να επηρεάσουν την απόδοση των επιμέρους μετοχών ή και του συνόλου της αγοράς. Γι'αυτό, είναι καλό να αποφεύγετε τις βραχυπρόθεσμες συναλλαγές. Φαίνεται ότι η μέθοδος των τυχαίων επιλογών, δεν μπορεί να είναι λειτουργική σε συνθήκες βραχυχρόνιων επενδύσεων και trading.

Εάν δε, χρησιμοποιήσουμε κοινή λογική, μπορούμε να καταλάβουμε ότι εάν οι μεμονωμένες μετοχές δεν πάνε προς τα πάνω σε μια βραχυχρόνια περίοδο 'επίπεδης' γενικότερης αγοράς, που όμως η πρωτεύουσα τάση είναι ανοδική (η πιο μακροχρόνια), αυτό αποκαλύπτει ότι το σύνολο των συμμετεχόντων στην αγορά, είναι πιο ενεργοί όταν η αγορά κινείται ξεκάθαρα σε ανοδική κατεύθυνση. Φαίνεται λοιπόν ότι οι συμμετέχοντες στην αγορά, επηρεασμένοι από την ψυχολογία του πλήθους, είναι πολύ πιο ενεργοί όταν η αγορά συνολικά έχει ισχύ, ενώ όταν η αγορά χάνει σε ορμή και ισχύ, οι συμμετέχοντες στην αγορά 'αποτραβιούνται', χάνουν μερικώς το ενδιαφέρον τους και βέβαια περιορίζουν τις αγορές τους. Έτσι, οι μεμονωμένες μετοχές ακόμα και σε μια αγορά με πρωτεύουσα ανοδική τάση αλλά σε διάλειμμα αυτής, όταν η αγορά κινείται για λίγο πλευρικά, δεν κινούνται υψηλότερα · κινούνται περισσότερο πλευρικά ή και προς τα κάτω.

Αφήστε τις Αρκούδες πίσω!

Πρέπει να κατανοήσετε ότι εάν αντιμετωπίζετε Αρκούδες, θα χάσετε αργά ή γρήγορα και συνεπακόλουθα θα πεθάνετε επενδυτικά. Δεν πρέπει να θέλετε να αντιμετωπίζετε Αρκούδες! Αλλά οι Αρκούδες εμφανίζονται ολοένα και λιγότερο, όσο πιο μακροχρόνιος είναι ο επενδυτικός σας ορίζοντας. Με το να είστε μακροχρόνιος επενδυτής, εξουδετερώνετε τις Αρκούδες και επωφελείστε από την μακροχρόνια bull market ως επακόλουθο της προσαρμογής της αγοράς στο αυξανόμενο ΑΕΠ και την ολοένα μεγαλύτερη βελτίωση της παραγωγικότητας.

Δείτε την ακόλουθη εικόνα - γράφημα: Αποτελείται από τρία επιμέρους γραφήματα, εκ των οποίων, το πάνω δείχνει τον S&P 500 σε μια βραχυχρόνια περίοδο, το μεσαίο γράφημα τον δείχνει σε μια μεσοπρόθεσμη περίοδο και το κάτω σε μια μακροπρόθεσμη περίοδο.

Παρατηρήστε πως όσο πιο βραχυχρόνια η περίοδος, τόσες περισσότερες οι Αρκούδες.

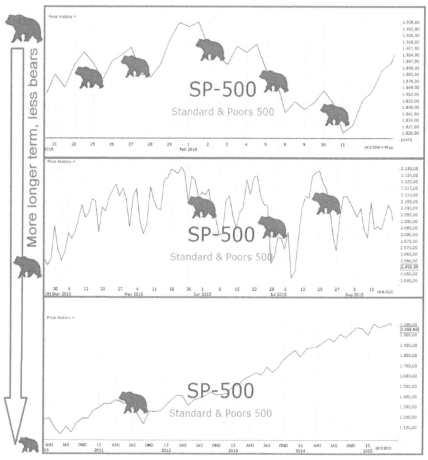

Δείτε επίσης το γράφημα της 'Μεγάλης Εικόνας' στην αρχή του βιβλίου (σελ. 24-25). Σε έναν πραγματικά μακροχρόνιο ορίζοντα, η αγορά κινείται πολύ περισσότερο πάνω από ό,τι προς τα κάτω. Σε ένα επαρκώς μεγάλο χρονικό πλαίσιο, οι Αρκούδες σχεδόν εξαφανίζονται.

Τα Θετικά και Αρνητικά

Τα **θετικά** για την μέθοδο επενδύσεων μέσω τυχαίων επιλογών, είναι συνοπτικά τα ακόλουθα:

1. Η μέθοδος επένδυσης με τυχαία επιλογή, είναι τόσο εύκολη που μπορεί να την κάνει ο καθένας: ακόμα και ένα παιδάκι της πρώτης δημοτικού, ακόμα και η Λούσα, ο συμπαθητικός χιμπατζής το έκανε. Δεν υπάρχει καμία δυσκολία για να επιλέξεις τυχαία – είναι περισσότερο σαν ένα απλούστατο παιγνίδι.

2. Ως επενδυτική προσέγγιση, δεν απαιτεί πολύ χρόνο από εσάς – και γνωρίζετε και γνωρίζω και εγώ ότι ο χρόνος μας είναι πολύτιμος και είναι καλύτερα να τον περνάμε ποιοτικότερα, με την οικογένειά μας και τους φίλους μας αντί να τον αναλώνουμε σε έρευνα, να μελετάμε ώρες με ώρες, για να βρούμε το σωστό timing να εισέλθουμε και εξέλθουμε από την αγορά και για να βρούμε και τις σωστές μετοχές για να τοποθετηθούμε – και το χειρότερο πράγμα είναι ότι αργότερα, αντιλαμβανόμαστε ότι στην πραγματικότητα, μετά από όλη αυτήν την προσπάθεια που καταβάλαμε με τις άλλες επενδυτικές προσεγγίσεις, δεν πετύχαμε ούτε το σωστό timing, ούτε τις σωστές μετοχές, που θα μας έκαναν πλούσιους.

3. Η επενδυτική προσέγγιση μέσω τυχαίων επιλογών δεν απαιτεί χρήματα ή κάποιο ειδικό λογισμικό ή εξοπλισμό για να την εφαρμόσετε · πραγματικά, δεν έχει κανένα κόστος για εσάς. Αντιθέτως, οι άλλες παραδοσιακές επενδυτικές προσεγγίσεις είναι έως και πολύ κοστοβόρες, απαιτώντας να διαθέσετε έως και πολλά χρήματα, να αποκτήσετε εξοπλισμό ή και software.

4. Η επενδυτική προσέγγιση μέσω τυχαίων επιλογών είναι επιτυχής, αντίθετα από τις άλλες γνωστές προσεγγίσεις, που έχουν αποδειχτεί στο πέρασμα του χρόνου, ανεπιτυχείς.

5. Συνεπακόλουθα, οι τυχαίες επιλογές *είναι* καθώς

• πρώτον, σας γλιτώνουν χρόνο και χρήμα,

• δεύτερον, σας οδηγούν σε κέρδη,

μια έξυπνη επενδυτική προσέγγιση αντιθέτως με τις 'ανόητες' *παραδοσιακές επενδυτικές προσεγγίσεις που υστερούν σε όλα τα παραπάνω.*

6. Εμμέσως και λόγω της αυξημένης επιτυχίας, διαπιστώνουμε ότι η μέθοδος της τυχαίας επιλογής είναι *επιστημονική*, αντιθέτως με τις γνωστές παραδοσιακές μεθόδους που λόγω της ιστορικά παρατηρηθείσας αποτυχίας τους να οδηγήσουν σε κέρδη, θεωρούνται επιστημονικές χωρίς να είναι όμως στην πραγματικότητα. Πρέπει να γίνει αντιληπτό ότι επιστημονικό δεν είναι ό,τι φαίνεται σύνθετο και δύσκολο αλλά η μέθοδος την οποία αν κάποιος χρησιμοποιεί, επιφέρει ικανοποιητικά αποτελέσματα σε σχέση με τους στόχους και τα αποτελέσματα αυτά να είναι επαναλαμβανόμενα. Οι παραδοσιακές επενδυτικές μέθοδοι της θεμελιώδους και τεχνικής ανάλυσης έχουν επανειλημμένως και ιστορικά, αποτύχει να παράγουν κέρδη για όλους, ήτοι για την πλειοψηφία των ασχολούμενων με τις χρηματιστηριακές επενδύσεις και γι'αυτούς τους λόγους, πρέπει να θεωρούνται χρήσιμο γνωστικό υπόβαθρο για τον τομέα των επενδύσεων αλλά ωστόσο *πρωτόγονες* ως μέθοδοι για να βασιστείς μόνο σε αυτές, όταν επενδύεις. Φαντάζεστε π.χ. να θεωρούνταν επιστήμη στην ιατρική, κάποια *μέθοδος που κατά βάση θα αποτύγχανε όσον αφορά στον στόχο, που στην περίπτωση της ιατρικής είναι η ίαση από ασθένειες και καταπολέμηση των παθήσεων; Και να μην θεωρούνταν επιστημονική, έτερη μέθοδος που θα επέφερε κατά κανόνα ίαση ασθενειών και καταπολέμηση παθήσεων;*

Και **ποια είναι τα αρνητικά** για τις τυχαίες επιλογές στις επενδύσεις; Είναι τα ακόλουθα δύο:

Πρώτον, εάν επενδύεις τυχαίω τω τρόπω και είσαι άτυχος, μπορεί να επιλέξεις μετοχές που ακόμα και σε μια γενικευμένη ανοδική αγορά, αυτές να υποχωρούν και να σε ζημιώσουν. Περί τυχαίας επιλογής μιλάμε, μπορεί εύκολα να σου τύχουν κάποιες κακές μετοχές. Είναι ενδεικτικό ότι στα σεμινάρια που κάνω πάνω στο θέμα των επενδύσεων και περιέχουν μέρος αυτών που περιγράφονται στο παρόν βιβλίο, έχω βάλει μερικές φορές τους συμμετέχοντες να επιλέξουν με τυχαίο τρόπο κάποιες μετοχές, όπου συνθέτουμε για να δούμε θεωρητικά το ζήτημα, ένα 'χαρτοφυλάκιο' και βλέπουμε πως τα πήγε σε κάποια περίοδο του παρελθόντος. Κατά κανόνα, τα χαρτοφυλάκια αυτά, δείχνουν καλές έως και πολύ καλές αποδόσεις, όμως σε ένα σεμινάριο, εκ του χαρτοφυλακίου που συνθέσαμε αποτελούμενο από 12 μετοχές που μου είπαν οι συμμετέχοντες, επιλέγοντας νούμερα που εγώ είδα ποιες μετοχές αντιπροσωπεύουν από την βάση που έχω, από τις 12 οι εννέα, βρέθηκαν να σημειώνουν απώλειες στην περίοδο που εξετάσαμε, η οποία περίοδος μάλιστα ήταν ανοδική (bull market). Καταλαβαίνετε ότι μιλάμε για καταστροφή. Βεβαίως θα δούμε στη συνέχεια πως την αντιμετωπίζουμε.

Δεύτερον, είναι αρνητικό ότι σε μια κατερχόμενη κατά βάση αγορά, σε μια bear market, είναι πολύ πιθανό ότι οι τυχαίες επιλογές μας θα κινηθούν περισσότερο επιθετικά, με αποτέλεσμα να ζημιώσουν έντονα τον επενδυτή που επιλέγει τυχαία. Αλλά αυτό το αρνητικό, μπορεί να καλυφθεί υπεραρκετά, εάν έχει πραγματικά μακροχρόνιο ορίζοντα τοποθέτησης, καθώς όπως γνωρίζουμε και δείξαμε, η αγορά μακροπρόθεσμα, κινείται αρκετά πιο έντονα και περισσότερο συχνά ανοδικά, παρά προς τα κάτω.

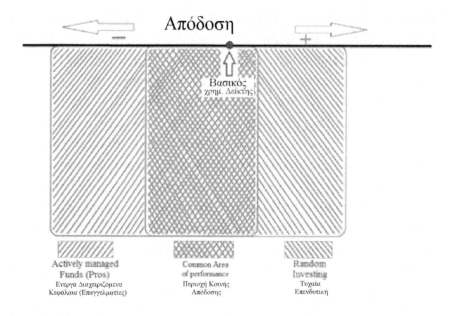

Η παραπάνω εικόνα, παρουσιάζει πως τα ενεργά διαχειριζόμενα μετοχικά Κεφάλαια, το τετράγωνο στα αριστερά, μετά βίας ακολουθούν τον βασικό χρηματιστηριακό δείκτη (δείτε τον οριζόντιο άξονα της απόδοσης στο πάνω μέρος της εικόνας). Η τελεία πάνω στον οριζόντιο άξονα, δείχνει την απόδοση (θεωρητικά) του βασικού χρηματιστηριακού δείκτη και το τετράγωνο των ενεργά διαχειριζόμενων μετοχικών Κεφαλαίων (το αριστερό), παρουσιάζει το εύρος απόδοσης όλων αυτών των επαγγελματιών, που φτάνει ως μέγιστη απόδοση λίγο πάνω από τον βασικό χρηματιστηριακό δείκτη, δείχνοντας ότι λίγοι επαγγελματίες πετυχαίνουν απόδοση όσο ο βασικός δείκτης ή και καλύτερη αυτού. Αντιθέτως, το τετράγωνο των ενεργά διαχειριζόμενων μετοχικών Κεφαλαίων, βρίσκεται έντονα προς τα αριστερά σε σχέση με την απόδοση του βασικού δείκτη (τελεία), δείχνοντας ότι η πλειοψηφία των επαγγελματιών πετυχαίνουν αποδόσεις χειρότερες του βασικού δείκτη – όσο πιο αριστερά, τόσο χειρότερη.

174

Από την άλλη μεριά, η επένδυση μέσω τυχαίων επιλογών (το τετράγωνο από την μέση και προς τα δεξιά), μπορεί να τα καταφέρει καλύτερα από τον βασικό χρηματιστηριακό δείκτη · το δείξαμε άλλωστε με αρκετά παραδείγματα – πειραματισμούς στο προηγούμενο μέρος του βιβλίου, που όντως οι τυχαίες επιλογές τα κατάφερναν καλύτερα από τον δείκτη. Ωστόσο το τετράγωνο των αποδόσεων των τυχαίων επιλογών, έχει μεγάλος πλάτος και οι αποδόσεις φτάνουν να είναι έως και αρκετά χαμηλότερες του βασικού δείκτη (αριστερά από την τελεία).

Τι θα λέγατε εάν μπορούσαμε να μετακινήσουμε το εύρος των αποδόσεων της μεθόδου των τυχαίων επενδύσεων μπροστά, προς τα δεξιά, μειώνοντας τις άτυχες κακές αποδόσεις; Δεν θα ήταν αυτό πολύ καλό για τα τυχαία χαρτοφυλάκιά μας; Δεν θα ήταν σπουδαίο εάν μπορούσαμε να μειώσουμε τα λίγα μειονεκτήματα που έχει η μέθοδος των τυχαίων επενδύσεων; Θα το εξετάσουμε αυτό λίγο αργότερα.

Ο στόχος μας παρουσιάζεται στην παρακάτω εικόνα – γράφημα: θα επιδιώξουμε να μειώσουμε το εύρος αποδόσεων της μεθόδου τυχαίων επιλογών, το δεξί τετράγωνο δηλαδή, ώστε να περιοριστούν οι πιθανότητες, να σημειώσουμε με τις τυχαίες επενδύσεις μας, κάποιες κακές αποδόσεις, ήτοι χειρότερες σε σχέση με τον βασικό χρηματιστηριακό δείκτη. Αυτό αποτυπώνεται στο κάτω μέρος της εικόνας, όταν το πάνω δείχνει την προηγούμενη κατάσταση, δηλαδή πριν ενεργήσουμε για τον περιορισμό των τυχόν κακών αποδόσεων των τυχαίων χαρτοφυλακίων μας:

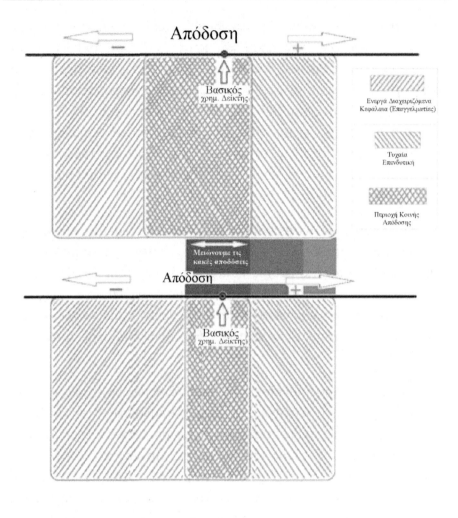

Τα Σπουδαία νέα των παθητικών Επενδύσεων!

Όποιος θέλει να εμπλακεί στο πεδίο των επενδύσεων στις μέρες μας, έχει ένα μεγάλο πλεονέκτημα που οι παλαιοί δεν είχαν στους δικούς τους επενδυτικούς καιρούς, 40 ή 50 χρόνια πριν και εννοείται και παλαιότερα.

Οι επενδυτές των προηγούμενων δεκαετιών των δεκαετιών του '50, '60 και '70, ακόμα και εάν ήθελαν να επενδύσουν σε έναν ολόκληρο τομέα, δεν διέθεταν τα μέσα και τα εργαλεία για να το κάνουν. Τι μπορούσαν να κάνουν σε αυτούς τους παλαιούς καιρούς; μπορούσαν να αγοράσουν μετοχές από πολλές εταιρίες του τομέα που επιθυμούσαν και έπειτα, ελπίζοντας ότι έφτιαξαν ένα αρκετό μεγάλο χαρτοφυλάκιο, αυτό θα μπορούσε να ακολουθήσει την ανάπτυξη ολόκληρου του τομέα στα χρόνια που θα ακολουθούσαν.

Η προσέγγισή τους είχε ένα μειονέκτημα και μεγάλες δυσκολίες: ο αριθμός των μετοχών που αποκτούσαν, δεν μπορούσε να είναι αρκετά μεγάλος όσο όλος ο τομέας που είχαν 'βάλει στο μάτι', δεν μπορούσε καν να τον πλησιάσει. Φανταστείτε λοιπόν ότι κάποιος κατά τα τέλη της δεκαετίας του '60, ένας μέσος επενδυτής, όπως εγώ και εσείς, είχε την ιδέα να επενδύσει στον τομέα των ηλεκτρονικών υπολογιστών. Πόσων εταιριών μετοχές θα μπορούσε να αποκτήσει; Δέκα; Είκοσι; Σίγουρα όχι περισσότερες από τριάντα, αφού με το μέσο εισόδημα που θα είχε, αφού μιλάμε για επενδυτές – απλά φυσικά πρόσωπα, δεν θα μπορούσε να το αντέξει οικονομικά να αγοράσει περισσότερες μετοχές διαφορετικών εταιριών του αυτού τομέος. Εκείνη την εποχή ο τομέας των ηλεκτρονικών υπολογιστών ήταν νέος και δύσκολος να κατανοηθεί από έναν μέσο επενδυτή, πως ακριβώς δουλεύουν τα μηχανήματα αυτά, ποια ακριβώς είναι η χρησιμότητά τους και δυνατότητες ανάπτυξης πωλήσεων και ποια είναι τα στοιχεία αυτά που θα έκαναν την μία εταιρία καλύτερη από την άλλη, οδηγώντας συνεπακόλουθα σε μεγαλύτερη ανάπτυξη και κέρδη.

Συνεπώς αυτός ο μέσος επενδυτής, θα μπορούσε να πετύχει στην επενδυτική του τοποθέτηση, μόνο εάν ήταν τυχερός να επιλέξει ορισμένες εταιρίες από τον τομέα των ηλεκτρονικών υπολογιστών, που στο μέλλον θα έδιναν καλύτερα αποτελέσματα.

Επιστρέφοντας στις μέρες μας, οι επενδυτές είναι ικανοί να επενδύσουν εύκολα σε έναν τομέα μέσω των ETF. Ως λέξη το ETF, είναι το αρκτικόλεξο για το *Exchange Traded Fund* που στα ελληνικά θα μπορούσαμε να το μεταφέρουμε σαν Εισηγμένα Κεφάλαια ή Διαπραγματευόμενα Κεφάλαια, καθώς η μετάφραση αυτολεξεί είναι Κεφάλαια διαπραγματευόμενα στο χρηματιστήριο.

Αυτό που πρέπει να έχετε στο μυαλό σας, η ουσία δηλαδή, είναι ότι τα ETF είναι Κεφάλαια που τα μερίδιά τους, διαπραγματεύονται στα χρηματιστήρια ακριβώς όπως οι μετοχές. Όπως αγοράζετε λοιπόν μια μετοχή, που είναι κάποιας εταιρίας σε ορισμένο τομέα δραστηριότητας, παρομοίως μπορείτε να αγοράσετε κάποιο ETF, το οποίο θα είναι προσανατολισμένο και εστιασμένο σε έναν τομέα, σε έναν δείκτη κ.λπ..

Θέλει κάποιος σήμερα να επενδύσει στον S&P 500; Μπορεί να το κάνει, διαλέγοντας ένα από τα πολλά ETF πάνω στον S&P, που ακολουθούν πιστά την πορεία του.

Χάρη στον John Bogle, τον άνθρωπο που δημιούργησε το πρώτο Κεφάλαιο πάνω σε Δείκτη (index fund) το 1975, γεννήθηκε η μέθοδος παθητικής επένδυσης (passive investing)!

Εκείνη την εποχή, οι επαγγελματίες της αγοράς, ονόμασαν υποτιμητικά τη νέα τότε μέθοδο "Τρέλα του Bogle", αστειεύονταν δε για αυτήν, καθώς επιχειρούσαν γενικά, να την απαξιώσουν και υποβαθμίσουν – όπως κάνουν με οτιδήποτε απειλεί τα εισοδήματά τους. Οι επαγγελματίες δεν ήθελαν να δεχτούν ότι μια παθητική συλλογή μετοχών μπορεί να υπεραποδίδει έναντι των περισσοτέρων ενεργά διαχειριζόμενων Κεφαλαίων. Τώρα, σήμερα, κανείς δεν γελάει με το passive investing!

Χάρη στον John Bogle, σήμερα είμαστε σε θέση να επενδύουμε σε σχεδόν οτιδήποτε μας αρέσει: έναν δείκτη, έναν τομέα, στα εμπορεύματα, στην μικρή, στην μεσαία ή στην μεγάλη κεφαλαιοποίηση, σε νομίσματα, στο να παίζουμε πτωτικά την αγορά (shorting) ή έναν τομέα ή ένα νόμισμα, σε οτιδήποτε εν πάση περιπτώσει επιθυμείτε.

Απλά ψάξτε στο Google και θα βρείτε ένα ETF που θα ταιριάζει σε αυτό που έχετε στο μυαλό σας.

Η μέθοδος των παθητικών επενδύσεων με την χρήση ETF, αποτελεί πολύτιμο και προνομιούχο εργαλείο για τους εμπλεκόμενους με τα χρηματιστήρια. Φανταστείτε τους επενδυτικούς ορίζοντες που ανοίγει:

Τι είπαμε πριν; Ότι η επένδυση μέσω τυχαίων επιλογών οδηγεί σε καλύτερες επιδόσεις διότι ως τυχαίες οι επιλογές, είναι πιθανότερο να ανήκουν στην μεσαία κεφαλαιοποίηση καθώς η πλειοψηφία στην αγορά, αποτελείται από μετοχές μεσαίας κεφαλαιοποίησης και ότι η μεσαία κεφαλαιοποίηση 'τρέχει' ταχύτερα από την μεγάλη και βαριά κεφαλαιοποίηση.

Αλλά σε τελική ανάλυση, έχεις πάλι το ίδιο μειονέκτημα που είχε και ο επενδυτής στις παλαιότερες δεκαετίες: πόσες μετοχές μπορείς να αποκτήσεις; Δέκα; Είκοσι; Σίγουρα όχι περισσότερες από τριάντα.

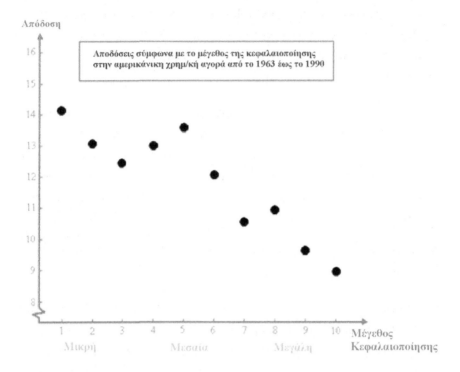

Τώρα, ίσως υποψιάζεστε προς τα πού σας οδηγώ...

Το παραπάνω δε γράφημα, μας δείχνει τις μέσες ετήσιες αποδόσεις στην αμερικάνικη χρηματιστηριακή αγορά βάσει κεφαλαιοποίησης, από το έτος 1963 έως και το 1990. Στον οριζόντιο άξονα έχουμε την κλίμακα κεφαλαιοποίησης, όπου όσο πιο αριστερά τόσο πιο μικρή ενώ όσο πιο δεξιά, τόσο πιο μεγάλη. Παρατηρούμε λοιπόν ότι όσο η κεφαλαιοποίηση αυξάνει, τόσο μειώνονται οι αποδόσεις, ενώ όσο η κεφαλαιοποίηση μικραίνει, τόσο αυξάνουν οι αποδόσεις · οι αποδόσεις που παρουσιάζονται στον κάθετο άξονα, κυμαίνονται δε από περίπου 9% ελάχιστη έως περίπου 14%. Το γράφημα αυτό είναι *πολύ ενδιαφέρον διότι παρουσιάζει αφενός τις αποδόσεις ανά κατηγορία κεφαλαιοποίησης για μια αρκετά δόκιμη, μακροχρόνια περίοδο, αφετέρου μας δείχνει ότι μεταξύ μικρής και μεσαίας κεφαλαιοποίησης, παρατηρείται ένας σχηματισμός τύπου V στις αποδόσεις, που φανερώνει ότι στις μικρές κεφαλαιοποιήσεις το* ρίσκο είναι αυξημένο, οπότε συνεπακόλουθα μας βοηθά να συμπεράνουμε ότι η μεσαία κεφαλαιοποίηση είναι αυτή που μας δίδει υψηλές αποδόσεις με μειωμένο ρίσκο. Αυτό είναι καλό να το έχουμε υπόψη μας στις επενδυτικές μας επιλογές.

Παθητική + Τυχαία Επενδυτική = ένα εκρηκτικό μείγμα

Η μέθοδος παθητικών επενδύσεων κατά κάποιο τρόπο, σχετίζεται με αυτή των τυχαίων επενδύσεων, εννοώντας η παθητική μέθοδος είναι μια μεγάλη επιλογή μετοχών ενός τομέα, ενός δείκτη κ.λπ., που δεν είναι ενεργά επιλεγμένη.

Η παθητική είναι μια επενδυτική διαδικασία που είναι κοντινή προς την τυχαία, ως δεχόμενη τα συστατικά για την κατασκευή των ETF, απλά και μόνο αποκτώντας παθητικά ό,τι περιέχει ο τομέας ή ο δείκτης. Για να κατανοήσουμε τη συσχέτιση μεταξύ της τυχαίας και παθητικής επενδυτικής, φανταστείτε ότι επιλέγετε τυχαία 3.000 μετοχές από το NYSE, στο οποίο οι εισηγμένες επιχειρήσεις φθάνουν περίπου τις 3.300 συνολικά. Δεν θα ήταν σε αυτή την περίπτωση, η τυχαία επιλογή σας εξαιρετικά κοντινή σε αυτήν του συνόλου της αγοράς και το τυχαία επιλεγμένο χαρτοφυλάκιο αυτών των 3.000 μετοχών δεν θα προσομοίαζε με ένα Total Stock Market ETF, ήτοι ένα ETF επί του Συνόλου της Αγοράς;

Σε αυτό το σημείο, είναι χρήσιμο να αναφέρω το Στοίχημα του ενός εκατομμυρίου δολαρίων (the Million Dollar Bet) μεταξύ του Warren Buffett και ενός hedge fund, με τον τίτλο Protégé Partners. Το 2008, έβαλαν ένα στοίχημα αξίας ενός εκατομμυρίου δολαρίων. Η πρόκληση είναι, ποιος πρόκειται να κερδίσει περισσότερα σε μια περίοδο δέκα ετών, η οποία περατώνεται στις 31 Δεκεμβρίου 2017. Ο Warren Buffett στοιχημάτισε σε ένα παθητικό, index fund πάνω στον S&P 500 (συγκεκριμένα στο Vanguard 500) και η Protégé στοιχημάτισε στην μέση απόδοση των πέντε Καλαθιών Κεφαλαίων της (Funds of Funds). Ο νικητής θα δώσει τα χρήματα που θα κερδίσει σε αγαθοεργίες. Βασικά, το στοίχημα είναι ένας διαγωνισμός μεταξύ μακροχρόνιας παθητικής επένδυσης και αντίστοιχης ενεργητικά διαχειριζόμενης.

One Million Dollar Bet

Αποδόσεις ανά Έτος και Σωρευτικές για 8 έτη, έως τις 31 Δεκ. 2015

Έτος	S&P Index Fund	Protégé
2008	-37.0%	-23.9%
2009	26.6%	15.9%
2010	15.1%	8.5%
2011	2.1%	-1.9%
2012	16.1%	6.5%
2013	32.3%	11.8%
2014	13.6%	5.6%
2015	1.4%	1.7%
	65.7%	21.9%

Την στιγμή που έγραφα αυτές τις γραμμές (2016) και που απέμεναν περίπου δύο χρόνια μέχρι το τέλος του στοιχήματος, ο Buffett έχει πάρει 'κεφάλι' και είναι βέβαιο ότι θα κερδίσει, καθώς έχει μία διαφορά άνω των 40 ποσοστιαίων μονάδων: η σωρευτική απόδοση του Buffett στο τέλος του 2015 με την επιλογή του ETF Vanguard 500, που απλά ακολουθεί την απόδοση του S&P 500, ήταν 65,7% έναντι 21,9% της Protégé. Στον Πίνακα, βλέπετε τις αποδόσεις ανά έτος, για το index fund, ήτοι την επιλογή του Buffett (μεσαία στήλη) και της Protégé (δεξιά στήλη), όπως επίσης και τις σωρευτικές αποδόσεις τους στο κάτω μέρος και έως και το 2015.

Συνεπώς για άλλη μια φορά, η παθητική επένδυση αποδείχτηκε σε μια ρεαλιστική κατάσταση όπως αποτυπώνεται μέσω του Στοιχήματος, να είναι κατά πολύ καλύτερη σε μακροχρόνιο επίπεδο από ό,τι η ενεργητικά διαχειριζόμενη, διαπιστώνοντας ξανά ότι τα ενεργητικά διαχειριζόμενα Κεφάλαια, αποτυγχάνουν να πετύχουν αποδόσεις έστω κοντινές προς τον βασικό χρηματιστηριακό δείκτη.

Χρησιμοποιώντας παθητική επένδυση λαμβάνετε την απόδοση ενός δείκτη όπως ο S&P 500 που οι επαγγελματίες ως επί το πλείστον δεν καταφέρνουν να την πιάσουν · *αυτό από μόνο του είναι επιτυχία.* Έπειτα, χρησιμοποιώντας επίσης, μερικώς τυχαία επένδυση, μπορείτε να δημιουργήσετε ένα χαρτοφυλάκιο που θα περιέχει τυχαία επιλεγμένες μετοχές, οι οποίες θα είναι πιθανότατα από την μεσαία κεφαλαιοποίηση, που 'τρέχει' ταχύτερα από την υψηλή.

Η τεχνική αυτή μπορεί να σας οδηγήσει σε μακροχρόνιο ορίζοντα, στο να κερδίσετε πολύ περισσότερο εν συγκρίσει με τους επαγγελματίες, αλλά και περισσότερο και από τον βασικό χρηματιστηριακή δείκτη! – αφού όπως δείξαμε, η μεσαία κεφαλαιοποίηση 'τρέχει' εντονότερα από την μεγάλη και ο βασικός χρηματιστηριακός δείκτης, 'φρενάρεται' από την 'βαρύτητα' της υψηλής κεφαλαιοποίησης σε αυτόν.

Αυτό είναι σπουδαίο νέο, ειδικά στους καιρούς μας, που το να βρεις μια καλή εταιρία που στο μέλλον θα διαφοροποιηθεί αρκετά θετικά, δικαιολογώντας κατά πολύ υψηλότερες τιμές από αυτές που πληρώσαμε, είναι *πολύ δύσκολο.* Η δυσκολία αυτή έχει να κάνει με την λειτουργική πολυπλοκότητα των επιχειρήσεων σε πολλά πεδία δραστηριότητας, σήμερα.

Οι τομείς που έχουν την καλύτερη προοπτική ανάπτυξης , είναι πλέον τόσο σύνθετοι που δεν μπορείς να προβλέψεις με κάποια βεβαιότητα, που θα βρεθεί μια εταιρία μετά από δέκα χρόνια, όσο χρόνο και κόπο και αν δαπανήσεις στην ανάλυση. Σκεφτείτε σχετικά – και για παράδειγμα – τον τομέα της βιοτεχνολογίας: είναι βέβαιον ότι ως τομέας, θα αυξηθεί πολύ στα χρόνια που θα έρθουν · όμως στις δέκα εταιρίες βιοτεχνολογίας, χονδρικά δύο μόνο θα πετύχουν και οι μετοχές τους θα εκτοξευθούν, άλλες δύο θα επιβιώσουν αλλά δεν θα σας ανταμείψουν με καλά κέρδη και οι άλλες έξι, θα αποτύχουν, θα συρρικνωθούν ή ακόμα, θα παύσουν να υφίστανται. Ακόμα και οι ειδικοί επιστήμονες που εργάζονται σε αυτές τις εταιρίες βιοτεχνολογίας, που ξέρουν τα πράγματα 'από μέσα' όσον αφορά στην έρευνα που κάνουν και τις φάσεις της ανάπτυξης των προϊόντων τους, δεν μπορούν να είναι σίγουροι για την επιτυχία και μακροζωία της. Αυτό συμβαίνει διότι το πεδίο της βιοτεχνολογίας είναι εξαιρετικά πολύπλοκο και αλλάζει με αστραπιαία ταχύτητα · μια επιχείρηση μπορεί να έχει ένα καλό προϊόν αλλά να ξεπεταχτεί ένας ανταγωνιστής με ένα ακόμα καλύτερο... Συνεπώς, το μέλλον σε τέτοιους σύγχρονους και πολλά υποσχόμενους τομείς, όπως βιοτεχνολογία, νανοτεχνολογία, ρομποτική, διαστημική κ.λπ. που έχουν πολύ καλή προοπτική γενικά ως τομείς, είναι αβέβαιο όσον αφορά την πρόβλεψη της πορείας των επιμέρους μονάδων τους - εταιριών.

Όμως εάν επενδύεις τυχαία, έχεις μια πιθανότητα να επιλέξεις – από τύχη - μια εταιρία που θα υπεραποδώσει και που μπορεί να ωθήσει πολύ προς τα πάνω το χαρτοφυλάκιό σου. Εάν μάλιστα είσαι αρκετά τυχερός, μπορεί να επιλέξεις τυχαίως δυο, τρεις τέτοιες μετοχές σε ένα χαρτοφυλάκιο δέκα έως είκοσι συνολικά μετοχών, κάνοντας μεγάλη (θετική) διαφορά στο μέλλον και σε μακροχρόνιο επίπεδο.

Φυσικά, κάποιος θα πρέπει να αποφασίσει τι ποσοστό του χαρτοφυλακίου του θα είναι πάνω σε έναν βασικό χρηματιστηριακό δείκτη (αποκτώντας ένα σχετικό ETF) και τι μέρος θα αποτελείται από τυχαία επιλεγμένες μετοχές. Κατανοείτε ότι εάν το κομμάτι του χαρτοφυλακίου σας που είναι σε παθητικές επενδύσεις είναι αρκετά μεγάλο όπως 70%, τότε θα είναι δύσκολο να διαφοροποιηθείτε αρκετά θετικότερα συγκριτικά με τον βασικό δείκτη. Από την άλλη πλευρά, εάν τοποθετήσετε ένα μεγαλύτερο μερίδιο του συνολικού χαρτοφυλακίου σας σε τυχαίες επιλογές, τότε μπορεί να αναμένετε καλύτερες δυνητικά αποδόσεις, όταν υφίσταται ανοδική αγορά – αλλά σε αυτήν την περίπτωση, θα πρέπει να προσέχετε και να παρακολουθείτε από κοντά, τις τυχαίες επιλογές σας.

Θα πρέπει να είστε προσεκτικοί με αυτές διότι ίσως να έχετε επιλέξει μια κακή εταιρία που ακόμα και σε μια γενικότερη bull market, η συγκεκριμένη αυτή μετοχή να κινείται προς τα κάτω. Και επειδή μιλάμε για τυχαίες επιλογές, ποιος σας λέει ότι δεν θα επιλέξετε περισσότερες από μία, κακές εταιρίες; Εάν συνθέσετε ένα χαρτοφυλάκιο με αρκετές κακές μετοχές σε σχέση με το σύνολο, τότε αυτές θα βυθίσουν την απόδοσή σας σε έντονα αρνητικά επίπεδα και εντέλει μπορούν να σας καταστρέψουν εάν δεν έχετε ένα σχέδιο δράσης για αυτές τις απευκταίες περιπτώσεις.

Οι φίλες μας οι Τάσεις!

Γενικά μιλώντας, οι τάσεις είναι φίλες μας. Οι άνθρωποι από τους παλαιούς καιρούς, αρέσκονται να ακολουθούν τάσεις. Δεν γνωρίζουμε γιατί ακριβώς συμβαίνει αυτό αλλά αντιλαμβανόμαστε το αποτέλεσμα: οι άνθρωποι ακολουθούν τις τάσεις, ιδίως εάν είναι να κερδίσουν από αυτές.

Δεν ξέρουμε τους λόγους που μας κάνουν, να μας αρέσουν οι τάσεις, όπως επίσης πολλές φορές αγνοούμε *τι* ακριβώς δημιουργεί μια τάση. Εάν γνωρίζαμε τον μηχανισμό που μπορεί να δημιουργήσει μια τάση στην χρηματιστηριακή αγορά, θα μπορούσαμε να γίνουμε δισεκατομμυριούχοι.

Ίσως ο λόγος που μας αρέσουν οι τάσεις, μπορεί να υποκρύπτεται στα πρωτόγονα ένστικτά μας · από τον καιρό πριν πολλά χιλιάδες χρόνια, οι πρόγονοί μας, οι πρώτοι homo sapiens γυρνούσαν την ευρεία γη και δεν ήταν τόσο δυνατοί όσο άλλα ζώα ούτε και εξοπλισμένοι αρκετά (δεν είχαν μεγάλα νύχια ή χαυλιόδοντες, ήταν αρκετά αργοί κ.λπ.) – έπρεπε συνεπώς να συναθροίζονται σε ομάδες εάν ήθελαν να έχουν καλύτερες πιθανότητες επιβίωσης. Πιθανότατα γι'αυτό, ο άνθρωπος εξελίχθηκε σε ένα έντονα κοινωνικό ον.

Εντός μιας ομάδας, οι άνθρωποι ήταν λιγότερο δύσκολο να βρουν τροφή όπως επίσης να υπερασπίσουν τους εαυτούς τους έναντι κινδύνων απειλητικών για την ζωή. Όποιος θα έμενε εκτός της ομάδας, μόνος, θα ήταν σχεδόν καταδικασμένος. Εάν λοιπόν ένας άνθρωπος ήθελε να αποτελεί μέρος μιας ομάδας, θα έπρεπε να ήταν αρεστός στα άλλα μέλη της. Για να είναι αρεστός, θα έπρεπε να ακολουθεί μια μερική κοινή συμπεριφορά: κάνω κάτι με τον ίδιο ή παρόμοιο τρόπο που το κάνουν και οι άλλοι, με βλέπουν ως κάποιον όμοιό τους και χρήσιμο για αυτούς και με αποδέχονται ως μέλος της ομάδας. Εάν δεν ενεργήσω όπως και οι άλλοι, δεν θα με δεχτούν ως έναν δικό τους, τότε θα μείνω εκτός της ομάδος τους και θα έχω μειονέκτημα.

Μιλάω και για τον μιμητισμό · ακόμα και μέχρι σήμερα, στις μέρες μας, παρόλο που πέρασαν χιλιάδες χρόνια από τότε που ήμαστ-αν πρωτόγονοι και αδύναμοι για να αντιμετωπίσουμε την φύση μόνοι μας, ο μιμητισμός διατηρείται ακόμα έντονος στην συμπεριφορά μας: όταν θέλουμε να είμαστε αρεστοί από κάποιον, είναι πολύ πιθανόν ότι ασυνείδητα θα μιμηθούμε τις συμπεριφορές, κινήσεις του κ.λπ..

Ο μιμητισμός είναι ένα ισχυρό ένστικτο – όλα τα ένστικτα είναι ισχυρά, οδηγώντας στην υποσυνείδητη επιθυμία μας να ακολουθούμε συμπεριφορές. Και εάν έχουμε ένα σύνολο πολλών – πολλών ανθρώπων που να συμπεριφέρονται με ένα συγκεκριμένο τρόπο, τότε έχουμε μια τάση, μια μόδα, όχι μόνο στις χρηματιστηριακές αγορές αλλά παντού.

Η μικρο-τάση στα παγωτά

Για να καταλάβετε την υποσυνείδητη δύναμη του μιμητισμού, θα σας πω ένα παράδειγμα από την πραγματική ζωή: κάποτε πρόσεξα ένα κατάστημα που πουλούσε παραδοσιακό ιταλικό παγωτό. Το παγωτό του ήταν καλό αλλά όχι κάτι το εξαιρετικό · επιπλέον οι τιμές του δεν ήταν χαμηλές.

Πρόσεξα ότι όταν ετύγχανε το κατάστημα αυτό να έχει ορισμένους πελάτες ταυτόχρονα, άλλοι άνθρωποι που τύχαινε να περνούν στην συγκεκριμένη χρονική στιγμή, έβλεπαν μια μικρή ουρά που περίμενε να αγοράσει παγωτό και πολλοί από αυτούς, έπαυαν την βόλτα τους και στέκονταν επίσης στην γραμμή, για να αγοράσουν και αυτοί παγωτό. Η μικρή ουρά ανθρώπων **εγένετο πλήθος** σε λίγα μόλις λεπτά, μόνο και μόνο επειδή είδαν να υπάρχει μια μικρή ουρά, θέλοντας να δοκιμάσουν και αυτοί τα παγωτό. Εντέλει δημιουργήθηκε μια τάση.

Όλοι αυτοί οι περαστικοί, δεν έπαυσαν το πέρασμά τους επειδή ήθελαν να αγοράσουν παγωτό · το έπαυσαν, μόνο και μόνο επειδή είδαν λίγους άλλους να στέκονται σε μια μικρή αρχικά ουρά, περιμένοντας να αγοράσουν παγωτό – η ουρά έγινε πολύ μεγαλύτερη και για να αγοράσει κανείς παγωτό θα έπρεπε να περιμένει, όπως εκτίμησα, τουλάχιστον 30 λεπτά!

Συνεπώς όταν μια δημιουργείται μια τάση, ολοένα και περισσότεροι άνθρωποι θέλουν να συμμετάσχουν μόνο και μόνο επειδή συμμετέχουν ήδη άλλοι, ακόμα και εάν αυτή η συμμετοχή φαίνεται δύσκολη και για το δύσκολη, σκεφτείτε τον χρόνο που απαιτούνταν (περίπου μισή ώρα) να περιμένουν για να αγοράσουν το παγωτό.

Στο παράδειγμά μας αυτού του παγωτοπωλείου, πρέπει να σας πω ότι όταν αυτή η μεγάλη ουρά εξυπηρετήθηκε, περίπου μετά από μισή ώρα, ίσως και λίγο παραπάνω, καθώς το έβλεπα από απέναντι που καθόμουν, η ουρά επέστρεψε σε επίπεδα ενός ή δύο ατόμων, με άλλα λόγια σε κανονικά επίπεδα που ίσως μπορεί να πει κανείς ότι δεν συνιστούν καν ουρά. Οι περαστικοί τότε έπαυσαν να διακόπτουν το πέρασμά τους προκειμένου να αγοράσουν παγωτό, παρόλο που δεν χρειάζονταν πλέον να αναμένουν 20 και 30 λεπτά για να εξυπηρετηθούν και θα μπορούσαν να σερβίρονται εντός δύο – τριών λεπτών. Γιατί οι περαστικοί δεν αγόραζαν αυτό το 'θαυμάσιο' παγωτό όταν ήταν πολύ ευκολότερο; Η απάντηση είναι εύκολη: δεν ήθελαν στην πραγματικότητα το παγωτό · ήθελαν να συμμετάσχουν σε κάτι που συμμετείχαν ήδη άλλοι. Ήταν αυθεντικός μιμητισμός.

Οι τάσεις ως αποτέλεσμα μιμητισμού, εμφανίζονται συχνά σε πολλές περιστάσεις και σε διάφορες πτυχές και μορφές. Άλλο ένα παράδειγμα είναι στην Ελλάδα, κατά τα έτη 2012 και 2013, μια τάση μόδας αναπτύχθηκε, των νεαρών ανδρών να αφήνουν μακριά γενειάδα, ακολουθώντας μερικώς την διεθνή μόδα των hipsters, όταν τα προηγούμενα χρόνια, το γενικώς αποδεκτό και αρεστό στην μεγάλη πλειοψηφία, ήταν οι νέοι άντρες να είναι ξυρισμένοι.

Από τα παραπάνω παραδείγματα, κατανοούμε ότι οι τάσεις και μόδες ποικίλουν με την πάροδο του χρόνου, οι τάσεις έχουν τον κύκλο ζωής τους και μερικές φορές, μπορεί να είναι παράλογες, δηλαδή να μην φαίνεται μια λογική αιτία που να τις προκαλεί. Ο παραλογισμός αυτός παρατηρείται συχνά στις χρηματιστηριακές αγορές με τους συμμετέχοντες σε αυτές και παρόλο που οι άνθρωποι καλούνται homo sapiens (σοφοί). Έχει παρατηρηθεί ότι όταν ένα άτομο ενεργεί εντός μιας ομάδος και επειδή επηρεάζεται έντονα από την ψυχολογία του όχλου, είναι πολύ ευκολότερο να διαπράξει λάθη που δεν θα έκανε εάν σκέφτονταν από μόνος του και με το να ήταν απομονωμένος από τις εξωτερικές επιρροές.

Γνωρίζοντας ότι υπάρχει παραλογισμός, μπορούμε να προσπαθήσουμε να τον εκμεταλλευθούμε, για να κερδίσουμε. Ευτυχώς, έχουμε τα μέσα να καταλάβουμε πότε τα πράγματα γίνονται παράλογα, γι'αυτό μπορούμε να είμαστε σε εγρήγορση. Ο στόχος μας είναι να κατανοήσουμε τις τάσεις στις χρηματιστηριακές αγορές, όχι απαραιτήτως τις αιτίες τους αλλά τα χαρακτηριστικά τους και την ύπαρξή τους, ανακαλύπτοντάς τες σε αρχικά στάδια, να τις 'καβαλάμε' και να τις αφήνουμε εγκαίρως, πριν γυρίσουν σε αντίθετη κατεύθυνση. Εάν τα καταφέρουμε σε αυτό, μπορούμε να έχουμε ένα έξοχο μέλλον ως επενδυτές. Για να το κάνουμε αυτό σε συνεχή βάση, θα πρέπει να είμαστε ικανοί να καταλάβουμε την συνολική χρηματοοικονομική εικόνα · προϋπόθεση για αυτό, είναι να γνωρίζουμε μίκρο και μάκρο οικονομικά, όπως και πολιτική που συχνά επηρεάζει το οικονομικό περιβάλλον.

Φυσικά είναι πλεονέκτημα για κάποιον να είναι ευφυής, να έχει καλές αντιληπτικές ικανότητες έτσι ώστε να κατανοεί τα παραπάνω εγκαίρως. Επιπλέον, έχει παρατηρηθεί ότι οι άνθρωποι που διαβάζουν βιβλία με εύρος θεματολογίας, όχι μόνο χρηματοοικονομικά, είναι πάνω από τον μέσο όρο επιτυχείς στην ζωή τους. Ξέρετε πόσο διαβάζει βιβλία διαφόρων θεμάτων ο Warren Buffett; Η ο συνεταίρος του στην Berkshire Hathaway, ο Charlie Munger; Ή ο πλούσιος και διάσημος Bill Gates της Microsoft; Να διαβάζετε! Το διάβασμα είναι εγκεφαλικό bodybuilding · ένας δυνατός νους είναι σπουδαίο πλεονέκτημα όχι μόνο για τις επενδύσεις αλλά για ολόκληρη τη ζωή σας.

Να προσέχετε λοιπόν τις τάσεις αλλά μην αφήνετε να σας συνεπαίρνουν · θα πρέπει να διατηρείτε την ψυχραιμία σας. Θα πρέπει να εκμεταλλεύεστε τις τάσεις αλλά να μην γίνεστε ποτέ ένας από το πλήθος. Έχετε στο μυαλό σας ότι οι άνθρωποι υποσυνείδητα, τους αρέσει να είναι κοινωνικοί. Ίσως το συναναστρέφεστε είναι ο νούμερο ένα παράγοντας που δίδει ευχαρίστηση στους ανθρώπους – είναι πολύ δύσκολο να αντισταθείτε σε αυτή την έμφυτη τάση · δείτε για παράδειγμα την επιτυχία των websites κοινωνικής δικτύωσης όπως το Facebook, στα οποία χρήστες κάνουν αναρτήσεις, σχολιάζουν, κυνηγούν τα "Likes" άλλων, να είναι με λίγα λόγια αρεστοί κ.λπ..

Προσοχή! Οι Τάσεις μπορεί να είναι και Μοιραίες

Χωρίς να γνωρίζω γιατί, οι τάσεις απαντώνται παντού και πάντα. Απαντώνται στις συμπεριφορές των ανθρώπων, σε κοινωνικά, οικονομικά έως και φυσικά φαινόμενα.

Ακόμα και η συχνότητα ορισμένων γεγονότων δείχνει να δημιουργεί μια τάση. Δείτε για παράδειγμα, το θέμα των σοβαρών αεροπορικών δυστυχημάτων: γενικά μιλώντας, σοβαρά δυστυχήματα με αεροπλάνα (που επιφέρουν πολλούς θανάτους) είναι εξαιρετικά σπάνια και οι πιθανότητες να πεθάνει κανείς σε μια πτήση είναι 1 σε περίπου 29 εκατομμύρια · φυσικά τα ατυχήματα με αεροσκάφη έχουν μειωθεί εκθετικά κατά τις τελευταίες δεκαετίες καθώς η αεροναυτική βιομηχανία έκανε μεγάλη πρόοδο στο θέμα της ασφάλειας. Ωστόσο σας υπενθυμίζω ότι όταν το αεροπλάνο των Μαλαισιανών Αερογραμμών, Flight 370, εξαφανίστηκε τον Μάρτιο του 2014 πλήρες επιβατών, πιθανότατα πέφτοντας στον ωκεανό, τέσσερις με πέντε μήνες μετά, άλλο ένα αεροπλάνο της ίδιας πάλι εταιρίας (Malaysia Airlines), η Flight 17, επίσης πλήρες επιβατών, χάθηκε στην Ουκρανία. Και μόλις λίγους μήνες αργότερα και πριν εισέλθουμε στο 2015, ένα τρίτο επιβατηγό αεροπλάνο, από την Μαλαισία ξανά αλλά διαφορετικής εταιρίας αυτή την φορά, έπεσε – ήταν αυτό της AirAsia. Και λίγους μήνες αργότερα, ένα αεροσκάφος της Germanwings συνετρίβη στη Γαλλία. Συνεπώς μπορεί κανείς να μιλήσει για τις ελάχιστες πιθανότητες σοβαρού ατυχήματος, στην περίπτωση των Μαλαισιανών Αερογραμμών; Οι άνθρωποι φοβούνται να χρησιμοποιήσουν αυτόν τον αερομεταφορέα, τουλάχιστον έως το πρώτο διάστημα του 2015, καθώς είδα σχετικό άρθρο που ανάφερε και έδειχνε ότι τα αεροσκάφη της πετάνε σχεδόν άδεια, ακόμα και εάν σήμερα αυτή η εταιρία είναι μία από τις ασφαλέστερες διεθνώς, τουλάχιστον σύμφωνα με τις λογικές πιθανότητες.

Εάν είχατε ρωτήσει έναν στατιστικό σχετικά με τις πιθανότητες τεσσάρων μεγάλων αεροπορικών δυστυχημάτων μέσα σε ένα χρόνο περίπου, τι απάντηση θα σας είχε δώσει; Και ποιες θα ήταν άραγε οι πιθανότητες, τα τρία εκ των τεσσάρων μεγάλων δυστυχημάτων να αφορούν την Μαλαισία και τα δύο από αυτά, να αφορούν στην ίδια εταιρία;

Φαίνεται ότι οι τάσεις είναι φυσικό και κοσμικό φαινόμενο · είναι ο τρόπος που λειτουργούν η φύση και ο κόσμος. Ανεξαρτήτως των αιτιών που κατά βάση, δεν έχουμε ακόμα την γνώση να τα κατανοήσουμε, αυτό που μας ενδιαφέρει, είναι το αποτέλεσμα. Πραγματικά, δεν χρειάζεται να γνωρίζουμε τις αιτίες, είναι επαρκές να γνωρίζουμε την συμπεριφορά μιας τάσης και την διάρκειά της.

Δεν είναι όμως όλες οι τάσεις φίλες μας: φαίνεται ότι μερικές τάσεις μπορεί να είναι μοιραίες όπως αυτές των σοβαρών αεροπορικών δυστυχημάτων · θυμηθείτε ξανά τους δύο παγκόσμιους πόλεμους στον 20ο αιώνα, που απείχαν μεταξύ τους λίγα μόλις έτη – και μάλιστα με την ίδια χώρα (Γερμανία) να εμπλέκεται και στους δύο!

Δείτε την 'ομοιότητα' της χώρας που ενεπλάκη στους δύο παγκόσμιους πολέμους εντός λίγων μόλις ετών και της μαλαισιανής αεροπορικής εταιρίας που επίσης ενεπλάκη σε δύο σοβαρά δυστυχήματα σε λίγους μόλις μήνες ...

Παρομοίως, ορισμένες τάσεις στις χρηματιστηριακές αγορές μπορεί να είναι οικονομικά 'μοιραίες' για έναν επενδυτή. Στις χρηματιστηριακές αγορές, οι τάσεις μπορεί να είναι 'μοιραίες' με διαφορετικούς τρόπους:

α. Μπορεί να είναι 'μοιραίες' εάν είναι bear trends (πτωτικές τάσεις) που θα προκαλέσουν ζημιές στους συμμετέχοντες στην αγορά. Σαν παράδειγμα, θα αναφέρω τις παλαί ποτέ αποκαλούμενες Ασιατικές Τίγρεις (Asian Tigers), τις χώρες της Άπω Ανατολής (Νότιος Κορέα, Χονκ Κονγκ, Ταϊλάνδη, Σιγκαπούρη, Μαλαισία, Ταϊβάν κ.ά.) που στην δεκαετία του '90, εκλαμβάνονταν από όλον τον κόσμο, ως οι πιο δυναμικές οικονομικές 'μηχανές' παγκοσμίως · αλλά ήρθε το 1997 όταν άρχισε η χρηματοοικονομική κρίση, που εστιάζονταν σε αυτές τις Ασιατικές (πρώην) Τίγρεις, όταν η Σεούλ ουσιαστικά χρεοκόπησε και όλες οι Τίγρεις έγιναν τρομαγμένα γατάκια, όταν κατέρρευσαν από χρηματοοικονομικής απόψεως. Άλλο ένα πρόσφατο παράδειγμα, είναι η διάχυση της χρηματοοοικονομικής κρίσης στις χώρες της Νοτίου Ευρώπης, όταν η Ελλάδα χρεοκόπησε και η κρίση συνέχισε στις κοντινές χώρες, της ευρωπαϊκής Μεσογείου: στην Πορτογαλία, στην Κύπρο, στην Ισπανία, στην Ιταλία.

β. Οι ίδιες οι ανοδικές τάσεις που βοηθούν τους συμμετέχοντες στην αγορά να κερδίσουν, μπορούν να αλλάξουν σε 'μοιραία' κατεύθυνση για τον όχλο, εάν ο καθένας από το πλήθος και για το δικό του καλό, δεν λάβει μια αντίθετη θέση εγκαίρως. Διότι μετά τους αφηνιασμένους ταύρους, βγαίνουν οι αρκούδες – συχνά με αρκετά άγριες διαθέσεις.

192

Ως εκ τούτου, θα πρέπει να είμαστε 'καχύποπτοι' και να λαμβάνουμε μέτρα να προστατεύσουμε τους εαυτούς μας. Ναι, οι χρηματιστηριακές αγορές κινούνται κυρίως προς τα πάνω, πολύ πιο συχνά από ό,τι προς τα κάτω και ευτυχώς για εμάς, οι χρηματιστηριακές αγορές καταρρέουν και πέφτουν μάλλον ολιγότερες φορές από ό,τι τα φαινόμενα σοβαρών αεροπορικών δυστυχημάτων, αλλά μερικές φορές, ερχόμαστε αντιμέτωποι με την εξαίρεση: ας έχετε πάντα στο μυαλό σας, την Μεγάλη Ύφεση στην δεκαετία του '30 ή την ιαπωνική άγρια και μακροχρόνια ύφεση της δεκαετίας του '90 ή και την δική μας, μετά την χρεοκοπία μας, άγρια και χρόνια ύφεση της δεκαετίας του '10 του τρέχοντος 20ου αιώνος, η οποία δεν θα έχει τελειώσει όπως δείχνουν τα πράγματα, ούτε το 2018.

Για να προβλέψετε τις κομβικές αλλαγές των κυρίαρχων κινήσεων της αγοράς από bull market σε bear και αντιθέτως, οφείλετε να έχετε μια σφαιρική άποψη και γνώση του γενικότερου οικονομικού και χρηματοοικονομικού περιβάλλοντος, όπως αναφέραμε και πριν. Διότι αυτές οι συνθήκες, αργά ή γρήγορα, θα επιδράσουν στην διάθεση και κίνηση της αγοράς.

Συνεπώς για προβλέψει κανείς τις σημαντικές αλλαγές στην αγορά και να το κάνει εγκαίρως, λαμβάνοντας μια αντίστοιχη θέση, long ή short προκειμένου να αυξήσει τα κέρδη του, οφείλει να έχει την ικανότητα να κατανοήσει πως δουλεύει η οικονομία και πως ποικίλες συνθήκες μπορούν να επιδράσουν στην πραγματική οικονομία, ακόμα και στην ψυχολογία. Ο όχλος έχοντας χαμηλή αντίληψη, τείνει να αντιδρά υπερβολικά σε μια εξέλιξη, ενεργώντας κυρίως συναισθηματικά και ενστικτωδώς. Για να δώσω έμφαση, να διαβάζετε και να μελετάτε όσο μπορείτε, ακριβώς για να έχετε τις απαιτούμενες σφαιρικές γνώσεις αλλά και για να γυμνάζετε το μυαλό σας. Να επιδιώκετε να αναπτύσσετε την αντιληπτικότητα και την κρίση σας και μην επαφίεστε σε 'έτοιμη τροφή' ειδικών, επαγγελματιών κ.λπ.. Να εκμεταλλεύεστε τις δυναμικές του όχλου αλλά μην γίνεστε ποτέ ασυνείδητο μέρος τους.

Έως αυτό το σημείο, έχουμε διαπιστώσει πολλάκις ότι οι επαγγελματίες που διαχειρίζονται ενεργά τα Κεφάλαια (Funds), γενικά και ως κανόνα, αποτυγχάνουν συγκριτικά με τον βασικό χρηματιστηριακό δείκτη (S&P 500), όπως επίσης ότι τα τυχαία επιλεγμένα χαρτοφυλάκια, πάλι κατά κανόνα, υπεραποδίδουν ως προς τον βασικό χρηματιστηριακό δείκτη.

Γιατί συμβαίνει αυτό; Γνωρίζουμε ήδη από τα τεστ – πειραματισμούς που κάναμε, ότι η καλύτερη απόδοση των τυχαία επιλεγμένων χαρτοφυλακίων δεν είναι τυχαία, αφού επαναλαμβάνεται.

Ας προσθέσουμε λίγο Αλατοπίπερο ...

Έως τώρα, μάθαμε ότι πράγματι, μπορούμε να επενδύσουμε αποτελεσματικότερα από τους επαγγελματίες, χρησιμοποιώντας την παθητική και τυχαία επενδυτική προσέγγιση. Τώρα είναι καιρός να προσθέσουμε λίγο αλατοπίπερο για να απογειώσουμε το πιάτο μας.

Για να το καταφέρουμε αυτό, χρειάζεται να χρησιμοποιήσουμε λίγα πράγματα από την θεμελιώδη και την τεχνική ανάλυση. Το κύριο πιάτο μας, αποτελείται από τυχαία και παθητική επένδυση που ως κύρια υλικά, δένουν και αλληλοσυμπληρώνονται πολύ ωραία μεταξύ τους αλλά προσθέτοντας ολίγο επενδυτικό αλατοπίπερο (θεμελιώδη και τεχνική ανάλυση), θα απογειώσουμε το πιάτο μας, κάνοντάς το εφάμιλλο ενός grand master.

Ναι, είναι ώρα για ολίγη ενεργή διαχείριση, την οποία αν χειριστείτε σωστά, μπορείτε να θέσετε εαυτούς στο πάνθεον των μεγάλων επενδυτών. Και είναι πολύ εύκολο να το κάνετε. Τίποτα στην ουσία, σε αυτό το βιβλίο δεν είναι δύσκολο. Κρατάτε στα χέρια σας, τον ευκολότερο τρόπο για να πετύχετε υπεραποδώσεις στις αγορές. Οποιαδήποτε άλλη μέθοδος, είναι μακράν δυσκολότερη στην εφαρμογή και ολιγότερο αποδοτική.

Ας δούμε ειδικότερα, τι μπορούμε να κάνουμε πάνω σε αυτό το ζήτημα: Ο στόχος μας είναι να αυξήσουμε τα κέρδη μας και να μειώσουμε τις ζημιές. Δεν θα ήταν πολύ όμορφα να εισερχόμασταν σε μια bull market κατά τα αρχικά της στάδια και να εξερχόμασταν της αγοράς σχεδόν στην κορυφή ή στα αρχικά στάδια των μεγάλων και σημαντικών πτώσεων; Στη συνέχεια θα μάθουμε πως θα τα καταφέρουμε αυτά. Ξανά σας λέω ότι αυτό είναι επιτεύξιμο με βασικές γνώσεις επενδύσεων και οικονομικών, που ορισμένοι από εσάς, θα τα γνωρίζετε ήδη. Στις ακόλουθες ενότητες του βιβλίου, θα σας αποκαλύψω μεταξύ άλλων, ποια είναι αυτά.

Καταρχάς τα πρώτα

Πρέπει να εισερχόμαστε στην αγορά, όταν *η αγορά είναι φθηνή*. Δεν πρέπει να ενδιαφέρεστε πολύ να βρείτε τον πυθμένα · πιστέψτε με, είναι πολύ δύσκολο εάν όχι αδύνατο να βρείτε τον πυθμένα, κυρίως σε συνεχόμενη βάση. Αντ'αυτού, θα είναι πολύ πιο εύκολο να εισέλθετε γύρω από έναν σημαντικό πυθμένα (κοντά σε αυτόν).

Εάν τα καταφέρνετε να εισερχόσαστε κοντά στους σημαντικούς πυθμένες σε συνεχόμενη βάση, αυτό θα αποτελεί το πρώτο σημαντικό βήμα σας για το ταξίδι σας στα κέρδη. Για να το κάνετε αυτό, μπορείτε να χρησιμοποιήσετε διάφορα αλλά εύκολα θεμελιώδη και τεχνικά 'εργαλεία'. Ας ρίξουμε μια ματιά σε αυτά:

Η αγορά θα είναι φθηνή εάν διατηρεί ένα χαμηλό P/E · αυτό είναι βασική θεμελιώδης γνώση. Ένα μέσο P/E που παρατηρείται σε μακροχρόνια βάση στην αμερικάνικη χρηματιστηριακή αγορά, όπως δείχνουν διάφορες μελέτες, είναι γύρω στο 16x · συνεπώς ένα χαμηλό P/E είναι μάλλον ένα που είναι χαμηλότερο από περίπου 13x και εάν είναι και μονοψήφιο (< 10), ακόμα καλύτερα.

Η αγορά θα είναι φθηνή εάν είναι έντονα καθοδική για κάμποσο καιρό και έχει χάσει ήδη ένα τριάντα τοις εκατό ή περισσότερο, από την τελευταία σημαντική κορυφή της. Όσο περισσότερο έχει χάσει, τόσο το καλύτερο. Φυσικά, πρέπει να διαχειριστείτε τα συναισθήματά σας, καθώς όταν η αγορά υποχωρεί έντονα, η ψυχολογία του πλήθους είναι πολύ αρνητική και χρειάζεται να έχεις σιδερένια νεύρα για να πας αντίθετα – αλλά πρέπει να το κάνεις. Ένα παλαιό και γνωστό ρητό της Wall Street λέει ότι *όταν υπάρχει αίμα στους δρόμους, είναι καιρός να αγοράσεις.*

Η αγορά θα είναι φθηνή εάν ο βασικός χρηματιστηριακός δείκτης όπως ο S&P 500, έχει έναν δείκτη PMA σε υπερπωλημένη ζώνη. Αλλά τι είναι ο δείκτης PMA;

196

Ο 'ισχυρός' δείκτης PMA

Ο PMA είναι ένας τεχνικός δείκτης, όπου PMA είναι τα αρχικά για το **P**rice to **M**oving **A**verage (Τιμή προς Κινητό Μέσο) που χρησιμοποιώ, καθώς το βρίσκω πολύ χρήσιμο. Οι τεχνικές πλατφόρμες και εφαρμογές που μπορείτε να βρείτε και να χρησιμοποιείτε, δεν τον έχουν. Βασικά, είναι ένας δείκτης απόκλισης τάσης και εγώ τον υπολογίζω μόνος μου, σε φύλλο excel.

Ο PMA είναι ένας ταλαντωτής, ο οποίος προκύπτει διαιρώντας την *τρέχουσα τιμή*, δηλαδή την τιμή που έχει την εκάστοτε χρονική στιγμή μια μετοχή ή ένας δείκτης στο χρηματιστήριο, με έναν κυρίως αρκετά μακροπρόθεσμο *απλό κινητό μέσο όρο*. Δεν χρησιμοποιώ μικρότερο κινητό μέσο από 200 ημερών, μεγαλύτερο (περισσότερο

$$PMA = \frac{\text{Current Price}}{\text{Moving Average}}$$

μακροχρόνιο) ναι, μικρότερο όχι · και αυτή είναι μια διαφορά με τους δείκτες απόκλισης τάσης που ενδεχομένως, μπορείτε να βρείτε κάπου.

Μπορώ να χρησιμοποιώ τον κινητό μέσο όρο (ΚΜΟ) 300 ημερών ή ακόμα και 600 ημερών.

Στην ακόλουθη εικόνα, σας παρουσιάζω πως μπορούμε να υπολογίζουμε τον δείκτη PMA σε ένα φύλλο excel · η συγκεκριμένη εικόνα, είναι από το spreadsheet που υπολογίζω τον PMA για τον δείκτη S&P 500:

	C201	▼		fx =AVERAGE(B2:B201)		=B201/C201-1	
	A		B		C	D	E
199		2006-03-02		1289,14			
200	Date	2006-03-03	Current	1287,23			
201	Column	2006-03-06	Price	1278,26	1236,27	3,4%	
202		2006-03-07		1275,88	1236,69	3,2%	
203	A	2006-03-08	Column	1278,47	1237,07	3,3%	200 days
204		2006-03-09	B	1272,23	1237,41	2,8%	MA
205		2006-03-10		1281,58	1237,84	3,5%	
206		2006-03-13		1284,13	1238,27	3,7%	Column C
207		2006-03-14		1297,48	1238,78	4,7%	
208		2006-03-15		1303,02	1239,32	5,1%	
209		2006-03-16		1305,33	1239,84	5,3%	
210		2006-03-17		1307,25	1240,39	5,4%	
211		2006-03-20		1305,08	1240,91	5,2%	
212		2006-03-21		1297,23	1241,37	4,5%	
213		2006-03-22		1305,04	1241,87	5,1%	PMA
214		2006-03-23		1301,67	1242,32	4,8%	
215		2006-03-24		1302,95	1242,75	4,8%	Index
216		2006-03-27		1301,61	1243,18	4,7%	Column D
217		2006-03-28		1293,23	1243,57	4,0%	
218		2006-03-29		1302,89	1244,02	4,7%	
219		2006-03-30		1300,25	1244,52	4,5%	

Ο κινητός μέσος (moving average – MA) και ειδικότερα ένας μακροχρόνιος κινητός μέσος όρο (ΚΜΟ), μας δείχνει την μακροχρόνια και εξομαλυμένη τάση του βασικού χρηματιστηριακού δείκτη. Μέσω του μακροχρόνιου ΚΜΟ, εξομαλύνουμε έως και απαλείφουμε τις βράχυ έως μεσοπρόθεσμες διακυμάνσεις των τιμών που συχνά προκαλούν σύγχυση στους επενδυτές, καθώς αυτές συχνά πυκνά, οφείλονται στο speculation. Συνεπώς, μέσω του PMA Index βλέπουμε σε κάθε χρονική στιγμή, την ανοδική ή καθοδική απόκλιση της τιμής ως προς την εξομαλυμένη τάση, που παρουσιάζεται μέσω ενός μακροχρόνιου ΚΜΟ. Μπορούμε να πούμε ότι ο PMA καταδεικνύει την ένταση της υπεραντίδρασης της αγοράς συγκριτικά με έναν μακροχρόνιο ΚΜΟ, για τον οποίο νομίζω ότι επειδή ο ΚΜΟ είναι αρκετά μακροχρόνιος, αντανακλά στην δυναμική δίκαιη αξία. Με άλλα λόγια, ο PMA μας δείχνει την θετική ή αρνητική απόκλιση των τρεχουσών τιμών συγκριτικά με την θεωρητική δυναμική δίκαιη αξία.

• Εάν βλέπουμε μια μεγάλη θετική απόκλιση, όταν δηλαδή η τρέχουσα τιμή έχει κινηθεί πολύ – πολύ πιο πάνω από τον μακροχρόνιο ΚΜΟ, καταδεικνύει ότι ο βασικός χρηματιστηριακός δείκτης είναι υπεραγορασμένος και έτσι, πιθανόν να βρίσκεται κοντά σε μια σημαντική κορυφή. Σε αυτές τις overbought συνθήκες, οι τιμές (του υποκείμενου δείκτη, π.χ. του S&P 500) είναι συχνά ακριβές με υψηλά P/E, υψηλές Τιμές προς Λογιστικές Αξίες (Prices to Book Values –P/BV), μικρές μερισματικές αποδόσεις κ.λπ..

• Εάν βλέπουμε μεγάλη αρνητική απόκλιση, που συμβαίνει όταν οι τρέχουσες τιμές έχουν κινηθεί πολύ – πολύ χαμηλότερα σε σχέση με τον μακροχρόνιο ΚΜΟ, καταδεικνύεται εντόνως ότι ο βασικός χρηματιστηριακός δείκτης είναι υπερπουλημένος (oversold) και έτσι, είναι πιθανόν να βρισκόμαστε κοντά σε έναν σημαντικό πυθμένα. Σε αυτήν την oversold κατάσταση, οι τιμές είναι συχνά φθηνές με χαμηλά P/E, χαμηλά P/BV, μεγάλες μερισματικές αποδόσεις κ.λπ..

Ο PMA σε πραγματικές συνθήκες...

Το κάτωθι γράφημα δείχνει στο πάνω μέρος τον S&P 500 με τον κινητό μέσο του, των 200 ημερών (κόκκινη απαλή γραμμή). Η γκρίζα ευθεία γραμμή είναι η γραμμική παλινδρόμηση. Το γράφημα στο κάτω μέρος, δείχνει τον δείκτη PMA στην ίδια χρονική περίοδο με τον S&P. Μπορούμε να προσέξουμε ότι μετά την bear market της περιόδου 2008-09, ο PMA έπεσε στο -30% και μάλιστα για ελάχιστα, άγγιξε το -40%.

Όταν βλέπετε τον PMA σε επίπεδα μεταξύ -30% και -40% είναι σχεδόν σίγουρο ότι η αγορά θεωρείται υπερπουλημένη (oversold), ο πανικός θα είναι το κυρίαρχο συναίσθημα στο πλήθος των επενδυτών και οι τιμές των μετοχών θα είναι χαμηλές από θεμελιώδη οπτική.

Ακόμα περισσότερο, όταν βρισκόμαστε σε μια bear market, είναι πολύ πιθανό ότι θα έχουμε ένδειξη του βασικού πυθμένα από τον PMA, όταν ο PMA πέσει σε επίπεδα του -30% με -40%. Και αυτό διότι ο πανικός επικρατεί και ωθεί όσους έχουν μετοχές στην κατοχή τους να τις πουλήσουν, παρά το γεγονός η προηγηθείσα πτώση της αγοράς έχει προσαρμόσει τις τιμές σε τουλάχιστον, δίκαια επίπεδα αποτίμησης για έναν επενδυτή με μακροχρόνιο ορίζοντα.

Αντιθέτως, όταν η αγορά είναι bullish για *αρκετό καιρό*, προσέξτε ότι ο PMA δεν θα σας δείξει αναγκαστικά την κορυφή που η αγορά θα γυρίσει σε bear, από τα υψηλά επίπεδα θετικής απόκλισης · κοιτάξτε ξανά στο γράφημά μας με τον PMA και τον S&P 500: μετά την ουσιαστικά ακριβέστατη κατάδειξη Του πυθμένα, ο PMA μετά από μερικούς μήνες πήγε στο +20% και μετά γύρισε προς τα κάτω · μάλιστα γύρισε σε αρνητικός, βραχυπρόθεσμα. Αλλά αυτά είναι κοινές τεχνικές εσφαλμένες ενδείξεις που μπορείτε όμως να τις κατανοήσετε ως τέτοιες, καθώς:

α. Η αγορά μετά από μια μεγάλη υποχώρηση, είναι πολύ πιθανό ότι όταν έρθει η ώρα της ανάκαμψης, είναι πολύ πιθανό ότι αυτή θα γίνει ταχέως και επιθετικά. Αυτή η κατάσταση οδηγεί από έντονα αρνητικές τιμές του PMA όπως -30% σε υψηλά θετικά επίπεδα όπως +20% σε εύρος μερικών μηνών.

β. Οι τιμές των μετοχών σε αυτές τις τεχνικές εσφαλμένες ενδείξεις, παραμένουν θεμελιωδώς ελκυστικές · με κανέναν τρόπο δεν μπορούν να θεωρηθούν ακριβές. Βασικοί θεμελιώδεις δείκτες όπως τα P/E, P/BV, DY% κ.ά., παραμένουν δελεαστικοί.

γ. Μπορείτε προκειμένου να φιλτράρετε τις τεχνικές εσφαλμένες ενδείξεις, να χρησιμοποιείτε την *γραμμή γραμμικής παλινδρόμησης* (linear regression trendline) – βεβαίως αυτή η γραμμή πρέπει να είναι μακροχρόνια, όπως για περίοδο δέκα ετών, για να εμπεριέχει καλές και κακές περιόδους. Εάν οι τιμές φαίνονται από τον PMA ή από οποιονδήποτε άλλον τεχνικό δείκτη, υπεραγορασμένες αλλά οι τιμές παραμένουν κάτω από την linear regression trendline, οι πιθανότητες είναι πως οι τιμές δεν θα είναι εντέλει ακριβές.

δ. Κοιτάξτε τις συνθήκες του ευρύτερου οικονομικού περιβάλλοντος και τις διαφαινόμενες προοπτικές. Εάν αυτές είναι θετικές, φαίνεται πιο συνετό να μείνετε εντός αγοράς. Άλλωστε και όπως έχουμε πει, δεν είναι συνετό να μπαινοβγαίνετε από την αγορά συχνά.

Κοιτάξτε για συνδυασμό των παραπάνω σημείων.

Πότε εισερχόμεθα;

Είναι καιρός να εισέλθουμε στην αγορά όταν οι τιμές είναι χαμηλές. Μπορείτε να τοποθετηθείτε στην αγορά με σχετική ασφάλεια, χρησιμοποιώντας διάφορες αλλά απλές τεχνικές.

Η αγορά είναι φθηνή εάν βρίσκουμε πλήθος καλών εταιριών με χαμηλά P/E και γενικά χαμηλές (φθηνές) αποτιμήσεις σε επίπεδο θεμελιωδών μεγεθών · γι'αυτό, μπορείτε να παρακολουθείτε το P/E της όλης αγοράς και τον δείκτη της συνολικής χρηματιστηριακής αξίας ή αλλιώς συνολικής κεφαλαιοποίησης ως προς το ΑΕΠ, όπως επίσης και άλλους δείκτες όπως Τιμή προς Πωλήσεις, Μερισματικές Αποδόσεις κ.λπ..

Η αγορά είναι φθηνή εάν τεχνικοί δείκτες δείχνουν κατάσταση υπερπουλημένου στάτους (oversold) και εάν έχει προηγηθεί μια μεγάλη υποχώρηση των τιμών.

Εάν θέλετε να είστε λίγο περισσότερο ασφαλής, ακόμα και εάν έχετε έναν συνδυασμό των παραπάνω, μπορείτε να περιμένετε μέχρι να λάβετε επιβεβαίωση από τις γραμμές τάσης (trend lines).

Είναι καιρός να εισέλθουμε στην αγορά όταν παρατηρούνται όλες οι παραπάνω ενδείξεις και μετά από μια πτωτική (bear) αγορά, παρατηρούμε ανοδική διάσπαση της γραμμής καθοδικής τάσης.

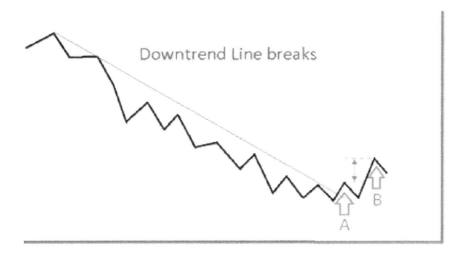

Μπορούμε να εισέλθουμε είτε στο σημείο Α, όπου συμβαίνει η διάσπαση προς τα πάνω της γραμμής καθοδικής τάσης ή αν θέλουμε να είμαστε περισσότερο ασφαλείς και να αποφύγουμε πιθανές λανθασμένες τεχνικές ενδείξεις (whipsaws), μπορούμε να περιμένουμε για το σημείο εισόδου Β το οποίο θα ισχύσει εάν η αγορά πετύχει μια δεύτερη ευδιάκριτη υψηλότερη κορυφή, που θα διαμορφώνει τι; Μια bull market!

Πότε εξερχόμεθα;

Είναι καιρός να εξέλθουμε από την αγορά όταν οι τιμές είναι υψηλές, ακόμα περισσότερο εάν είναι πολύ υψηλές. Στην πραγματικότητα, είναι δύσκολο να καταλάβουμε πότε συμβαίνει αυτό. Το δύσκολο πράμα όταν είμαστε εντός της αγοράς, είναι να έχουμε καθαρό μυαλό και να θέτουμε στην άκρη τα συναισθήματά μας.

Όταν είμαστε εντός της αγοράς, έχουμε λάβει επενδυτικές θέσεις στοχεύοντας να κερδίσουμε. Ίσως να κερδίζουμε ήδη ή να εισήλθαμε στην αγορά μόλις λίγο καιρό πριν και δεν είχαμε την ευκαιρία να κερδίσουμε ακόμα. Σε κάθε περίπτωση, θέλουμε να κερδίσουμε ή να κερδίσουμε κάτι τι περισσότερο. Με αυτήν μας την στάση, εμπλεκόμαστε συναισθηματικά.

Υπάρχει πλήθος 'εργαλείων' που δείχνουν μια ακριβή αγορά αλλά είναι *ένα πολύ κοινό λάθος, να αγνοούμε τις ενδείξεις τους · νομίζουμε ότι αυτή την φορά θα είναι διαφορετικά, ότι αυτή την συγκεκριμένη φορά, μπορούμε να γίνουμε πραγματικά πλούσιοι. Και μπορείς να γίνεις πλούσιος από τις χρηματιστηριακές αγορές αλλά όχι από μια φορά μόνο, όχι μόνο από μια σημαντική κίνηση της αγοράς.*

Για αυτό να μένετε εστιασμένοι και να βλέπετε τα σημάδια: η αγορά είναι ακριβή εάν η πλειοψηφία των μετοχών είναι υψηλά αποτιμημένες, εάν πωλούνται με υψηλά πολλαπλάσια P/E (γύρω στο 19x και πλέον) ή αν δείκτες όπως Τιμή προς Πωλήσεις ή Τιμή προς Λογιστική Αξία είναι υψηλοί, εάν έχουν πολύ μικρές μερισματικές αποδόσεις κ.λπ..

Η αγορά είναι ακριβή εάν:
• υπάρχουν σοβαροί κίνδυνοι στην οικονομία και στο οικονομικό περιβάλλον αυξάνεται η ανασφάλεια
• υπάρχει απουσία σοβαρών αναπτυξιακών προοπτικών
• τεχνικοί δείκτες δείχνουν κατάσταση σημαντικά υπεραγορασμένη (overbought) όπως επίσης, αποκλίσεις εμφανίζονται, εξασθενεί η ανοδική τάση, δείχνεται αντιστροφή και μορφώνονται γραφήματα πτωτικά (bear). Η ένδειξη είναι πολύ πιο ισχυρή εάν έχει προηγηθεί μια μεγάλη σε ένταση και χρόνο άνοδος των τιμών.

Εάν θέλετε να είστε λίγο πιο ασφαλείς, ακόμα και εάν έχετε τον συνδυασμό των παραπάνω (και πρέπει να έχετε τον συνδυασμό των παραπάνω ως κανόνα), μπορείτε να αναμένετε μέχρι να έχετε επιβεβαίωση και από τις βασικές γραμμές τάσης (trend lines).

Όταν βρισκόσαστε σε μια bull market και φαίνεται ακριβή και ίσως είναι, και αποκομίζετε ήδη κέρδη, παραμένετε εντός, καθώς σε πολλές περιπτώσεις, σε μια bull market οι ακριβές μετοχές συνεχίζουν ανοδικά και γίνονται ακριβότερες. Θα είστε βεβαίως σε συναγερμό αλλά παραμένετε στην αγορά, για όσο καιρό παρατηρείτε την διατήρηση της βασικής γραμμής ανοδικής τάσης. Για όσο καιρό συμβαίνει αυτό, η αγορά θα παραμένει bull, ανεξαρτήτως εάν οι μετοχές καθίστανται ολοένα και ακριβότερες. Δεν σας ενδιαφέρει καθώς κερδίζετε από αυτήν την υπερβολή της αγοράς. Δεν έχετε ακούσει ότι οι τάσεις είναι φίλες μας;

Αλλά είπαμε ότι παραμένετε σε συναγερμό! Είναι καιρός να εξέλθετε της αγοράς, όταν έχετε τις παραπάνω ενδείξεις και μετά από μια έντονα ανοδική αγορά (bull), παρατηρείται θραύση της γραμμής ανοδικής τάσης, προς τα κάτω (βλ. εικόνα).

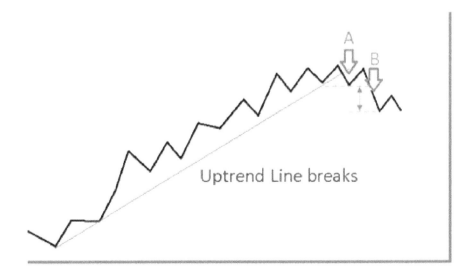

Uptrend Line breaks

Μπορούμε να εξέλθουμε είτε στο σημείο Α, όπου έχουμε την διάσπαση της γραμμής ανοδικής τάσης ή αν θέλουμε να είμαστε περισσότερο ασφαλείς και να αποφύγουμε πιθανά whipsaws, μπορούμε να περιμένουμε για το σημείο εξόδου Β το οποίο θα διαμορφωθεί εάν η αγορά πέσει παρακάτω από τον προηγούμενο βασικό της πυθμένα, ακόμα περισσότερο εάν η τελευταία κορυφή που θα σχηματιστεί, διαμορφωθεί σε επίπεδα χαμηλότερα από την αμέσως προηγούμενη, διαμορφώνοντας έτσι σχηματισμό bear market: έχουμε μια bear market εάν η τοπική κορυφή μορφώνεται σε επίπεδα χαμηλότερα από την αμέσως προηγούμενη και παρομοίως και με τους πυθμένες.

Το 'αλατοπίπερο'!

Όπως είπαμε πριν, όταν επιλέγεις μετοχές με τυχαίο τρόπο, μπορεί να επιλέξεις και μερικές κακές. Φτάσαμε στο σημείο που θα περιγράψουμε πως μπορούμε να αναγνωρίζουμε αυτές τις κακές επιλογές και να τις αφαιρούμε από το χαρτοφυλάκιό μας, αντικαθιστώντας τες με άλλες. Πως θα το κάνουμε αυτό;

Θυμάστε το χαρτοφυλάκιο τυχαίων επιλογών της γυναίκας μου; Η συνολική του απόδοση από τον Ιανουάριο 2011 έως και τον Μάρτιο του 2015 ήταν +93,0% παρόλο που δύο μετοχές παρουσίασαν πολύ έντονα αρνητικές αποδόσεις: η Zogenix (με σύμβολο ZGNX) και η ZaZa Enenrgy (ZAZA) με -78,3% and -99,1% αντίστοιχα.

Την χρονική στιγμή που θεωρητικά εισήλθαμε στην αγορά (αρχή Ιανουαρίου 2011) και επιλέξαμε τις μετοχές, το κάναμε διότι η αγορά είχε τα χαρακτηριστικά που σας ανέλυσα πριν και καταδεικνύουν μια χαμηλά αποτιμούμενη αγορά που είχε ήδη διαμορφώσει ανοδική τάση. Αυτό υπαγορεύει ότι οι τυχαία επιλεγμένες μετοχές μας πρέπει να συμπεριφέρονται σωστά, με άλλα λόγια να κινούνται προς τα πάνω. Αλλά η ZGNX και ZAZA συμπεριφέρθηκαν άσχημα · κινούνταν προς τα κάτω, αντίθετα από ό,τι έκανε η αγορά συνολικά. Η ZGNX και η ZAZA είχαν συμπεριφορά bearish τότε, όταν θα έπρεπε να είχαμε εκλάβει αυτές ως 'κακούς σπόρους' στο χαρτοφυλάκιό μας που βλάπτουν την ανάπτυξή του. Συνεπώς και απλά, θα έπρεπε να τις θέσουμε εκτός του χαρτοφυλακίου μας. Αυτό σημαίνει ότι πρέπει να έχουμε μια στρατηγική εξόδου (exit strategy) για τις τυχόν κακές επιλογές.

Προσέξτε δε, ότι θα έπρεπε να τις ξεφορτωθούμε, τότε στις αρχές, πουλώντας τες το συντομότερο δυνατόν.

Για να το κάνουμε αυτό, γενικά, μπορούμε να χρησιμοποιήσουμε δύο τρόπους:

Πρώτον, εάν οι τυχαία επιλεγμένες μετοχές μας παραμένουν με καθοδικό μοτίβο (bearish), παρακολουθούμε για λίγο τα γραφήματά τους ... και τις πουλάμε εφόσον κινούνται αντίθετα από αυτό που θα έπρεπε. Και τι θα έπρεπε; Αφού η γενικότερη αγορά θα ήταν ανοδική και γι' αυτό εισήλθαμε, θα έπρεπε και αυτές να κινούνται ανοδικά και μάλιστα, ενδεχομένως και επιθετικότερα από τον βασικό χρηματιστηριακό δείκτη.

Δεύτερον, θέτουμε στις τυχαία επιλεγμένες μετοχές μας, όρια παύσης ζημιών (stop loss limits). Δεδομένου ότι εισήλθαμε στην αγορά κατά την χρονική στιγμή που αισθανθήκαμε ότι έχει χαμηλές, φθηνές τιμές, ένα καλό όριο stop loss, δεν θα έπρεπε να είναι πολύ μικρό όπως π.χ. μόλις 5%. Θεωρώ ότι υπό αυτές τις συνθήκες είναι καλό το stop loss να είναι 20% · όχι πολύ μικρό για να μας οδηγήσει σε ρευστοποίηση της θέσης μας σε μια μικρή ή και νορμάλ διακύμανση της αγοράς, ούτε όμως και πολύ μεγάλο, έτσι ώστε να χάνει την χρησιμότητά του. Αλλά σίγουρα, για τα επίπεδα stop loss, αποφασίζει ο καθένας από μόνος του για το δικό του χαρτοφυλάκιο, σύμφωνα με τις ανάγκες του και ανασφάλειά του.

Προσοχή! Τα όρια stop loss limits πρέπει να είναι καθορισμένα πριν εισέλθουμε στην αγορά και με κανέναν τρόπο, δεν πρέπει να τα αλλάζουμε όταν πλέον έχουμε τοποθετηθεί. Το stop loss που αλλάζουν, δεν οδηγούν σε έξοδο, συνεπώς δεν σταματούν τις ζημιές και είναι άκυρα σαν να μην τα είχαμε θέσει.

Συστηματοποιώντας όπως περιγράφηκε, την είσοδό μας στην αγορά και πηγαίνοντας πίσω στο παράδειγμά μας, θα έπρεπε να είχαμε αποβάλει τους 'κακούς σπόρους' από το χαρτοφυλάκιό μας, που ενεργούσαν σαν βαρίδια · τους 'κακούς σπόρους' που μείωναν την συνολική μας απόδοση. Συνεπώς, μετοχές όπως η ZGNX και η ZAZA θα έπρεπε να είχαν πουληθεί μάλλον σύντομα αφότου αγοράστηκαν.

Δείτε για παράδειγμα το γράφημα της ZAZA: Μπορούμε να δούμε το σημείο εισόδου, πίσω τον Ιανουάριο του 2011 (entry point). Καθώς θα παρατηρούσαμε σχεδόν αμέσως ότι η μετοχή αντί να πάει προς τα πάνω (όπως έκανε εκείνη την περίοδο η ευρύτερη αγορά), κινούνταν πτωτικά, οι τεχνικές ενδείξεις (bearish pattern) όπως επίσης και τα προκαθορισμένα stop loss, θα έπρεπε να μας είχαν οδηγήσει στο να πουλήσουμε την μετοχή αυτή, όπως φαίνεται στο γράφημα. Το ακριβές σημείο εξόδου εξαρτάται στην οπτική και ιδιοσυγκρασία του κάθε επενδυτή – η δική μου οπτική μπορεί να διαφέρει από την δική σας, μπορεί να υπάρχουν μεγαλύτερα ή μικρότερα stop loss κ.λπ.. Όμως είναι βέβαιον, ότι ένας επενδυτής που ενεργεί βάσει συστήματος, θα εξέρχονταν από αυτή την 'νοσηρή' επιλογή κοντά στον κύκλο που αναφέρεται ως σημείο εξόδου (exit point), κάποιος ίσως λίγο πιο σύντομα, άλλος ίσως λίγο αργότερα.

Το ουσιώδες είναι ότι μια συστηματοποιημένη είσοδος, θα αναγνωρίσει σύντομα τους 'κακούς σπόρους' και σύμφωνα με το σύστημά μας, θα τους αποβάλλουμε γρήγορα από το χαρτοφυλάκιό μας, σώζοντας ένα σημαντικό μέρος των χρημάτων που τοποθετήθηκαν σε αυτήν την ατυχή επιλογή και αντί τα χρήματά μας να εξαερώνονται από μια μετοχή που αποδίδει πολύ άσχημα, θα έχουμε την ευκαιρία να τα τοποθετήσουμε ξανά αλλού, σε μια άλλη μετοχή. Πως; Ξανά, παθητικά ή τυχαία. Δεν έχουμε λόγο να το αλλάξουμε αυτό, διότι ως κανόνα, είναι επιτυχές και επικερδές.

Συμβουλή: προκειμένου να μην μειώσουμε την διασπορά μας, δεν θα πρέπει να τοποθετήσουμε αυτά τα χρήματα που σώσαμε, σε μια μετοχή / ETF κ.λπ. που ήδη έχουμε. Πρέπει να τα τοποθετήσουμε σε κάτι νέο.

Τώρα, εάν κοιτάξετε πίσω στη Απόδοση στον Πίνακα με το χαρτοφυλάκιο των τυχαίων επιλογών της γυναικός μου (σελίδα 123), θα παρατηρήσετε ότι οι μικρότερες θετικές αποδόσεις ήταν +3,4%, +22,0% και +23,3%. Ο μέσος όρος αυτών των μικρότερων θετικών αποδόσεων είναι +16,2%. Αντικαθιστώντας τους δύο 'κακούς σπόρους' με δυο καλούς, με μια απόδοση της τάξης του +16,2% η κάθε μία, θα μας οδηγούσε σε απόδοση +110% συγκρινόμενη με το +93% όταν το τυχαίο χαρτοφυλάκιό μας, περιείχε δύο 'κακούς σπόρους'.

Η ετησιοποιημένη απόδοση αυτού του ελαφρώς αλλαγμένου τυχαία επιλεγμένου χαρτοφυλακίου και για τον γνωστό μας χρονικό ορίζοντα, είναι **+19,1%** συγκριτικά με το +16,8% που ήταν αρχικά όταν περιείχε μέχρι το τέλος της περιόδου δοκιμής τους δύο 'κακούς σπόρους', μειώνοντας την απόδοσή του. Η ετησιοποιημένη απόδοση του S&P 500 στο ίδιο χρονικό πλαίσιο ήταν +12,1%. Συνεπώς το τυχαία επιλεγμένα χαρτοφυλάκιό μας με τις αρχικές επιλογές (που περιείχε δύο 'κακούς σπόρους') υπερέβη κατά 4,6 ποσοστιαίες μονάδες ετησίως, ένα benchmark όπως ο S&P 500 που η μεγάλη πλειοψηφία των επαγγελματιών επενδυτών και Κεφαλαίων, κατά κύριο λόγο υποαποδίδουν απέναντί του. Και το ελαφρώς ενεργά διαχειριζόμενο τυχαία επιλεγμένο χαρτοφυλάκιό μας, κέρδισε μακράν τον S&P, με σχεδόν 7 ποσοστιαίες μονάδες (!), όταν φανερά οι αποκαλούμενοι 'ειδικοί' αποτυγχάνουν σημαντικά και ως κανόνα, έναντι του S&P 500. Εφτά ποσοστιαίες μονάδες, είναι μια τεράστια διαφορά σε ετήσια βάση.

Κρατήστε στο μυαλό σας σε αυτή την μικρή αλλαγή που έκανα στη σύνθεση του χαρτοφυλακίου δοκιμής μας και που ο καθένας θα μπορούσε να κάνει εύκολα, με δύο αντικαταστάτριες μετοχές που θα αντικαθιστούσαν τους δύο 'κακούς σπόρους':

1. Πέτυχα μια αξιοπρόσεκτη βελτίωση σε όρους ετήσιας απόδοσης κατά 2,3 ποσοστιαίες μονάδες (19,1% έναντι 16,8%) (!)

2. Έλαβα υπόψη μου θεωρητικά, μάλλον *συντηρητική* θετική απόδοση (τον μέσο όρο των τριών μικρότερων θετικών αποδόσεων). Η απόδοση συνεπώς, θα μπορούσε να είναι ακόμα πιο μεγάλη, εάν ήσασταν ή ήμασταν τυχεροί και επιλέγαμε μετοχές που θα 'τρέχανε' περισσότερο.

Τώρα, ας υποθέσουμε ότι η μέση ετήσια απόδοση του S&P 500 για τα επόμενα 30 από σήμερα έτη, θα είναι 6,0%, μια λογική έως και συντηρητική απόδοση βάσει των ιστορικών δεδομένων του 20ου αιώνα μέχρι και σήμερα. Με την μέθοδο της παθητικής και τυχαίας επένδυσης που θα ακολουθήσετε, μπορείτε να πετύχετε μία ακόμα ποσοστιαία μονάδα στην απόδοση, σε ετήσια βάση, που και αυτό φάνηκε ότι είναι κάτι εφικτό. Ρίξτε μια ματιά στον ακόλουθο Πίνακα, ο οποίος λαμβάνει υπόψη του μέση ετήσια απόδοση της τάξεως του 7% και 8%, να δείτε τι μπορείτε να καταφέρετε, επενδύοντας διάφορα ποσά (για επένδυση 10 χιλιάδων, 20 χιλιάδων, 30 χιλιάδων και 50 χιλιάδων · η αριστερή στήλη παρουσιάζει τα έτη).

Σημειώστε ότι οι *παραπάνω* επιδόσεις είναι με το να πετύχετε αποδόσεις 7 ή 8% ετησίως και μόνο βάσει του αρχικού κεφαλαίου, που το παρουσιάζουμε σε διάφορες χρηματικές κλίμακες, χωρίς να προσθέτετε κάποιο ποσό στα χρόνια που ακολουθούν. Ο επόμενος Πίνακας με την σειρά του, δείχνει το ίδιο πράγμα, αλλά με την διαφορά ότι κάθε χρόνο προστίθεται στην επένδυση ποσό $1.000 · με άλλα λόγια και ως παράδειγμα, βάζετε αρχικά $10.000 και μετά, στο ξεκίνημα κάθε έτους, προσθέτετε άλλα $1.000. Οι μακροχρόνιες αποδόσεις με τον ανατοκισμό να δρα, κτίζονται ως ακολούθως:

Year	Initial Ammounts ($) • Adding $1,000 each year							
	$10.000		$20.000		$30.000		$50.000	
	With 7%	With 8%	With 7%	With 8%	With 7%	With 8%	With 7%	With 8%
1	11,770.00	11,880.00	22,470.00	22,680.00	33,170.00	33,480.00	54,570.00	55,080.00
2	13,663.90	13,910.40	25,112.90	25,574.40	36,561.90	37,238.40	59,459.90	60,566.40
3	15,690.37	16,103.23	27,940.80	28,700.35	40,191.23	41,297.47	64,692.09	66,491.71
4	17,858.70	18,471.49	30,966.66	32,076.38	44,074.62	45,681.27	70,290.54	72,891.05
5	20,178.81	21,029.21	34,204.33	35,722.49	48,229.84	50,415.77	76,280.88	79,802.33
6	22,661.32	23,791.55	37,668.63	39,660.29	52,675.93	55,529.03	82,690.54	87,266.52
7	25,317.62	26,774.87	41,375.43	43,913.11	57,433.25	61,051.36	89,548.88	95,327.84
8	28,159.85	29,996.86	45,341.71	48,506.16	62,523.57	67,015.46	96,887.30	104,034.07
9	31,201.04	33,476.61	49,585.63	53,466.66	67,970.22	73,456.70	104,739.41	113,436.79
10	34,455.11	37,234.74	54,126.63	58,823.99	73,798.14	80,413.24	113,141.17	123,591.74
11	37,936.97	41,293.52	58,985.49	64,609.91	80,034.01	87,926.30	122,131.05	134,559.08
12	41,662.56	45,677.00	64,184.47	70,858.70	86,706.39	96,040.40	131,750.22	146,403.80
13	45,648.94	50,411.16	69,747.39	77,607.39	93,845.84	104,803.63	142,042.74	159,196.11
14	49,914.36	55,524.05	75,699.71	84,895.99	101,485.05	114,267.92	153,055.73	173,011.80
15	54,478.37	61,045.97	82,068.68	92,767.67	109,659.00	124,489.36	164,839.63	187,932.74
16	59,361.85	67,009.65	88,883.49	101,269.08	118,405.13	135,528.50	177,448.40	204,047.36
17	64,587.18	73,450.42	96,175.34	110,450.60	127,763.49	147,450.79	190,939.79	221,451.15
18	70,178.29	80,406.46	103,977.61	120,366.65	137,776.93	160,326.85	205,375.58	240,247.24
19	76,160.77	87,918.97	112,326.04	131,075.99	148,491.32	174,233.00	220,821.87	260,547.02
20	82,562.02	96,032.49	121,258.87	142,642.06	159,955.71	189,251.64	237,349.40	282,470.78
21	89,411.36	104,795.09	130,816.99	155,133.43	172,222.61	205,471.77	255,033.86	306,148.44
22	96,740.16	114,258.70	141,044.18	168,624.10	185,348.19	222,989.51	273,956.23	331,720.32
23	104,581.97	124,479.40	151,987.27	183,194.03	199,392.57	241,908.67	294,203.16	359,337.94
24	112,972.71	135,517.75	163,696.38	198,929.55	214,420.05	262,341.36	315,867.39	389,164.98
25	121,950.80	147,439.17	176,225.12	215,923.92	230,499.45	284,408.67	339,048.10	421,378.17
26	131,557.35	160,314.30	189,630.88	234,277.83	247,704.41	308,241.36	363,851.47	456,168.43
27	141,836.37	174,219.44	203,975.04	254,100.06	266,113.72	333,980.67	390,391.07	493,741.90
28	152,834.91	189,237.00	219,323.30	275,508.06	285,811.68	361,779.13	418,788.45	534,321.26
29	164,603.36	205,455.96	235,745.93	298,628.71	306,888.50	391,801.46	449,173.64	578,146.96
30	177,195.59	222,972.44	253,318.14	323,599.01	329,440.69	424,225.57	481,685.79	625,478.71

Παρατηρείστε τις διαφορές αποδόσεων μεταξύ των δύο τελευταίων πινάκων: Εάν κάποιος είχε τοποθετήσει αρχικά $10.000, με το να προσθέτει $1.000 ετησίως, μετά 30 έτη, θα έχει αποκομίζει $177.196

συγκρινόμενα με μόλις $76.123 εάν απλά είχε επενδύσει αρχικά $10.000 χωρίς να προσθέτει στην ακόλουθη περίοδο. Αυτές οι ετήσιες προσθέσεις, αν και αντικειμενικά μικρές, ενισχύουν σημαντικά τις επιδόσεις. Είναι η **δύναμη του ανατοκισμού** · κατανοήστε το. Όσο συντομότερα, τόσο το καλύτερο για εσάς.

Πως σας φαίνονται λοιπόν οι αποδόσεις που παρουσιάζουν οι δύο προηγούμενοι πίνακες;

Τώρα σκεφτείτε όμως ότι μπορείτε να τα καταφέρετε ακόμα καλύτερα. Οι αποδόσεις των δύο προηγούμενων πινάκων, είναι μάλλον συντηρητικές · εάν χρησιμοποιήσετε τον ισχυρό ταλαντωτή PMA που σας παρουσίασα, θα έχετε την ευκαιρία να εκμεταλλευτείτε ένα καλύτερο timing: χρησιμοποιώντας τον PMA και με συνδυασμό άλλων χαρακτηριστικών μιας μη ακριβής, χαμηλά αποτιμούμενης αγοράς, θα σας επιτρέψει να αναγνωρίσετε αποτελεσματικά και γρήγορα, το σημείο εισόδου. Το συντομότερο που θα εισέλθετε σε μια bull market, τόσο μεγαλύτερα τα απόλυτα κέρδη που θα πετύχετε, καθώς μεγάλο μέρος των κερδών παράγονται κυρίως στα αρχικά στάδια μιας ανοδικής αγοράς. Γι'αυτό το πλήθος που εισέρχεται με καθυστέρηση, δεν επιτυγχάνει αρκετά καλές αποδόσεις. Το πρωινό πουλί πιάνει στο σκουλήκι.

Εάν χρησιμοποιήσετε όλα τα παραπάνω, θα έχετε τη δυνατότητα να πετύχετε αποδόσεις της τάξεως του 9% ετησίως που μπορούν να ωθήσουν πολύ τα μακροχρόνια απόλυτα κέρδη σας. Ας ελέγξουμε την υπόθεσή μας. Αντί του να εισέλθουμε στην αγορά στην περίπτωση του χαρτοφυλακίου Α έως Ζ, τον Μάρτιο του 2010, χρησιμοποιώντας τον PMA συνδυαστικά με άλλες θεμελιώδεις και τεχνικές ενδείξεις, όπως περιγράψαμε, θα μπορούσατε να είχατε εισέλθει στην αγορά κάπου κοντά στον Ιούνιο του 2009, *περί των εννέα μηνών νωρίτερα* · τα απόλυτα καθαρά κέρδη σας από τον Ιούνιο του 2009 ως τον Μάιο του 2015, θα ήταν $15.627 αντί περίπου $13.000 που θα είχατε εάν είχατε εισέλθει στην αγορά τον

Μάρτιο του 2010 ($2.627 περισσότερα). Η ετησιοποιημένη απόδοση του τυχαίου χαρτοφυλακίου Α έως Ζ, από τον Ιούνιο του 2009 ως τον Μάιο του 2015, είναι περισσότερο από 20% · συνεπώς εάν εξασφαλίσετε αυτά τα κέρδη από μια τόσο καλή περίοδο, γιατί να μην πετύχετε μια ετησιοποιημένη απόδοση της τάξεως του 9% σε βάθος χρόνου; Μπορείτε να το καταφέρετε – και μπορείτε να κερδίζετε (περισσότερα) στις bull markets όπως επίσης (αλλά αρκετά λιγότερο) στις bear markets αλλάζοντας τις long θέσεις σας με short. Χάρη στον John Bogle, σήμερα έχουμε μια ποικιλία από ETF · μερικά από αυτά είναι για σορτάρισμα δεικτών, νομισμάτων, εμπορευμάτων κ.λπ..

Να θυμάστε ότι *όταν είστε σε bear market, μπορείτε επίσης να κερδίζετε* μέσω ενός short ETF πάνω στον βασικό χρηματιστηριακό δείκτη αλλά *αυτές οι θέσεις θα πρέπει να είναι εξ ορισμού βραχυχρόνιες,* καθώς οι αρκούδες έχουν – ως κανόνα – χαμηλό προσδόκιμο ζωής συγκριτικά με τους ταύρους.

Καθόλου άσχημα, ε; Αισθάνεστε άπληστοι; *Διατηρήστε την ψυχραιμία σας, ελέγξτε τα συναισθήματά σας, ακολουθείστε τους κανόνες.* Όχι μόνο για τώρα, αλλά για πάντα · αυτός είναι ο μόνος αληθινός δρόμος για την επιτυχία στις χρηματιστηριακές αγορές.

Keep Calm
and Read on

Ο τρόπος για να κτίσετε ένα ανατοκιζόμενο χαρτοφυλάκιο

Σας έδειξα ότι η μακροχρόνια επένδυση αποδίδει μακράν πολύ πιο ικανοποιητικά. Εάν μπορείτε να προσθέτετε κάποια κεφάλαια σε τακτική βάση όπως μια φορά ή δύο ετησίως, θα εκμεταλλευτείτε καλύτερα το πλεονέκτημα της δύναμης του ανατοκισμού, κάτι που θα βοηθήσει το χαρτοφυλάκιό σας να αναπτυχθεί και να ευδοκιμήσει συντομότερα.

Ο καλύτερος τρόπος είναι να βάζετε στην άκρη κάποια χρήματα για να τα επενδύσετε, κάθε μήνα. Σαν παράδειγμα, εάν βγάζετε $2.500 από τον μηνιαίο μισθό σας, υποθέστε ότι βγάζετε $2.200, ζήστε με αυτό το ποσό και βάλτε στην άκρη τα $300 · συμπεριφερθείτε ως αυτά τα $300 να μην υπάρχουν · κάντε το κάθε μήνα και ακόμα και εάν είστε χαμηλοαμειβόμενος, ζήστε ως ένας αρχαίος σπαρτιάτης και αποταμιεύστε ένα μερίδιο του τακτικού εισοδήματός σας για επένδυση. **Θέστε την αποταμίευση για επένδυση, ως νούμερο ένα προτεραιότητα στη ζωή σας**. Επενδύστε με τον τρόπο που σας λέω και αργότερα, θα είστε ευγνώμονες για αυτό.

Προκειμένου να κερδίσετε, πρέπει να ακολουθείτε τις συνθήκες της αγοράς, όταν αυτές είναι σωστές ή βολικές. Δεν μπορείτε εσείς να επιβάλλετε τις συνθήκες. Η αγορά σας αγνοεί · εσείς είστε που πρέπει να ακολουθήσετε τον χορό της αγοράς και όχι αντίθετα – και έχετε τα εργαλεία για να το κάνετε.

Ένας *πετυχημένος επενδυτής πρέπει να έχει την υπομονή ενός ψαρά.* Οι ψαράδες δεν επιβάλλουν στα ψάρια να μπουν στα καλάθια τους. Αλλά μπορούν να τοποθετήσουν τα καλάμια τους στα κατάλληλα σημεία, να τους τοποθετήσουν δελεαστικό δόλωμα και να περιμένουν αρκετά, μέχρις ότου τα ψάρια να εντοπίσουν το δόλωμα, να τσιμπήσουν και εντέλει, να γεμίσουν τα καλάθια τους με ψάρια. Πρέπει να είστε *υπομονετικοί*, για να επιτύχετε τις σωστές συνθήκες προκειμένου να εισέλθετε ή να εξέλθετε από την αγορά με επιτυχία.

Όλα αυτά σημαίνουν ότι όταν θα κάνετε τις ετήσιες προσθέσεις - αγορές, δεν συνεπάγεται ότι πρέπει να τις κάνετε σε συγκεκριμένες ημερομηνίες, εάν σε αυτές τις ημερομηνίες η αγορά είναι βραχυπρόθεσμα ακριβή. Αποταμιεύετε τα χρήματα προς επένδυση και αγοράζετε όταν οι συνθήκες είναι καλές.

Πρέπει *να είστε πάντα προσεκτικοί και σε εγρήγορση* · γι'αυτό, πρέπει να αντιλαμβάνεστε πως λειτουργούν οι οικονομίες και να κατανοείτε τις συνθήκες που μπορεί να οδηγήσουν σε κινδύνους και σε αναταραχή την αγορά. Όταν το πλήθος αισθάνεται ανασφαλές, θα εγκαταλείψει τις μετοχές για χάρη άλλων, θεωρούμενων περισσότερο ασφαλών επενδύσεων, όπως ο χρυσός ή ακόμα και τα μετρητά.

Ναι, οι αγορές κινούνται κατά βάση και κανόνα ανοδικά, σε ένα φυσιολογικό οικονομικό κύκλο και γι'αυτό είναι καλό να μένετε πραγματικά μακροπρόθεμοι αλλά υπάρχουν και εξαιρέσεις: δείτε την περίπτωση της Ιαπωνίας με την οποία θα ασχοληθούμε αργότερα.

Τρίτο Μέρος:
Κυρίως Ψυχολογία και Έμπνευση...

Κατανοώντας τον Κύκλο Ψυχολογίας της Αγοράς

Ένας επενδυτής που θέλει να υπεραποδώσει της αγοράς μακροχρόνια, πρέπει να κατανοήσει την ψυχολογία της αγοράς. Πρέπει να αναγνωρίζει τις βασικές φάσεις στα συναισθήματα του πλήθους και να τα χρησιμοποιεί υπέρ του, εννοώντας με αυτό, να πάει με την παλίρροια που φουσκώνει τις τιμές για όσο καιρό αξίζει να πάει μαζί της και να πάρει μια αντίθετη θέση όταν χρειάζεται.

Οι βασικές φάσεις της ψυχολογίας του πλήθους στην αγορά, παρουσιάζονται απλοποιημένα στο κάτωθεν γράφημα:

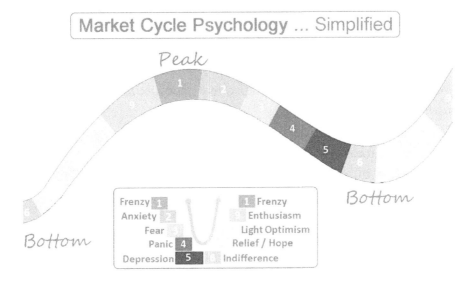

Μπορούμε να περιγράψουμε εννέα βασικές φάσεις, οι οποίες είναι, αρχίζοντας από την κορυφή της αγοράς: **1**. Φρενίτιδα - Frenzy > **2**. Ανησυχία - Anxiety > **3**. Φόβος - Fear > **4**. Πανικός - Panic > **5**. Κατάθλιψη -Depression > **6**. Αδιαφορία - Indifference > **7**. Ανακούφιση / Ελπίδα - Relief / Hope > **8**. Ελαφρά Αισιοδοξία - Light Optimism > **9**. Ενθουσιασμός -Enthusiasm και ξανά το ίδιο κ.ο.κ..

* Peak = κορυφή, Bottom = πυθμένας

Τα βασικά χαρακτηριστικά κάθε φάσης είναι:

1. **Φρενίτιδα**: Το πλήθος ενεργεί παράλογα · δεν ενδιαφέρονται για τα θεμελιώδη, δεν ενδιαφέρονται για τα ακριβά επίπεδα τιμών ή και για αρνητικές εξελίξεις · ακόμα και όταν συμβούν κάποιες αρνητικές εξελίξεις, απλά τις αγνοούν ή επινοούν μια 'θετικές' ερμηνείες · νομίζουν ότι η αγορά είναι ένας μηχανισμός, που δημιουργεί εύκολο χρήμα. Συνήθως σε αυτό το στάδιο, ο καθένας νομίζει ότι είναι και ο ίδιος 'ειδικός': γνωρίζει που να παίξει και να βγάλει τρομερά κέρδη, όπως και να συμβουλεύει τους άλλους. Φυσικά το 'έξυπνο χρήμα', κατανοώντας ότι σε αυτό το σημείο, η αγορά είναι σημαντικά ακριβή, αρχίζει να ξεφορτώνει.

Έχετε στο μυαλό σας ότι το πλήθος, όπως και τα μεμονωμένα φυσικά πρόσωπα, εμμένει στις συνήθειές του και δύσκολα αλλάζει διάθεση: εάν (σε αυτή την φάση) το πλήθος έχει πειστεί ότι η αγορά πηγαίνει στον ουρανό, τότε είναι πολύ δύσκολο να αλλάξει άποψη – θα αλλάξει αλλά στις περισσότερες των περιπτώσεων, όταν θα είναι αργά.

Οι άνθρωποι είναι έξυπνα ζώα αλλά επίσης τους αρέσουν πολύ οι συνήθειες, απόψεις και πρακτικές που ήδη έχουν. Δείτε για παράδειγμα, αυτά τα δύο περιστατικά, στα ακόλουθα links, που σας οδηγούν σε σύντομα βίντεο,

α. http://www.dailymail.co.uk/news/article-3622401/I-want-Watch-little-boy-meltdown-sees-dad-without-beard-time.html

β. http://www.dailymail.co.uk/news/article-2755655/Tiny-girl-s-reaction-dad-unexpectedly-shaves-beard.html

στα οποία παρουσιάζονται δύο μπαμπάδες με γένια και οι οποίοι εμφανίζονται άξαφνα πλήρως ξυρισμένοι στα μικρά τους παιδιά και τα δύο παιδιά, ένα μικρό αγοράκι στην μία περίπτωση και ένα μικρό κορίτσι στην άλλη, όταν βλέπουν τα 'νέα' πρόσωπα (ξυρισμένα) των μπαμπάδων τους, δεν μπορούν να τα αποδεχτούν, καθώς είναι εξοικειωμένα με τα γενειοφόρα πρόσωπά τους. Και τα δυο μικρά παιδιά – και μιλάμε σχετικά με δύο διαφορετικές περιπτώσεις –

αρνούνται να αποδεχτούν τη νέα εμφάνιση των μπαμπάδων τους, ζητώντας να επαναφέρουν πίσω τα γένια. Το μικρό κορίτσι μάλιστα, φοβήθηκε πολύ και γύρισε προς την μητέρα του.

Εάν μικρά παιδιά που είναι από την φύση πολύ δεκτικά σε αλλαγές, αρνούνταν μια μη επιβλαβή αλλαγή στην εμφάνιση των μπαμπάδων τους, φανταστείτε την δύναμη της συνήθειας στους μεγάλους, που έχουν κτίσει τις απόψεις τους (σε κάθε τι), πόσο δύσκολα μπορούν αυτοί να αποδεχτούν αλλαγές.

Το ίδιο, με άλλα λόγια το γεγονός ότι το πλήθος δεν μπορεί να δεχτεί εύκολα ότι κάτι αλλάζει, παρατηρείται και στις φάσεις στα πλαίσια του κύκλου ψυχολογίας της αγοράς, της Κατάθλιψης και Αδιαφορίας αλλά από την αντίθετη πλευρά – τώρα καθυστερούν να δεχτούν ότι τα πράγματα αλλάζουν και η αγορά κτίζει την δυναμική για την αντιστροφή και ανάκαμψη. Ποιος την κτίζει, εάν το πλήθος είναι ακόμα απογοητευμένο; Μα το 'έξυπνο χρήμα'.

2. **Ανησυχία**: Η αγορά αρχίζει να δίδει σημάδια αλλαγής, πολλές μετοχές υποχωρούν ήδη ή ακόμα και ο βασικός χρηματιστηριακός δείκτης χάνει έδαφος– σε αυτή την φάση, πολλοί κερδοσκόποι εξακολουθούν να νομίζουν αυτή την εξέλιξη ως μία διόρθωση, αλλά εμφανίζονται περισσότεροι και περισσότεροι συμμετέχοντες στην αγορά, που αρχίζουν και αμφιβάλλουν για την δυναμική της αγοράς · η μέχρι πρότινος στιβαρή τους αισιοδοξία αρχίζει να κλονίζεται.

3. **Φόβος**: Σε αυτή την φάση, η πλειοψηφία κατανοεί ότι αυτό που συμβαίνει δεν είναι απλώς μια διόρθωση. Η ελαφρά αισιοδοξία ή η ανησυχία που τους διακατείχε πριν, την διαδέχεται ο φόβος και πλέον το πλήθος, θέλει να πουλήσει τις μετοχές του, οι περισσότεροι δε με ζημιές καθώς έχουν πεισθεί ότι πλέον βρισκόμαστε σε μια κακή αγορά. Μερικοί άλλοι, φοβούνται αλλά ελπίζουν ότι η εν δυνάμει προς τα κάτω πορεία δεν είναι μεγάλη και δεν δοκιμάζουν να πουλήσουν, προσδοκώντας ότι σύντομα, το χειρότερο θα έχει περάσει και η αγορά θα ανακάμψει.

4. **Πανικός**: Καθώς η αγορά δεν φτάνει σε σημείο αντιστροφής, η ψυχολογία χειροτερεύει και ακόμα και αυτοί που προσδοκούσαν καλύτερες μέρες, απογοητεύονται · τώρα όλοι θέλουν να πουλήσουν αλλά δεν υπάρχουν αρκετοί αγοραστές · έτσι η αγορά καθοδηγείται από τους πωλητές, καταδικασμένη να καταρρεύσει σε πολύ χαμηλότερα επίπεδα ακόμα και εάν τώρα, τα επίπεδα τιμών δεν είναι, γενικά μιλώντας, ακριβά ή ακόμα – ακόμα, σε μερικές περιπτώσεις, οι τιμές μπορεί να έχουν ήδη προσαρμοστεί σε αντικειμενικά χαμηλά επίπεδα.

5. **Κατάθλιψη**: Βασισμένο στα αισθήματά του, το τρομαγμένο *πλήθος είναι χαμένο και χωρίς χρήματα · τώρα πλέον πάσχουν από αγοραία κατάθλιψη και προβλέπουν ένα άσχημο μέλλον · ακόμα και ορισμένες θετικές εξελίξεις, απλά αγνοούνται – μιλάω πάντα για το πλήθος, τον όχλο της αγοράς.* Ακόμα και εάν σε αυτές τις μαύρες στιγμές, αποκάλυπτα σε κάποιον μια πραγματικά σπουδαία επιχείρηση για να επενδύσει, μια εταιρία που θα βρίσκονταν σε τιμή ευκαιρίας σε αυτά τα επίπεδα τιμών δεδομένων και των πολύ καλών αναπτυξιακών της προοπτικών, δεν θα ενδιαφέρονταν. Ακόμα και εάν κάποιος έχει τα χρήματα, δεν έχει την ψυχολογία για να αγοράσει. Ορισμένοι συμμετέχοντες στην αγορά, που ήδη καταγράφουν μεγάλες λογιστικές ζημιές, πουλάνε τις θέσεις τους, πραγματοποιώντας τις μεγάλες ζημιές, ελπίζοντας να σώσουν τουλάχιστον ένα μικρό μέρος του επενδεδυμένου κεφαλαίου τους, ίσως για κατοπινή χρήση.

6. **Αδιαφορία**: Το *πλήθος σε αυτή την φάση, απλά αγνοεί την αγορά – μπορεί να την παρακολουθεί αλλά παραμένει ανενεργό. Παρόλο που το πλήθος μπορεί να καταλάβει ότι τώρα η μεγάλη πλειοψηφία των μετοχών είναι υποτιμημένες, άλλες λιγότερο και άλλες περισσότερο, δεν έχουν το σθένος να αγοράσουν, μη έχοντας πίστη στην εν δυνάμει ανοδική προοπτική της αγοράς.*

7. **Ανακούφιση / Ελπίδα**: Η αγορά γυρίζει προς τα πάνω. Επιτέλους! Οι τολμηρότεροι από τον όχλο που έχουν κάποια χρήματα, αρχίζουν να ελπίζουν ότι το χειρότερο πέρασε, οι τιμές είναι χαμηλές και εισέρχονται στην αγορά. Ολοένα και περισσότεροι με τον καιρό, παρακολουθούν την αγορά και προσέχουν ότι αυτή γύρισε όντως θετικά και τα αρνητικά τους συναισθήματα αδυνατίζουν, δίδοντας έδαφος στην ελπίδα · παρακολουθούν τι συμβαίνει και αρχίζουν να εξετάζουν το ενδεχόμενο να εισέλθουν. Ακόμα όμως και εάν το σκοτάδι ξεθωριάζει, η μάζα δεν είναι έτοιμη ακόμα.

8. **Ελαφρά Αισιοδοξία**: Η αγορά συνεχίζει να κινείται περισσότερο προς τα πάνω παρά προς τα κάτω. Ολοένα περισσότεροι από το πλήθος, αποκτούν ξανά εμπιστοσύνη στην αγορά, ως προς την δυναμική της ανόδου. Άλλωστε η αγορά κινείται ανοδικά, οι τιμές δεν είναι ακριβές και το περιβάλλον φαίνεται μάλλον καλό παρά κακό. Οι μνήμες των κακών καιρών, εάν αυτοί είναι σχετικά πρόσφατοι, αρχίζουν να ξεθωριάζουν. Οι αγοραστές πλέον υπερβαίνουν τους πωλητές.

9. **Ενθουσιασμός**: Πολλοί από τους ενδιαφερόμενους για το χρηματιστήριο, έχουν ήδη εισέλθει στην αγορά. Οι τιμές γίνονται ακριβές, αν όχι συνολικά, τουλάχιστον μερικώς. Είναι δύσκολο να βρεις μια μετοχή που να μην έχει τρέξει και να μην έχει δώσει καλά κέρδη. Όλοι είναι χαρούμενοι με αυτή την κατάσταση. Συνεπακόλουθα, τα μέσα ενημέρωσης αναφέρονται στην χρηματιστηριακή αγορά, σχετικά με το πόσο δυνατή είναι, πόσο καλές είναι οι προοπτικές. Αυτό φέρνει ολοένα και περισσότερους ανθρώπους στην αγορά, που γοητεύονται από το εύκολο χρήμα. Αρχίζουν και παρατηρούνται συχνά υπερβολές όσον αφορά την αποτίμηση.

Και στη συνέχεια πάει λέγοντας, επιστρέφοντας στην φάση 1…

Δεν είναι αναγκαίο ότι πρέπει να περάσουμε από όλες τις φάσεις · εξαρτώμενη από τις συνθήκες στην αγορά, η ψυχολογία του πλήθους μπορεί να προσπεράσει κάποια φάση. Για παράδειγμα, δεν παρατηρούμε πάντα στην αγορά την φάση της Φρενίτιδας · την βλέπουμε όμως όταν έχουν εξελιχθεί φούσκες. Εάν στην αγορά δεν υφίστανται φούσκες, τότε η ψυχολογία του όχλου περνάει από την φάση του Ενθουσιασμού σε αυτήν της Ανησυχίας. Παρομοίως δεν βιώνουμε πάντα την φάση του Πανικού ή της Κατάθλιψης και η ψυχολογία του πλήθους, μπορεί να μεταβεί από τον Φόβο κατευθείαν στην Αδιαφορία ή ακόμα – ακόμα, και στην φάση της Ανακούφισης / Ελπίδας. Αυτό παρατηρείται συχνότερα όταν οι συνθήκες μετάβασης από την γενικότερη φάση ανόδου των τιμών, σε αυτήν της πτώσης, γίνεται υπό ομαλότερες συνθήκες.

Επιπλέον, θα πρέπει να πούμε ότι δεν είναι τόσο εύκολο να αναγνωρίσετε την κάθε φάση, ιδίως εάν έχετε εμπλακεί συναισθηματικά και εμπλεκόμαστε συναισθηματικά πολύ εύκολα, εάν είμαστε ένα με τον όχλο.

Σε αυτό το σημείο, είναι χρήσιμο να σας παρουσιάσω εν τάχει, το πείραμα του Asch (Asch experiment). Σε αυτό το πείραμα – και μπορείτε να αναζητήσετε στο google για λεπτομέρειες – μελετήθηκε εάν και πως, τα μεμονωμένα άτομα επηρεάζονται από τις απόψεις και γνώμες της πλειοψηφίας. Τι ήταν το πείραμα και πως διεξήχθη;

Ομάδες οκτώ ατόμων, φοιτητών, συμμετείχαν σε αυτό το απλό ζήτημα "αντιληπτικότητας". Σε κάθε ομάδα τα εφτά άτομα ήταν ηθοποιοί (όχι πραγματικοί συμμετέχοντες) και υπήρχε και ένας αληθινός συμμετέχων, ο οποίος όμως δεν γνώριζε ότι οι άλλοι ήταν ηθοποιοί – νόμιζες ότι ήταν επίσης συμμετέχοντες.

Ο εξεταστής τοποθετούσε δύο κάρτες προ των συμμετεχόντων (τους ηθοποιούς και τον αληθινό). Η κάρτα στα αριστερά περιείχε μια κάθετη γραμμή. Η κάρτα στα δεξιά παρουσίαζε τρεις κάθετες γραμμές με διάφορα μήκη. Έπειτα ο εξεταστής, ζητούσε από όλους τους συμμετέχοντες (αλλά οι εφτά εκ των οκτώ, ήταν στο 'παιγνίδι'), έναν - έναν, να επιλέξει ποια από τις τρεις γραμμές στην δεξιά κάρτα, ταίριαζε σε μήκος με αυτήν της αριστερής κάρτας – και μόνο μία εξ αυτών, ταίριαζε φανερά. Δείτε την εικόνα, όπου η κάθετη γραμμή της αριστερής κάρτας, ταιριάζει εύκολα και ξεκάθαρα με την γραμμή C της δεξιάς κάρτας.

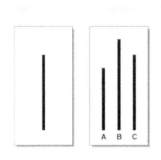

One of the pairs of cards used in the experiment. The card on the left has the reference line and the one on the right shows the three comparison lines.

Το ζήτημα επαναλήφθηκε αρκετές φορές με διαφορετικές κάρτες αλλά στα ίδια πλαίσια και με τον ίδιο τρόπο. Ο αληθινός συμμετέχοντας ρωτούνταν πάντα τελευταίος, να πει ποια γραμμή ταίριαζε με αυτήν της κάρτας που τους έδειχναν · είχε ακούσει συνεπώς τις απαντήσεις όλων των προηγούμενων "συμμετεχόντων". Σε μερικές από τις σειρές του πειράματος, είχε ζητηθεί από τους ψευτοσυμμετέχοντες να δίδουν την σωστή απάντηση, που ήταν και εξόφθαλμα φανερή, προκειμένου να κερδίσουν την εμπιστοσύνη του πραγματικού συμμετέχοντα. Αλλά σε άλλες δοκιμές του πειράματος, οι "συμμετέχοντες" επέλεγαν επίτηδες μία λανθασμένη απάντηση (μία από τις άλλες δύο γραμμές που ήταν σαφέστατα διαφορετικού μήκους από αυτήν την οποία τους ζητούσαν να ταιριάξουν –για παράδειγμα επέλεγαν στην παραπάνω εικόνα μας, την Α που είναι πολύ μικρότερη της γραμμής στα αριστερά).

Συνολικά σε όλες τις σειρές των πειραμάτων που διεξήχθηκαν, 75% των (πραγματικών) συμμετεχόντων έδωσε τουλάχιστον μία λανθασμένη απάντηση.

Αυτό το πείραμα μας δείχνει ότι όταν κάτι δείχνει παράλογο σε εμάς, εάν ωστόσο αυτό ακολουθείται από μια ομάδα στην οποία τοποθετούμαστε και εμείς εντός, ακόμα περισσότερο εάν ακολουθείται από την μεγάλη πλειοψηφία στην κοινωνία, είναι δύσκολο να το αγνοήσουμε και τελικά (συνήθως γρήγορα παρά αργά), αλλάζουμε άποψη, υιοθετώντας αυτήν την παράλογη συμπεριφορά / άποψη κ.λπ., μόνο και μόνο για να εξομοιωθούμε με τους άλλους και να μην διαφέρουμε.

Σκεφτείτε αν σε ένα πείραμα, που δεν είχε περαιτέρω επιπλοκές και συνέχεια, και χωρίς να υπάρχει κανένα άγχος ή βία στον πραγματικό συμμετέχοντα, ωστόσο όταν αυτός ερωτώμενος να ταιριάξει την γραμμή που του έδειχναν με τρεις εκ των οποίων μόνο μία ταίριαζε φανερά, αυτός επιλέγει την λάθος μόνο και μόνο επειδή οι προηγούμενοι εφτά είχαν δώσει επίτηδες λάθος απάντηση... Κατανοείτε πόσο μπορούμε να επηρεαστούμε από την άποψη της ομάδος που ανήκουμε ή της κοινής γνώμης της κοινωνίας γενικότερα, σε ζητήματα που δεν είναι τόσο απλά όσο το να ταιριάξεις μία γραμμή με κάποια εξ άλλων τριών.

Φανταστείτε λοιπόν τι επιρροή δεχόμαστε σε ζητήματα που είναι και σύνθετα, άρα δυσκολότερη η πραγματική τους απάντηση, όπως είναι οι επενδύσεις στις οποίες η δίκαιη αξία (των μετοχών) είναι ουσιώδες ζήτημα και ωστόσο απέχει μακράν από το να θεωρείται με βεβαιότητα και απολυτότητα, δεδομένο, και φανταστείτε πόσο επιρρεπείς είμαστε στις λάθος απόψεις ομάδων στις οποίες ανήκουμε ή και της ευρύτερης κοινωνίας.

Σας συνιστώ να δείτε το πείραμα, σε ένα μικρού μήκους βίντεο στο YouTube, με τον τίτλο "The Asch Experiment" στον κάτωθι σύνδεσμο:
https://www.youtube.com/watch?v=qA-gbpt7Ts8

Ουσιώδες για να χρησιμοποιούμε την ψυχολογία του πλήθους υπέρ μας, είναι να αναγνωρίζουμε τα συναισθηματικά χαρακτηριστικά αλλά χωρίς να επηρεαζόμαστε από αυτά. Αυτό όμως εύκολα το λες, δύσκολα το κάνεις. Και στην πραγματικότητα, πολύ δύσκολα.

Όταν το συναίσθημα επικρατεί, η λογική υποχωρεί. Όσο περισσότερο συναίσθημα, τόσο λιγότερη η λογική · όσο περισσότερο το συναίσθημα, τόσο πιο απρόσεκτα και παράλογα ενεργούμε (δείτε το πλαϊνό γράφημα με την σκάλα Λογικής και Συναισθήματος όπου αριστερά είναι η κλίμακα της λογικής και δεξιά των συναισθημάτων).

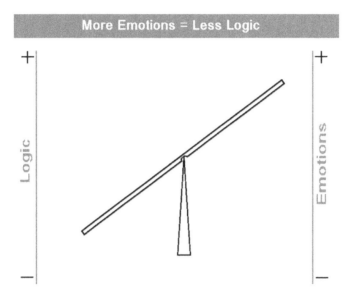

Γι'αυτό ακριβώς, οι διαφημίσεις κεντρίζουν συχνά τα συναισθήματά μας, τα ανεβάζουν σε υψηλό επίπεδο όπως δείχνει το γράφημα, καθώς όταν συμβαίνει αυτό, οι αντιστάσεις της λογικής μας κάμπτονται σε χαμηλό επίπεδο και αγοράζουμε πολύ πιο εύκολα ένα προϊόν ή / και υπηρεσία. Όταν ενεργούμε ενστικτωδώς ή και συναισθηματικώς, σημαίνει ότι ενεργούμε πρωτόγονα. Μην είστε ένας πρωτόγονος επενδυτής!

Στον κόσμο των επενδύσεων, εάν ενεργούμε συχνά βάσει συναισθημάτων, εάν οι αποφάσεις μας λαμβάνονται υπό την επήρεια των συναισθημάτων, μπορεί να μας οδηγήσει σε ολική καταστροφή. Ναι, η αγορά κινείται περισσότερο συχνά προς τα πάνω από ό,τι προς τα κάτω και συναντάτε πιο συχνά ταύρους παρά αρκούδες αλλά εάν δεν ελέγξετε τα συναισθήματά σας και παραμείνετε να είστε ένας από τον όχλο, τότε θα εισέρχεστε στην αγορά γύρω από σημαντικές κορυφές, ίσως απολαμβάνετε για λίγο ορισμένα μικρά λογιστικά κέρδη αλλά σύντομα, θα αντιμετωπίζετε αρκούδες, που θα σας τρομάζουν, ωθώντας σας να πουλήσετε στην πλέον ακατάλληλη στιγμή ή μπορεί να μην πουλήσετε αλλά ωστόσο θα σας βυθίσουν κάτω από την 'επιφάνεια' και μόνο για να ανακάμψετε, θα χρειαστεί ένα επενδυτικό θαύμα – αλλά θαύματα δεν συμβαίνουν κατά κανόνα.

Από την άλλη πλευρά, όταν η λογική επικρατεί έναντι των συναισθημάτων, ενεργούμε προσεκτικά και αιτιοκρατικά. Ενεργούμε σαν πραγματικοί Homo sapiens (σοφοί άνθρωποι). Όσο περισσότερο ενεργούμε μυαλωμένα, τόση περισσότερη ασφάλεια έχουμε και τόσο πιο πιθανό να κινηθούμε επιτυχώς προς τους στόχους μας. Ακόμα και σε αυτήν την 'κατάσταση', θα κάνετε λάθη. Ωστόσο, τα λάθη σε αυτή την κατάσταση είναι σπάνια και όταν υπάρχουν, είναι βραχύβια και άνευ ιδιαίτερων συνεπειών. Αυτή η δυνατή κατάσταση του νου, πρέπει να είναι ο στόχος μας και το μοντέλο της συμπεριφοράς φαίνεται στο διπλανό γράφημα με την κλίμακα της Λογικής (αριστερά) και Συναισθημάτων (δεξιά) ξανά, με την διαφορά ότι τώρα παρουσιάζεται αντίθετα από ό,τι στο προηγούμενο γράφημα: τώρα η λογική κυμαίνεται σε υψηλά επίπεδα και αναπόφευκτα τα συναισθήματα έχουν υποχωρήσει σε πολύ χαμηλά επίπεδα.

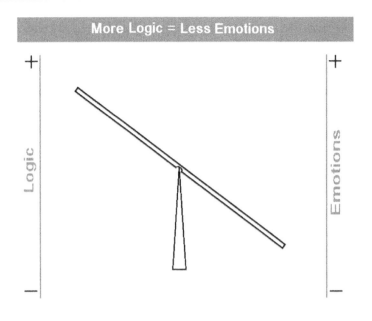

Για άλλη μια φορά, είμαι στην ευχάριστη θέση να σας πω ότι η διαδικασία του να ενεργείτε χωρίς συναισθήματα ή με λίγα, μπορεί να είναι σχετικά εύκολη παρά δύσκολη. Πως γίνεται αυτό; Παρόλο που πρέπει να αποκτήσετε γνώση που σας βοηθάει να κρίνετε και αξιολογήσετε την αγορά (εάν είναι σωστά αποτιμημένη, υποτιμημένη ή υπερτιμημένη), ωστόσο δεν θα πρέπει να δίδετε πολύ χρόνο για να παρακολουθείτε την αγορά συνεχώς. Εάν το κάνετε αυτό, εάν δηλαδή δίδετε συνεχώς χρόνο να παρακολουθείτε την οικονομία ή / και την χρηματιστηριακή αγορά καθημερινά, να βλέπετε τον S&P πως τα πάει σε κάθε μία συνεδρίαση ή πως τα πάνε μεμονωμένες μετοχές συνεδρίαση τη συνεδρίαση ή βλέπετε καθημερινά τις ειδήσεις στην τηλεόραση ή διαβάζετε καθημερινά τις εξελίξεις από ειδησεογραφικά web-sites, τότε και χωρίς να το καταλάβετε, αφενός θα επηρεαστείτε από την πλανόμενη κυρίαρχη άποψη, αφετέρου θα αρχίσετε να βλέπετε περισσότερο τα δέντρα (βραχύβιες λεπτομέρειες) παρά το δάσος (ολοκληρωμένη σφαιρική άποψη) και θα σας εμπλέξει εντονότερα συναισθηματικά, όταν το *ζητούμενο είναι να το αποφύγετε αυτό.* Οι βραχύβιες λεπτομέρειες τις περισσότερες φορές δεν είναι σπουδαίας σημασίας και αλλάζουν συνεχώς σύμφωνα με τις συχνά ακατανόητες υπερβολές της αγοράς. Να είστε σίγουροι ότι οι σημαντικές πληροφορίες, συζητιούνται για αρκετό χρόνο, οπότε δεν θα τις χάσετε εάν δεν ασχολείστε συνεχώς με την παρακολούθηση της οικονομίας και της αγοράς.

Γι'αυτό, κλείστε την τηλεόρασή σας · ειδικώς η τηλεόραση είναι ένα πολύ ισχυρό μέσο, καθώς διαθέτει ήχο, εικόνα και επιπλέον, δεν είναι διαδραστικό αλλά εκπέμπει μονομερώς όποιο μήνυμα θέλει · και το κάνει στιγμιαία, χωρίς να σας δίδει την άνεση να σκεφτείτε για λίγο την πληροφορία που σας μεταδίδει, εάν αυτή είναι σωστή ή λάθος ή μερικώς σωστή κ.λπ.. Δεν έχετε τον χρόνο να το ελέγξετε διότι αμέσως μεταφέρεται σε κάτι άλλο, οπότε εσείς είστε εστιασμένος στην παθητική ως επί το πλείστον παρακολούθηση. Σε άλλα media όπως τα web sites, έχετε την χρονική άνεση να κάτσετε όσο χρόνο θέλετε και να σκεφτείτε εάν μια είδηση που μεταδίδεται είναι σωστή ή λάθος · έχετε επίσης την άνεση να ελέγξετε τις πληροφορίες που δεχόσαστε και από άλλες πηγές, έτσι ώστε να διασταυρώσετε την αξιοπιστία τους – και καλό είναι να έχετε σταδιακά καταλήξει, σε sites που να είναι αξιόπιστα.

Δεν χρειάζεται να υπερβάλλετε στην διαδικασία λήψης πληροφοριών, καθώς εάν το κάνετε, τότε θα λάβετε άχρηστες λεπτομέρειες, 'θόρυβο' και σύγχυση · αλλά μην είστε και από την άλλη πλευρά τεμπέληδες: Μπορείτε να ακούτε τις ειδήσεις μια ή δυο φορές την εβδομάδα, όχι κάθε μέρα και σχετικά με την κίνηση της όλης αγοράς ή ενός δείκτη ή μεμονωμένων μετοχών, μπορείτε να ρίχνετε μια ματιά *μια φορά* την εβδομάδα ή ανά δύο εβδομάδες. Πιστέψτε με, η συχνότητα αυτή είναι αρκετή για να λάβετε τα δεδομένα και πληροφορίες που χρειάζεστε και να διαμορφώσετε την άποψή σας.

Ο τέλειος επενδυτής

Οι Λακεδαιμόνιοι ποτέ δεν ρωτούσαν πόσοι ήταν οι εχθροί, αλλά πού ήταν! Αυτό είναι ενδεικτικό του πόσο καλοί και σκληροί πολεμιστές ήταν οι αρχαίοι Σπαρτιάτες – κάτι που το γνωρίζει βέβαια όλος ο κόσμος. Αλλά πως ήταν αυτό δυνατόν; Πως γίνεται κάποιος καλός, ακόμα και αυθεντία, σε κάτι; Με την εξάσκηση και την εμπειρία.

Θυμάμαι όταν ήμουν νεαρός και πήρα το δίπλωμα οδήγησής μου. Είχα πάει σε μια Σχολή Οδηγών και έμαθα να οδηγώ, να χρησιμοποιώ τα όργανα του αυτοκινήτου όπως επίσης και τον Κ.Ο.Κ. – αλλά όταν άρχισα οδηγώ μόνος μου, είχα πολύ άγχος και με έλουζε ιδρώτας. Φυσικά, μετά από λίγους μήνες που οδηγούσα σε καθημερινή βάση, απέκτησα εμπειρία και έφτασα στο επίπεδο να οδηγώ σχεδόν αυτόματα. Τι με έκανε καλό οδηγό; Η εξάσκηση και η εμπειρία. Όταν δεν είχα εμπειρία, είχα την θεωρητική γνώση για να οδηγήσω αλλά για να το κάνω, έπρεπε να σκέφτομαι την κάθε μου κίνηση. Και αυτό ήταν πολύ αγχωτικό διότι ένοιωθα ότι δεν μπορούσα να ελέγξω ικανοποιητικά την όλη κατάσταση.

Συνεπώς, η *εμπειρία κάνει μεγάλη διαφορά στα πάντα*. Και τι παρέχει την εμπειρία; Η εξάσκηση με πραγματικούς όρους και σε πραγματικές συνθήκες. Όσο περισσότερο εξασκείσαι, τόσο καλύτερος γίνεσαι σε αυτό που εξασκείσαι. Δεν θα γινόμουν ποτέ καλός οδηγός εάν οδηγούσα μια φορά στο τόσο. Οι σπαρτιάτες ήταν οι καλύτεροι πολεμιστές διότι ασχολούνταν με τον ίδιο τον πόλεμο, με πολεμικές ασκήσεις και ασκήσεις βελτίωσης της αντοχής και σωματικής ρώμης, *σε μια συνεχή βάση, καθημερινά* – και το έκαναν από μικρά παιδιά · σε άλλες πόλεις του αρχαίου κόσμου και όχι μόνο στην Ελλάδα, οι άνθρωποι είχαν κάποια επαγγελματική απασχόληση, ένας ήταν ψαράς, άλλος κεραμοποιός, άλλος ένας σιδηρουργός, άλλος αγρότης κ.λπ. και μονάχα περιστασιακά, χρησιμοποιούσαν όπλα και συμμετείχαν στον στρατό. Γι'αυτό όλοι οι υπόλοιποι ήσαν, ως πολεμιστές, υποδεέστεροι των Σπαρτιατών.

Αλλά η εξάσκηση δεν είναι πάντα επαρκής από μόνη της. Πρέπει να *χρησιμοποιείς και το μυαλό σου* · πρέπει να δημιουργήσεις ένα πετυχημένο σύστημα · δεν χρειάζεται να δουλεύεις τόσο σκληρά, όσο έξυπνα – φυσικά εάν δουλεύεις σκληρά και έξυπνα, είναι ακόμα καλύτερο. Σκεφτείτε το ακόλουθο: Οι αρχαίοι Σπαρτιάτες δεν θα ήταν τόσο σπουδαίοι πολεμιστές εάν μόνο εξασκούσαν την φυσική τους δύναμη και αντοχή · ήταν οι καλύτεροι αρχαίοι πολεμιστές διότι εξασκούνταν περισσότερο από κάθε άλλον, συν ότι:

✔ διέθεταν προηγμένα επιθετικά όπλα, φτιαγμένα από σίδηρο, όταν άλλοι είχαν κατώτερα, φτιαγμένα από χαλκό.

✔ διέθεταν προηγμένο αμυντικό εξοπλισμό όπως χάλκινες ασπίδες όταν οι άλλοι είχαν κατώτερες ασπίδες φτιαγμένες από ξύλο, στρώσεις δερμάτων ή από πλέγμα καλαμιών και οι σπαρτιάτες, είχαν κράνη από χαλκό, όταν οι άλλοι είχαν κράνη δερμάτινα ή οστέινα, φτιαγμένα από δόντια κάπρων.

✔ είχαν αναπτύξει την φάλαγγα, ήτοι τον σχηματισμό αυτόν που τους επέτρεπε να βαδίζουν όλοι μαζί προς τα μπρος ως *ένα ενιαίο πανίσχυρο σώμα*, ενάντια στους αντιπάλους τους οι οποίοι βάδιζαν ως ένα σκόρπιο πλήθος.

Συνεπώς το σύστημα που έχεις αναπτύξει, είναι ουσιώδες για την επιτυχία και για να το κατανοήσετε αυτό, έχετε στο μυαλό σας την οδήγηση: ακόμα και εάν κάποιος είναι πολύ ταλαντούχος οδηγός και μπορεί να οδηγεί *πραγματικά γρήγορα* · εάν ο στόχος του είναι να φθάσει σε έναν μακρινό προορισμό, εάν τότε οδηγεί εξαιρετικά γρήγορα, αγνοώντας τις ταμπέλες και κανόνες κυκλοφορίας, είναι πολύ πιθανό ότι κάποια στιγμή θα χτυπήσει, θα βγει εκτός και δεν θα φτάσει ποτέ στον προορισμό του.

Ένα σύστημα στις επενδύσεις λειτουργεί παρόμοια με τον τρόπο που χρησιμεύουν οι ταμπέλες κυκλοφορίας και οι κανόνες οδικής κυκλοφορίας: έχοντας ένα σύστημα στις επενδύσεις σας, μπορεί βραχυ έως μεσοπρόθεσμα να μην σας επιτρέψει να πετύχετε σούπερ κέρδη αλλά θα σας προστατέψει από επενδυτικές συντριβές και προστατεύοντάς σας από αυτές, θα φτάσετε με ασφάλεια στον επενδυτικό σας προορισμό, ο οποίος είναι, ένα μεγάλο αποτέλεσμα σε βάθος χρόνου. Για να κερδίσετε πολλά σε βάθος χρόνου, πρέπει να εξασφαλίσετε ότι δεν θα χάνετε, τουλάχιστον σημαντικά, σε βραχύ έως μεσοπρόθεσμο ορίζοντα. Χωρίς ένα σύστημα, δεν μπορείτε να το αποφύγετε αυτό.

Επιπλέον, κάποιος που αναζητεί την τελειότητα σε οτιδήποτε – και στον τομέα των επενδύσεων – είναι αυτός που επιμένει, που αγαπά το αντικείμενο με το οποίο ασχολείται. Ασχολείται με το αντικείμενό του σε συνεχή βάση, χωρίς να το θεωρεί αγγαρεία. Το εξερευνά και το μελετάει, πάντα και σε βάθος.

Ποιος θα ήταν ο τέλειος επενδυτής; Αυτός που κρατάει το επενδυτικό του σύστημα απλό, εύκολα διαχειρίσιμο, αποτελεσματικό. Και φυσικά προϋπόθεση είναι να έχει ένα σύστημα. Θα πρέπει επίσης να είναι πειθαρχημένος στο σύστημα, ως κανόνα · συνεπακόλουθα αλλά ως εξαίρεση, θα μπορούσε να σπάει τους κανόνες ή να τους αλλάζει εάν και όταν χρειάζεται. Άλλωστε κάποιος πρέπει να είναι προσαρμόσιμος για να καταστεί εξαιρετικά πετυχημένος επενδυτής.

Κοινά Λάθη

Όλοι οι συμμετέχοντες των χρηματιστηριακών αγορών (επενδυτές, κερδοσκόποι, traders), έχουν την ευκαιρία να κερδίσουν από τις αγορές, καθώς οι αγορές κινούνται κυρίως προς τα πάνω. Εάν εξετάσουμε την ιστορία, θα βρούμε πολλούς μεμονωμένους συμμετέχοντες που κέρδιζαν την αγορά για αρκετά μεγάλη περίοδο, καθιστώντας τους πετυχημένους. Η επιτυχία τους οφείλονταν σε διαφορετικές τεχνικές: άλλοι χρησιμοποιούσαν περισσότερο θεμελιώδη ανάλυση, άλλοι τεχνική και άλλοι χρησιμοποιούσαν περισσότερο την διαίσθησή τους, που με την σειρά της, βασίζεται στην γνώση και εμπειρία. Αλλά οι πετυχημένοι στα χρηματιστήρια είναι μια μικρή μειοψηφία εν συγκρίσει με αυτούς που αποτυγχάνουν και υποαποδίδουν ως προς έναν βασικό χρηματιστηριακό δείκτη.

Γιατί συμβαίνει αυτό; Όταν μάλιστα οι αγορές βοηθούν κάποιον να είναι πετυχημένος επενδυτής, αφού κινούνται κυρίως ανοδικά; Ποιος είναι ο λόγος λοιπόν που τόσοι πολλοί συμμετέχοντες στις αγορές, αποτυγχάνουν; Υπάρχουν αιτίες ελάσσονος και μείζονος σημασίας, που κάποιος αποτυγχάνει. Εδώ θα εξετάσουμε μερικές από αυτές που μου έρχονται στο μυαλό.

• **Ένα πολύ μικρό ή πολύ μεγάλο χαρτοφυλάκιο**. Εάν έχετε ένα χαρτοφυλάκιο, αποτελούμενο ας πούμε, μόνο από δύο ή τρεις μετοχές, στην πραγματικότητα λαμβάνετε ένα στοίχημα, οι μετοχές αυτές να αποδειχτούν κελεπούρια. Το μη συστηματικό ρίσκο που λαμβάνετε, είναι μεγάλο ... και ανόητο. Πρέπει να έχετε μια ελάχιστη διασπορά προκειμένου να μειώσετε το αναληφθέν ρίσκο. Συνιστώ να κτίσετε ένα χαρτοφυλάκιο αποτελούμενο κατ'ελάχιστο από 10 μετοχές και μέγιστο, από 30. Αυτός το εύρος θα σας επιτρέψει να παρακολουθείτε την κάθε μετοχή και να κάνετε την εργασία που πρέπει να κάνετε με το όλο χαρτοφυλάκιό σας, χωρίς να χρειάζεστε πολύ χρόνο. Με άλλα λόγια, να μπορείτε ελέγχετε πως τα πάει η ίδια η μετοχή στο χρηματιστήριο, εάν συμπεριφέρεται όπως πρέπει και να τσεκάρετε και την πορεία και εξέλιξη της υποκείμενης εταιρίας, έτσι ώστε να έχετε όλο το απαραίτητο πλαίσιο για να διαχειριστείτε το χαρτοφυλάκιό σας σωστά. Εάν έχετε περισσότερες από 30, θα έχετε λίγο μεγαλύτερη διασπορά αλλά από την άλλη, θα έχετε περισσότερα και μάλιστα σπουδαία μειονεκτήματα, όπως το ότι το χαρτοφυλάκιό σας θα είναι ακριβότερο (σε χρήμα) για να 'κτισθεί' και να το διαχειρίζεστε, θα απαιτεί πολύ περισσότερο χρόνο και εντέλει θα σας προκαλέσει σύγχυση, έστω και εάν δεν το καταλαβαίνετε. Έχω δει επενδυτές που είχαν χαρτοφυλάκια αποτελούμενα από 40 έως 100 μετοχές, οι οποίοι όπως καταλαβαίνετε, δεν μπορούσαν να παρακολουθήσουν, ελέγξουν και διαχειριστούν ικανοποιητικά, λόγω των απαιτήσεων που ανέφερα ότι έχουν. Όλοι τους υποαπέδιδαν.

• **Κακό timing**. Μπορεί να εισέρχεστε στην ή να εξέρχεστε από την αγορά, πολύ αργά ή νωρίς. Σε περίπτωση που εξέρχεστε αργά, κατανοείτε το πρόβλημα: χάνετε τα προηγούμενα κέρδη ή καταγράφετε ζημίες. Αλλά τι συμβαίνει με την πρόωρη είσοδο; Βρίσκετε μια μετοχή που νομίζετε ότι είναι εξαιρετικά υποτιμημένη - την αγοράζετε άμεσα καθώς δεν θέλετε να χάσετε αυτή την ευκαιρία. Αλλά να έχετε κατά νου, ότι στις bear markets, η μεγάλη πλειοψηφία των μετοχών υποχωρεί, ακόμα και οι καλές. Συνεπώς με το να εισέρχεστε σε μια μετοχή όταν η ευρύτερη αγορά είναι πτωτική, έχετε λίγες πιθανότητες να κερδίσετε – μάλλον, είναι περισσότερο πιθανόν να χάσετε. Εάν δε, η ευρύτερη αγορά κινείται πλευρικά, δεν μπορείτε να περιμένετε μεγάλα κέρδη, ούτε βέβαια και μεγάλες ζημίες. Επίσης, εάν χρειάζεται να περιμένετε για έναν ολόκληρο χρόνο για να αρχίσει μια μετοχή που επιλέξατε και τοποθετηθήκατε, να ανεβαίνει, ουσιαστικά χάνετε έναν χρόνο. Είναι το κόστος ευκαιρίας: ο χρόνος που πέρασε άνευ αποδόσεως, θα μπορούσε να σας έχει αποδώσει εάν είχατε επιλέξει κάποια άλλη μετοχή και μέσα στον χρόνο αυτό, θα μετρούσατε ήδη κάποια κέρδη.

• **Υπερεπενδυμένος.** Δεν έχετε χρήματα για να αγοράσετε σε μια έντονη υποχώρηση της αγοράς. Είστε επενδεδυμένος διότι η αγορά είναι ισχυρή, αλλά – όπως γνωρίζουμε – οι αγορές είναι απρόβλεπτες και μερικές φορές συμβαίνουν και φαινόμενα 'μαύρων κύκνων' (black swan στα αγγλικά), ήτοι απρόβλεπτες και έντονες αρνητικές εξελίξεις: η αγορά καταρρέει – τώρα έχετε μειωμένα κέρδη ή ίσως, να βρεθήκατε και σε ζημιές. Εάν πριν ήσασταν τοποθετημένοι στην αγορά με το 100% του διαθέσιμου κεφαλαίου σας, τώρα δεν έχετε ρευστό για να αγοράσετε και να χαμηλώσετε το μέσο κόστος κτήσης σας. Συνεπώς και ως κανόνα, μην είστε ποτέ 100% αγορασμένοι – κρατάτε πάντα ένα μικρό ποσοστό των διαθέσιμων προς επένδυση κεφαλαίων σας, σε μετρητά, για ειδικές περιπτώσεις σαν και αυτή που περιγράψαμε.

• Δεν έχουν **στρατηγική εξόδου** (exit strategy). Το να έχετε μια καλή στρατηγική εξόδου φαίνεται να είναι εξίσου κρίσιμο όσο και με το να έχετε καλή στρατηγική εισόδου. Το να γνωρίζετε το πώς και πότε να εξέλθετε από μια επενδυτική σας θέση είναι κρίσιμο προκειμένου να προστατέψει τις αποδόσεις σας. Για να κερδίσετε, πρέπει να εξασφαλίσετε πρώτα ότι δεν θα χάσετε · εάν χάνετε συχνά, είναι σίγουρο ότι θα αποτύχετε. Γι'αυτό το επενδυτικό σας σύστημα πρέπει να έχει επίσης στρατηγική εξόδου, αποτελούμενη κυρίως από τεχνικές *stop loss*. Μπορείτε να εξετάσετε stop loss με ένα ποσοστό ζημιών σε κάθε μια συγκεκριμένη θέση σας · παράδειγμα: ορίζετε ότι εάν αγοράσετε μία μετοχή αλλά αντί να πάει προς τα πάνω, πηγαίνει προς τα κάτω, και ιδίως εάν ο βασικός χρηματιστηριακός δείκτης την ίδια περίοδο ανέρχεται, πουλάτε την μετοχή αυτή στο -10% ή 20% · εσείς αποφασίζετε και ορίζετε το αποδεκτό εύρος ζημιών και που θα βρίσκετε το stop loss σας, έτσι ώστε εάν ξεπεραστεί, να ρευστοποιήσετε την συγκεκριμένη θέση.

Αλλά σε τελική ανάλυση, δύο είναι οι μεγάλες βασικές αιτίες που οδηγούν τους επενδυτές στην αποτυχία:

α. Αυτοί (συμμετέχοντες στην αγορά) δεν κρατούν τις επενδυτικές τους θέσεις για μια πραγματικά **μακροχρόνια** περίοδο. Οι περισσότεροι επενδυτές δεν εκμεταλλεύονται τον χρόνο. Αρχίζουν να αποταμιεύουν αργά στη ζωή τους, δεν έχουν υπομονή και δεν επιτρέπουν στον χρόνο να δουλέψει για αυτούς. Όπως δείξαμε με πλήθος δεδομένων, οι αγορές κινούνται κυρίως προς τα πάνω · ναι, οι bear markets είναι μειοψηφία σε μακροπρόθεσμο ορίζοντα αλλά εάν κάποιος τοποθετηθεί στην αγορά κοντά σε μια κορυφή και ακολουθήσει bear market, είναι πολύ πιθανό ότι η πτωτική αγορά θα σβήσει τα προηγούμενα κέρδη του ή εάν η bear market είναι ισχυρή και σχετικά μεγάλης διαρκείας, θα του προκαλέσει ζημιές. Σε αυτή την περίπτωση, είναι βέβαιον ότι δεν θα καταφέρει να πετύχει μια ετησιοποιημένη απόδοση της τάξης του 7% με 9% σε βάθος χρόνου · μιλάμε για πραγματικές χαμηλότερες αποδόσεις, ίσως και αρνητικές. Αυτή η αρνητική εξέλιξη μπορεί να αποθαρρύνει κάποιον, να χάσει το ενδιαφέρον του και να μείνει εκτός της επόμενης σημαντικής ανοδικής κίνησης.

Επιπλέον, εάν κάποιος δεν μένει μακροπρόθεσμα και εάν μπαίνει και βγαίνει από την αγορά τακτικά, είναι πολύ πιθανόν ότι θα χάσει τις καλύτερες συνεδριάσεις κατά τις οποίες η αγορά κινείται δυνατά ανοδικά. Μια ανάλυση του Michael Batnick στο *The Irrelevant Investor*, έδειξε ότι 22 από τις 25 καλύτερες συνεδριάσεις (που παρουσίασαν άνοδο τουλάχιστον 2,9%) από το 1970, συνέβησαν σε ημέρες όπου οι τιμές του βασικού δείκτη βρίσκονταν κάτω από τον ΚΜΟ 200 ημερών. Με άλλα λόγια, η μεγάλη πλειοψηφία των ημερών που έδωσαν τα ισχυρότερα κέρδη, συνέβη σε μάλλον άσχημες αγορές διότι μια αγορά που οι τιμές της (του βασικού δείκτη) κινούνται κάτω από τον μακροχρόνιο κινητό των 200 ημερών, δεν την λες και καλή.

Ακόμα περισσότερο πάνω σε αυτό, ο Salil Mehta στο *Statistical Ideas* σε μια νεότερη έρευνα, βρήκε ότι οι δυνατές ανοδικές ημέρες, που η άνοδος είναι μεγαλύτερη του 2%, είναι πολύ πιο σπάνιες από ίδιας έντασης συνεδριάσεις αλλά προς τα κάτω. Η έρευνα εξέτασε την bear market της περιόδου 2008-09, όπως επίσης και το ράλι ανάκαμψης που ακολούθησε και οδήγησε την αγορά, σε νέα υψηλότερα επίπεδα. Σε αυτό το χρονικό πλαίσιο, οι συνεδριάσεις με κέρδη περισσότερο από +2%, αποτέλεσαν ποσοστό μόλις 4% επί του συνόλου των ημερών συνεδρίασης από το 2006 · από την άλλη πλευρά, οι συνεδριάσεις στις οποίες η αγορά υποχώρησε περισσότερο από 2% αποτέλεσαν σχεδόν το 6% του συνόλου των συνεδριάσεων της εξεταζόμενης περιόδου.

Τα ευρήματα της παραπάνω έρευνας, δείχνουν κάτι που πολλοί από εμάς που ασχολούμαστε με την αγορά, ίσως το γνωρίζουμε εμπειρικά: ότι η *αγορά πέφτει ταχύτερα και ανέρχεται σιγά*. Εάν δεν είστε μακροχρόνιος και μπαινοβγαίνετε στην αγορά τακτικά, είναι πολύ πιθανόν να χάσετε αυτές τις συνεδριάσεις που οι τιμές ανεβαίνουν με δύναμη.

Και ακόμα περισσότερο πάνω σε αυτό, εάν εισέρχεστε και εξέρχεστε τακτικά στην αγορά, σπάτε την δύναμη του ανατοκισμού, μειώνετε και μάλιστα από μόνοι σας, την δύναμη που σας οδηγεί σε μεγάλα κέρδη! ... και έχετε επιπλέον αυξημένη κόστη από τις αρκετές προμήθειες.

β. Δεν έχουν **πειθαρχία**. Ότι σύστημα και τεχνική και αν χρησιμοποιεί κάποιος, θα του φέρει κάποιο κέρδος, περισσότερο ή λιγότερο. Άλλωστε οι αγορές κινούνται κυρίως προς τα πάνω. Το ζήτημα είναι να διατηρήσει τα κέρδη του. Εάν κάποιος καταφέρνει να διατηρήσει τα κέρδη του από κάθε bull market, ακόμα και αν τα κέρδη είναι σχετικά μικρά και αποφύγει ζημιές από τις bear markets, τότε σε μια μακροχρόνια περίοδο, θα συσσωρεύσει μεγάλα κέρδη. Για να το πετύχει αυτό, πρέπει να είναι πειθαρχημένος · πρέπει να ακολουθεί το σύστημά του και τις τεχνικές του, μη δίδοντας σημασία στο τραγούδι των Σειρήνων της Απληστίας περί ατελείωτων κερδών (σε μια bull market) και να αγνοεί τον φόβο στις δυνατές bear markets. Αλλά ο όχλος αντί να ενεργεί μυαλωμένα και πειθαρχημένα, ενεργεί βάσει συναισθημάτων, επιπόλαια και παράλογα.

Αποφύγετε λοιπόν τα λάθη (α) και (β), εννοώντας ότι εάν έχετε έναν πραγματικά μακροχρόνιο ορίζοντα και είστε πειθαρχημένος και λογικός, τότε θα κάνετε την υπερδύναμη του ανατοκισμού να δουλεύει για εσάς, με εντατικούς ρυθμούς. Μετά περίπου 15 χρόνια θα μπορείτε να είστε πραγματικά πετυχημένος επενδυτής από απόψεως απόδοσης, θα απολαμβάνετε τα πρώτα καλά αποτελέσματα των προσπαθειών σας και εάν είστε αρκετά πειθαρχημένος και υπομονετικός να περιμένετε για 30 με 40 χρόνια, μπορεί να γίνετε πλούσιος σε απόλυτους όρους ή εν πάση περιπτώσει, να κτίσετε ένα πολύ καλό 'κομπόδεμα', έτσι ώστε να απολαύσετε την σύνταξή σας!

Και η θεωρία είναι καλή αλλά καλύτερα τα παραδείγματα βάσει πραγματικών περιπτώσεων. Συνεπώς, τι θα λέγατε να σας δείξω δυο παραδείγματα από την πραγματική ζωή;

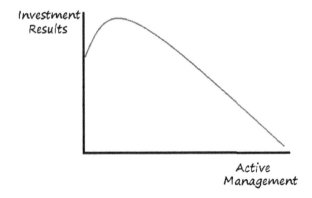

Έμπνευση – Πραγματικές Υποθέσεις

Ζευγάρι συνταξιοδοτήθηκε στα τριάντα του

Μια μέρα βρήκα στο ίντερνετ μια πολύ ενδιαφέρουσα πραγματική ιστορία: σχετικά με ένα ζευγάρι που συνταξιοδοτήθηκε πριν γίνουν 40 ετών. Η ιστορία αυτή, τράβηξε αμέσως το βλέμμα μου.

Πρόκειται για την ιστορία του Jeremy και της Winnie, ενός παντρεμένου ζευγαριού από τις ΗΠΑ και την Ταϊβάν αντίστοιχα.

Ο Jeremy ζούσε στο Seattle, εργαζόμενος στην Microsoft, όταν πήγε για τις πρώτες του, πραγματικές διακοπές. Αφού για καμιά δυο βδομάδες έπινε τροπικά κοκτέιλ και έκανε καταδύσεις, αναρωτήθηκε κατά πόσο θα μπορούσε να κάνει αυτές τις σπουδαίες διακοπές να διαρκέσουν 'για πάντα'.

Όταν επέστρεψε πίσω στο σπίτι του, ο Jeremy πούλησε το αυτοκίνητό του και το ιδιόκτητο σπίτι του, νοίκιασε ένα μικρό σπίτι κοντά στην εργασία του και άρχισε να πηγαινοέρχεται στην δουλειά του με ποδήλατο σε καθημερινή βάση. Ήταν ελεύθερος από φοιτητικά δάνεια, δάνεια για αυτοκίνητο και στεγαστικό και έτσι, άρχισε να αποταμιεύσει έντονα. Μετά από λίγο, συνάντησε την Winnie, σε ένα Συνέδριο στο Πεκίνο, η οποία είχε την ίδια στάση, αποταμιεύοντας το 50% του μισθού της προκειμένου να ταξιδεύει.

Ο Jeremy και η Winnie παντρεύτηκαν και αποφάσισαν να εξοικονομούν έως το 70% του εισοδήματός τους προκειμένου να συνταξιοδοτηθούν νωρίς και να ταξιδεύουν στον κόσμο. Έτσι και έκαναν. Κατάφεραν η μηνιαία δαπάνη τους να είναι μικρότερη των $2.000 στο τέλος, ποσό πολύ μικρό για το κόστος διαβίωσης. Δεν είχαν αυτοκίνητο, χρησιμοποιούσαν ποδήλατο, ζούσαν με τα ελάχιστα αναγκαία.

Ο Jeremy και η Winnie δεν κέρδισαν το ΛΟΤΤΟ ούτε κληρονόμησαν καμιά περιουσία · απλά αποταμίευαν πολύ έντονα και επένδυαν στην χρηματιστηριακή αγορά. Φυσικά, ήταν σημαντικό που ο Jeremy στην Microsoft, ήταν μάλλον καλοαμειβόμενος · είναι σημαντικό ότι με το τέλος των δώδεκα ετών που δούλευε εκεί, είχε ετήσιο εισόδημα γύρω στις $140.000.

Δεν ήταν εύκολο · δοκίμασαν τα όριά τους καθώς ζούσαν *εξαιρετικά λιτά*. Έκοψαν όλα τα έξοδα που μπορούσαν να κόψουν. Αλλά αν έχεις τόσο αισιόδοξο στόχο όπως το να μπορείς να συνταξιοδοτηθείς πριν φτάσεις τα σαράντα, πρέπει να κάνεις ορισμένες θυσίες.

Ο Jeremy τώρα, δεν είναι ακόμα 40 ετών και η Winnie είναι νεότερή του. Τώρα και για λίγα χρόνια, έχουν αρχίσει να απολαμβάνουν διακοπές σε όλο τον κόσμο όλο τον χρόνο! Και αύξησαν τόσο πολύ τα διαθέσιμα κεφάλαιά τους, που έχουν αρκετά χρήματα για να υποστηρίξουν αυτόν τον τρόπο ζωής, μονίμως.

Βασικά είχαν επενδύσει σε index funds, όπως το Vanguard Total Stock Market Index Fund (ETF στο σύνολο της αγοράς) και το Vanguard Total International Stock Index Fund (ETF στο σύνολο των ξένων αγορών) – περίπου 70% του συνολικού τους χαρτοφυλακίου. Ο Jeremy ακολούθησε μερικές από τις συμβουλές των Bogle και Buffett, σχετικά με την παθητική επένδυση σε δείκτες. Διατηρούσε ένα μικρό ποσοστό σε ομόλογα και REIT (Real Estate Investment Trusts ή Κεφάλαια Ακίνητης Περιουσίας) – περίπου 30% σε αυτές τις δύο επενδυτικές κατηγορίες, για λόγους διασποράς.

Για να μην αναφέρω ότι το χαρτοφυλάκιό τους δέχτηκε ένα σημαντικό χτύπημα στην χρηματοοικονομική κρίση του 2008: ο Jeremy σημείωσε λογιστικές απώλειες $400.000 αλλά δεν απογοητεύτηκε · αντιθέτως, ήθελε να αγοράσει και άλλες μετοχές, όπως και έκανε με μερικά μετρητά που είχε – και εύχονταν να είχε περισσότερα (βλέπετε πόσο χρήσιμο είναι να έχετε κάποια κεφάλαια διαθέσιμα;). Δυο χρόνια αργότερα, ο Jeremy είχε ανακάμψει σε επίπεδα υψηλότερα από αυτά, ακριβώς προ της κρίσεως. Ο Jeremy θεωρεί ότι εάν σε μια μεγάλη κρίση όπως αυτή του 2008 δεν πανικοβληθείς και πουλήσεις σχεδόν στον πυθμένα βγαίνοντας εντελώς από την αγορά, τότε σε βάθος χρόνου δεν θα επηρεαστείς σημαντικά. Η ψυχολογική επίδραση σε αυτές τις δύσκολες συνθήκες, έκαναν τον Jeremy να αποφασίσει να δουλέψει δυο τρία χρόνια περισσότερο και να εξοικονομήσει λίγα περισσότερα σε σχέση με τον αρχικό σχεδιασμό.

Τώρα ο Jeremy και η Winnie απολαμβάνουν μόνιμες διακοπές, κυρίως σε χώρες με χαμηλό κόστος ζωής το οποίο καλύπτεται μόνο από τους τόκους και τα μερίσματα που αποκομίζουν ετησίως.

Το ζευγάρι περιγράφει τη ζωή τους και τα ταξίδια που πραγματοποιούν, στην ιστοσελίδα www.gocurrycracker.com, όπου παρουσιάζουν τον προϋπολογισμό τους και καταγράφουν και τα έξοδά τους.

Εάν ο Jeremy και η Winnie κατάφεραν να συνταξιοδοτηθούν λίγο μετά τα τριάντα τους, αφού επένδυσαν για περίπου μια δεκαετία, τότε γιατί να μην καταφέρετε εσείς κάτι ολιγότερο δύσκολο, όπως το να γίνετε εκατομμυριούχος; Δεν χρειάζεται να ζήσετε τόσο λιτά όσο αυτοί, εάν αποταμιεύετε και επενδύετε σε ένα μεγαλύτερο χρονικό βάθος όπως 30 με 40 χρόνια. Εάν αρχίσεις να επενδύεις στην ηλικία των 25 ετών, σε 40 χρόνια, θα είστε 65. Δεν είναι καθόλου άσχημα, να αφήσετε μια όσο το δυνατόν μεγαλύτερη περίοδο, που ο ανατοκισμός θα δουλεύει για εσάς.

Ο αξιοπρόσεκτος Ronald Read

Ο Ronald Read ήταν συνταξιούχος, ζώντας όλη του την ζωή στην Windham County, Vermont. Ήταν πρώην υπάλληλος σε βενζινάδικο και επιστάτης. Ο Read πέθανε το 2013 σε ηλικία 92 ετών και μετά τον θάνατό του, τα κοντινά του πρόσωπα διαπίστωσαν ότι ήταν πολύ-εκατομμυριούχος. Η περιουσία του, αποτιμήθηκε σε περίπου $8 εκατομμύρια (!), αποτελούμενη κυρίως από μετοχές και ακίνητα.

Τα άτομα που ήταν κοντινά του, δοκίμασαν μεγάλη έκπληξη όταν έμαθαν την αξία του επενδυτικού του χαρτοφυλακίου. Ήξεραν ότι ασχολούνταν με τα χρηματιστήριο, αλλά ουδείς γνώριζε την έκταση. Ο Read δεν ήταν ποτέ ένας κλασσικά υψηλά αμειβόμενος αλλά ακόμα και έτσι, αποταμίευε και έκτιζε αθόρυβα το χαρτοφυλάκιό του. Πως το έκανε;

Ο Read ήταν ιδιαιτέρως ολιγαρκής και οικονόμος · εάν μπορούσε να αποταμιεύσει μια δεκάρα, το έκανε, λέει ένας από τους γνωστούς του. Ζούσε σε ένα πολύ απλό σπίτι, αποφεύγοντας τις δαπάνες και μένοντας μακριά ακόμα και από ταπεινές απολαύσεις: το αυτοκίνητο που είχε, ήταν ένα παλαιό Toyota που άξιζε περί των $6.000, και ήταν το ακριβότερο απόκτημά του. Ο τρόπος που ζούσε δεν έδινε κανένα σημάδι της έκτασης της περιουσίας του. Αλλά λόγω του λιτού τρόπου ζωής του, ήταν ικανός να αποταμιεύει χρήματα και να τα επενδύει.

Τα μυστικά του Read για την επενδυτική του επιτυχία ήταν:

• Ήταν πραγματικά μακροπρόθεσμος επενδυτής. Δεν ασχολούνταν με βραχυπρόθεσμες συναλλαγές. Με τον καιρό αύξανε τις μετοχές στο χαρτοφυλάκιό του, αγοράζοντας και άλλες · δεν πουλούσε, παρά εξαιρετικά σπάνια. Συσσώρευε χρόνο με τον χρόνο. Όταν πέθανε, ο

Read κατείχε 95 μετοχές (διαφορετικών εταιριών), πολλές από τις οποίες τις είχε κρατήσει για δεκαετίες.

Τι συνέβη με αυτήν τη συμπεριφορά; Επέτρεψε στην δύναμη του ανατοκισμού, να δουλέψει για λογαριασμό του · το γεγονός ότι έζησε αρκετά (έως 92 ετών) βοήθησε στην αύξηση της περιουσίας του σε αυτήν την έκταση.

• Ο Read συνήθως αγόραζε μετοχές εταιριών που πλήρωναν μερίσματα τακτικά. Είχε μετοχές εταιριών κοινής ωφελείας, τραπεζών, σιδηροδρόμων, τηλεπικοινωνιών, περίθαλψης υγείας και καταναλωτικών προϊόντων – αλλά είχε αποφύγει μετοχές του κλάδου τεχνολογίας. Τα μερίσματα που ελάμβανε επανεπενδύονταν στις ίδιες επιχειρήσεις που έδιδαν το μέρισμα, αγοράζοντας περισσότερες μετοχές τους.

Με αυτόν τον τρόπο, ο Read ήταν ενεργός αγοραστής και όχι, ενεργός trader. Υπάρχει μεγάλη διαφορά. Το ακούνε οι traders;

• Οι επιλογές του ήταν επικεντρωμένες σε blue chips: Μεταξύ των 95 μετοχών που είχε όταν πέθανε, υπήρχαν πολλά blue chips όπως Dow Chemical, General Electric, Johnson & Johnson, JPMorgan Chase, Procter & Gamble. Είχε και μετοχές καταναλωτικών ειδών, όπως J.M. Smucker και CVS Health, η οποία διαθέτει μεγάλο δίκτυο φαρμακείων αλλά και υπηρεσίες στον τομέα υγείας. Όπως ο Warren Buffett, ο Read επένδυε σε επιχειρήσεις που μπορούσε να κατανοήσει και απόφευγε αυτές που δεν μπορούσε να καταλάβει πως λειτουργούν και πως κερδίζουν, όπως του τεχνολογικού τομέα.

Ποιο είναι το μάθημά μας; Ότι ακόμα και με μια συντηρητική προσέγγιση, επενδύοντας κυρίως σε blue chips, μπορεί κάποιος να σημειώσει μεγάλη επιτυχία στην χρηματιστηριακή αγορά, σίγουρα με συνδυασμό και άλλων χαρακτηριστικών · όμως δεν είναι αναγκαίο προκειμένου να πετύχετε σπουδαίες αποδόσεις, να επενδύετε μόνο σε 'καυτές' μετοχές που είναι τομέων με διαφαινόμενη μεγάλη αναπτυξιακή προοπτική ή / και να κερδοσκοπήσετε.

Τα Blue Chips είναι μια πολύ ενδιαφέρουσα επιλογή, προσφέροντας μέγεθος και ασφάλεια. Όμως και αυτά περιέχουν ρίσκο, φυσικά μικρότερο από άλλες κατηγορίες μετοχών αλλά έχουν.

• Είχε ένα διαφοροποιημένο χαρτοφυλάκιο, καλομοιρασμένο σε πολλούς τομείς δραστηριότητας. Το καλό επίπεδο διαφοροποίησης, του επέτρεψε να κατανείμει το ρίσκο ευρέως και εντέλει να το μειώσει. Μερικές φορές ο Read αποτύγχανε στις επιλογές του: για παράδειγμα, είχε θέση στην Lehman Brothers, αλλά επειδή ήταν καλά διαφοροποιημένος, αυτή η περίπτωση παταγώδους αποτυχίας εταιρίας και φαντάζομαι και άλλες στην μακρά επενδυτική του ιστορία, είχε μικρή επίδραση στην συνολική του επίδοση.

Τι μάθαμε; Ότι ένα καλά διαφοροποιημένο χαρτοφυλάκιο έχει χαμηλότερο συνολικό ρίσκο, πλησιάζει περισσότερο προς το συστημικό κίνδυνο και αυτό είναι καλό για εμάς (επενδυτές).

• Ήταν άτονος πωλητής. Ο Read κρατούσε πολλές από τις μετοχές του σε φυσική μορφή. Εάν ήθελε να πουλήσει κάποιες από αυτές, έπρεπε να ανοίξει το χρηματοκιβώτιό του, να πάρει τους τίτλους, να οδηγήσει στην τράπεζα, όπου βρίσκονταν ο χρηματιστηριακός του λογαριασμός. Μόνο τότε, ήταν δυνατή μια πώληση. Ήταν μια δύσκολη διαδικασία που εμπόδιζε σε κάποιο βαθμό, τις πωλήσεις.

Ποιο είναι το μάθημά μας; Απόφευγε να πουλάς, μείνε στην αγορά και εκμεταλλεύσου την μακροχρόνια, γενικά ανοδική τάση.

Κάποιοι μπορεί να επιχειρηματολογήσουν και να ρωτήσουν γιατί ο Read συσσώρευσε τέτοια περιουσία και δεν την ξόδεψε, το σύνολο της ή μέρος αυτής, όσο ζούσε; Αλλά η απάντηση σε αυτό, είναι ότι ορισμένοι άνθρωποι δεν βρίσκουν απαραιτήτως ικανοποίηση με το να κατέχουν υλικά αγαθά και μάλιστα πολυτελείας και μπορούν κα ζουν μια φαινομενικά απλή ζωή, που τους είναι ευχάριστη και να κάνουν άλλα πράγματα που φέρνουν ευτυχία · ο υλισμός και εγωκεντρισμός δεν είναι η προτεραιότητά τους. Εντέλει, δεν υπάρχει ανάγκη προκειμένου να απολαμβάνεις τη ζωή, να ζεις μια ζωή υλιστικής παρακμής. Το απλό είναι ωραίο και καλό. Ο Ronald Read για παράδειγμα, βοηθούσε την κοινότητά του και έκανε ορισμένες γενναιόδωρες δωρεές από καιρού εις καιρόν. Μπορείς να είσαι χαρούμενος με λίγα · ελεύθερος από όλες αυτές τις έξτρα 'αποσκευές'. Άλλωστε ο Read ζούσε απλά, επένδυε συστηματικά και συντηρητικά και έζησε μια μακρά ζωή... καλά μου φαίνεται σε εμένα.

Φυσικά δεν προτείνω να ζεις κανείς αυτοβούλως σε συνθήκες σχεδόν φτώχειας προκειμένου να επενδύει αλλά θα υποστήριζα να ζήσει μετριοπαθώς για ορισμένο λογικό βάθος χρόνου, απορρίπτοντας περιττές και κοστοβόρες ανάγκες προκειμένου να απολαύσει τη ζωή αργότερα.

Κάποιος μπορεί να πει σχετικά με τον Ronald Read, ότι αυτή η περίπτωση ήταν 'απίστευτη' αφού έφτασε να έχει μια περιουσία εκατομμυρίων, ωστόσο ήταν εφικτή: συνέβη, είναι δεδομένο.

Κατανοείτε ότι εάν ένας άνθρωπος με λίγα μέσα, που δεν ήταν ποτέ καλοπληρωμένος, ούτε και διέθετε προσόντα πιστοποιημένης γνώσης (πτυχία σε οικονομικά κ.λπ.), κατάφερε και έκτισε μια περιουσία αυτού του μεγέθους, γιατί να μην μπορείτε και εσείς να γίνετε εκατομμυριούχοι;

Τέταρτο Μέρος:
Πέρα από την Επιστήμη,
Mega Bears και Κλείσιμο

Η Μεταφυσική και η Φυσική

Ο Νόμος της Έλξης

"Αυτοί που ξέρουν δεν μιλούν. Αυτοί που μιλούν δεν ξέρουν." - Laozi

Όλα τα προαναφερθέντα σχετικά με τον Ronald Read, είναι πραγματικά και πέραν αμφισβήτησης αλλά θα προσθέσω και κάποιες 'μεταφυσικές' παρατηρήσεις: Στους περισσότερους ανθρώπους όταν επενδύουν / συμμετέχουν σε μια επιχείρηση, τους έρχεται αβίαστα η τάση να 'διαφημίσουν' την θέση τους: τους αρέσει να μιλούν σχετικά με την επένδυσή τους διότι υποσυνείδητα πιστεύουν ότι μιλώντας (με θετικό τρόπο) για αυτήν την επενδυτική θέση, μπορούν να επηρεάσουν άλλους ανθρώπους να αγοράσουν και να ενδυναμώσουν έτσι την ανοδική τάση της μετοχής ή απλά, με την 'αποδοχή' του κοινού, αισθάνονται περισσότερο ασφαλείς για την θέση που έχουν λάβει.

Εκτός από το ότι είναι ανόητο να πιστεύει κανείς ότι ως μεμονωμένο άτομο μπορεί να επηρεάσει την τάση, αυτό που θα πρέπει να προσέξετε σχετικά, είναι ότι ο Read δεν μιλούσε για τις επενδύσεις του – γι'αυτό όλοι στον κύκλο του (οικογένεια και φίλοι) βρέθηκαν προ εκπλήξεως όσον αφορά στο μέγεθος της περιουσίας του, όταν πέθανε.

Νομίζω ότι εάν κρατάς ένα ήσυχο, χαμηλό προφίλ και δεν μιλάς για τις επενδύσεις σου, είναι με έναν υπερφυσικό τρόπο καλό για εσένα. Με το υπερφυσικό δεν εννοώ μη φυσικό διότι στο σύμπαν, τα πάντα λειτουργούν σύμφωνα με φυσικούς νόμους και τρόπους. Ωστόσο, με τον όρο 'υπερφυσικό', αναφέρομαι σε νόμους που αγνοούμε σήμερα.

Δεν έχετε ποτέ προσέξει ότι οι άνθρωποι που μιλάνε πολύ συχνά για τα επιτεύγματά τους, είναι συνήθως αγχωμένοι; Κατά παρόμοιο τρόπο, αυτοί που μιλάνε σχετικά με τις επενδύσεις που πραγματοποίησαν, για τις μετοχές που αγόρασαν, δεν είναι γαλήνιοι · είναι αγχωμένοι και αυτό το άγχος σύμφωνα με τον 'υπερφυσικό' και συχνά αποκαλούμενο, Νόμο της Έλξης, φέρνει το αντίθετο του επιθυμητού, αποτελέσματα. Γενικά μιλώντας, ο Νόμος της Έλξης είναι το αξίωμα ότι "το όμοιο προσελκύει το όμοιο". Θετικές στάσεις προσελκύουν θετικά πράγματα και αρνητικές, προσελκύουν αρνητικά. Ένας που κουβεντιάζει όλη την ώρα για τις επενδύσεις του, υποσυνείδητα είναι αγχωμένος ως προς την επιτυχία του. Η ανησυχία είναι αρνητικό συναίσθημα και αν ο Νόμος της Έλξης ισχύει, με αυτήν την αρνητική νοοτροπία, προσελκύετε αρνητικές συνέπειες: ως αποτέλεσμα, θα αποτύχετε.

Επιπλέον, που έχει να κάνει με τον Νόμο της Έλξης, εάν μιλάτε συχνά και σε πολλούς ανθρώπους, για τις επενδύσεις σας, μπορεί μεταξύ αυτών των ανθρώπων να υπάρχουν κάποιοι που να σας φθονούν · εάν υποσυνείδητα σας στέλνουν αρνητική ενέργεια, αυτό μπορεί να βλάψει την κερδοφορία της επένδυσής σας.

Πρέπει να κατανοήσετε ότι δεν έχετε κανέναν λόγο να μιλάτε σχετικά με τις επενδύσεις σας, σε κανέναν. Γιατί να μιλάτε; Δεν είστε σίγουροι για αυτές; Και θα αποκτήσετε σιγουριά εάν μιλάτε σε άλλους; Όχι. Αντιθέτως, μιλώντας, επιτρέπετε σε άλλους να μάθουν για την επένδυση που κάνατε, και μπορούν από καιρού εις καιρόν να ρωτάνε πως τα πάτε, για να δουν την πρόοδό σας, την επιτυχία ή αποτυχία σας · αυτό το follow up από αυτούς που γνωρίζουν τις επενδύσεις σας επειδή εσείς τους τις φανερώσατε, σας εμπλέκει περισσότερο συναισθηματικά, καθώς δεν θέλετε να δείξετε ένα 'πρόσωπο' που απέτυχε στην εκτίμησή του. Και αυτό είναι πραγματικό, είναι ψυχολογία. Όσο περισσότερο εμπλέκεστε συναισθηματικά, τόσο το χειρότερο για την επενδυτική σας επιτυχία.

Γι'αυτό μην μιλάτε για τις επενδύσεις σας. Το ιδεώδες θα είναι να τις κρατάτε μυστικές. Ο Ronald Read δεν μιλούσε για τις δικές του.

Άλλωστε, η αγορά θα συνεχίσει στην πορεία της και δεν θα επηρεαστεί από τις προσπάθειές σας · οι προσπάθειές σας είναι αντικειμενικά, υπερβολικά μικροσκοπικές για το τεράστιο μέγεθος της αγοράς και γι'αυτό δεν έχετε τίποτα να κερδίσετε με το να μιλάτε. Αντιθέτως, εάν παραμένετε σιωπηλός, ίσως έχετε κάτι να κερδίσετε αλλά σίγουρα τίποτα να χάσετε. Επομένως γιατί να μην συμπεριφερθείτε έτσι; Επιπλέον, με το να μένετε σιωπηλός έχετε να κερδίσετε ότι με τον καιρό, συνηθίζετε να έχετε μια ψύχραιμη στάση. Μια τέτοια νοοτροπία, μπορεί να σας βοηθήσει να μειώσετε τα καταστροφικά συναισθήματα και να καταστείτε περισσότερο λογικός και αντικειμενικός στην κρίση σας και συνεπακόλουθα, αυτό είναι αναμφίβολα καλό για εσάς.

Παρόλο που δεν γνωρίζουμε επιστημονικώς εάν δουλεύει, ωστόσο είναι καλό ή αντιθέτως, δεν βλάπτει καθόλου, να οραματίζεστε ότι το χαρτοφυλάκιό σας αυξάνεται. Όπως λένε κάποιοι ερευνητές αυτών των πεδίων, ο καλύτερος χρόνος για οραματισμό είναι όταν πέφτετε για ύπνο: τότε ο συνειδητός νους αρχίζει να ατονεί και ο υποσυνείδητος νους σας αρχίζει να δραστηριοποιείται, ο οποίος είναι και υπεύθυνος για την απελευθέρωση των μαγικών και δημιουργικών δυνάμεων.

Θα πρέπει επιπλέον, να υιοθετήσετε μια θετική στάση στη ζωή σας. Πρέπει να αποφεύγετε πάση θυσία, τις αρνητικές σκέψεις και κάθε αρνητική επίδραση από άλλους, πάνω σας. Να έχετε στο μυαλό σας το αξίωμα "το όμοιο προσελκύει το όμοιο" το οποίο ισχύει σύμφωνα με τον Νόμο της Έλξης. Λέω ξανά ότι δεν γνωρίζουμε επιστημονικώς εάν δουλεύει αλλά γνωρίζουμε το ακόλουθο: Έχετε στο μυαλό σας, κάποιο *πραγματικά επιτυχημένο πρόσωπο στις επιχειρήσεις και στην ζωή γενικώς, που να είναι γκρινιάρης και αρνητικός;* Εγώ όχι. Και δεν έχετε προσέξει ότι οι *πραγματικά πετυχημένοι και χαρούμενοι και τυχεροί στη ζωή τους, είναι οι άνθρωποι που είναι πραγματικά αισιόδοξοι, που γελούν πολύ και είναι αυθεντικά θετικοί;* Ενεργείτε λοιπόν σαν και αυτούς μέχρι να σας γίνει φύση, αυτή η θετική στάση.

Δείτε επίσης και την αντίθετη άποψη της αρνητικής επιρροής: Σαν *παράδειγμα πάρτε την λεγόμενη κατάρα των Κένεντι.* Η γνωστή και ισχυρή αμερικάνικη οικογένεια, υπέφερε *μια σειρά ατυχών περιστατικών που αφορούσε στα μέλη της, περιστατικών όπως θανατηφόρα ατυχήματα, πρόωροι θάνατοι και δολοφονίες.* Ίσως *καθώς η οικογένεια είχε μια αξιοπρόσεκτη ενεργή παρουσία στην κοινωνική ζωή και πολιτική των ΗΠΑ, να προσέλκυσε φθόνο (αρνητική ενέργεια),* οδηγώντας σε *αυτά τα αρχικά άτυχα περιστατικά, τα οποία έδρασαν σαν παλιρροιακό κύμα,* πυροδοτώντας την σκέψη των ανθρώπων ότι κάτι κακό συμβαίνει με τους Κένεντι και επέφερε *περισσότερα ατυχή περιστατικά.* Ακόμα και ένα μέλος της οικογένειας, ο Ted Kennedy *μιλώντας στα μέσα ενημέρωσης μια φορά, αναρωτήθηκε "κατά πόσο κάποια φοβερή κατάρα επικρέμεται σε όλους τους Κένεντι",* εμμέσως υποδεικνύοντας ότι *πίστευε σε αυτή την κατάρα.* Και ίσως δεν ήταν το μοναδικό *μέλος της οικογένειας που πίστευε ότι ήταν* καταραμένοι. Είναι ενδεικτικό ότι πολλοί *άνθρωποι πιστεύουν ότι η* κατάρα επεκτάθηκε μέσω της Jacqueline Kennedy, *της πρώην συζύγου του δολοφονηθέντος Προέδρου των ΗΠΑ,* John F. Kennedy, *στην οικογένεια του Έλληνα μεγιστάνα, Αριστοτέλη Ωνάση.* Από όταν η Jacqueline *παντρεύτηκε τον Αριστοτέλη το* 1968, ένα *κύμα άτυχων περιστατικών (μοιραία ατυχήματα, πρόωροι θάνατοι) χτύπησαν την πλούσια και διάσημη ελληνική οικογένεια:* Ο *υιός του Αριστοτέλη, Αλέξανδρος Ωνάσης, πέθανε από πτώση αεροσκάφους στο οποίο επέβαινε, το* 1973. Η *πρώτη σύζυγος του Αριστοτέλη Ωνάση και μητέρα του Αλέξανδρου, Τίνα, πέθανε* ενδεχομένως όπως ακούστηκε από υπερβολική δόση φαρμάκων, το 1974, σε ηλικία μόλις 45 ετών. Ο ίδιος ο ιδρυτής της δυναστείας, Αριστοτέλης Ωνάσης, άρχισε να κάμπτεται από τα χτυπήματα της μοίρας και πέθανε το 1975. Τα δυο παιδιά του Αριστοτέλη, ο γιός του Αλέξανδρος και η κόρη του Χριστίνα, αντιτίθετο προς τον γάμο του με την Jacqueline, παρόλο που είχε χωρίσει με την πρώτη γυναίκα του, αρκετά νωρίτερα, από το 1960, καθώς είχε γίνει γνωστή η σχέση του Αριστοτέλη με την Μαρία Κάλλας. Και τα δυο παιδιά του, Αλέξανδρος και Χριστίνα, ετών 20 και 18 αντίστοιχα κατά το χρόνο του δεύτερου γάμου του, ήταν αρνητικά προδιατεθειμένα όσον αφορούσε την Jacqueline, και συχνά μιλούσαν στον πατέρα τους για την κατάρα των Κένεντι – προφανώς πιστεύοντας ότι θα πλήξει και την οικογένεια των Ωνάση με αυτόν τον γάμο. Και η κακή τύχη δεν τέλειωσε εκεί, καθώς η Χριστίνα Ωνάση, πέθανε το 1988 σε ηλικία μόλις 38 ετών…

Συνεπώς, είναι όλα τα παραπάνω απλά συμπτώσεις ή υπάρχει κάτι περισσότερο που έχει να κάνει με κάποιο είδος αρνητικής ενέργειας;

Φαίνεται ότι ένας τρόπος για να προστατέψετε τον εαυτό σας από την αρνητική ενέργεια των άλλων, είναι να διατηρείτε ένα πολύ χαμηλό και μετριοπαθές προφίλ. Άλλωστε εάν το πλήθος δεν σας γνωρίζει, δεν μπορεί και να σας φθονεί.

Άλλη μία ενδιαφέρουσα παρατήρηση είναι ότι τον Μάιο του 2016, διάβασα για έναν 48χρονο εργαζόμενο σε οικοδομές, ονόματι Bruce Magistro, ο οποίος κέρδισε $1 εκατομμύριο σε ένα παιγνίδι λοταρίας για δεύτερη φορά, καθώς τέσσερα χρόνια πριν είχε κερδίσει $1 εκατομμύριο σε τζακ-ποτ στο ίδιο παιγνίδι. Οι στατιστικοί λένε ότι η πιθανότητα να κερδίσεις ένα εκατομμύριο ξανά, ήταν μία στα δύο δισεκατομμύρια. Φυσικά εάν ο Bruce έδιδε σημασία στις πιθανότητες, δεν θα είχε παίξει ξανά, αφού κέρδισε το πρώτο του εκατομμύριο. Αντιθέτως, συνέχισε να παίζει τακτικά και τα κατάφερε ξανά. Η Yolanda Vega, η οποία παρουσίαζε την τελετή παράδοσης της επιταγής με τα κερδισμένα στον Magistro το 2012, του είπε τότε, ότι *υπήρχε πάντα η πιθανότητα να κερδίσει ξανά* (ένα τέτοιο ποσό). Η Yolanda είπε αυτό τότε, πίσω στο 2012, επειδή *ένοιωσε κάποια 'ενέργεια' από το 'είναι' του Bruce.* Ο Bruce, όπως ομολόγησε τώρα, στη δεύτερη νίκη του, *πίστεψε στα λόγια της ένθερμα* και θεωρούσε ότι όντως, μπορούσε να κερδίσει ξανά. Γι'αυτό συνέχισε να παίζει τακτικά, αψηφώντας τις τεράστιες πιθανότητες του να μην κερδίσει. Είναι λοιπόν η Τύχη τυφλή ή η θεά Τύχη στρέφεται προς αυτούς που την αναζητούν;

Η πίστη, το να πιστεύεις σε κάτι με όλη σου την καρδιά, χωρίς να αμφιβάλεις για την επιτυχία σου (η ανησυχία πρέπει να εξαφανιστεί από την διάθεσή σας), φαίνεται να είναι ουσιώδες για οποιαδήποτε μεγάλη επιτυχία. Για σκεφτείτε το... φέρτε στο μυαλό σας, οποιοδήποτε πρόσωπο γνωρίζετε και είναι πολύ πετυχημένος. Είναι ανήσυχος και αγχώδης; Ή έχει πολύ δυνατή θέληση και θετική στάση; Και αντιθέτως, σκεφτείτε τους έντονα αγχωτικούς ανθρώπους που γνωρίζετε...

Ήταν όλο αυτό υπερβολικά 'υπερφυσικό';

Ας εξετάσουμε περίπου το ίδιο, αλλά από διαφορετική οπτική, πιο προσγειωμένη, πιο επιστημονική, τουλάχιστον από την πλευρά της ψυχολογίας.

Θετική και Δημιουργική Σκέψη

Ἐνα παραδοσιακό κινέζικο απόφθεγμα που αποδίδεται στον Laozi (6ος αιώνας π.Χ.), λέει ότι *ένα ταξίδι χιλίων μιλίων ξεκινά με ένα απλό βήμα*. Πόσο σοφό! Με άλλα λόγια, εννοεί ότι ακόμα και τα μεγαλύτερα χρονικά και περισσότερο δύσκολα ζητήματα, έχουν ένα σημείο έναρξης. Τίποτα δεν είναι επιτεύξιμο εάν δεν αρχίσεις να δρας πάνω σε αυτό. Τίποτα δεν γίνεται από μόνο του. Εσύ πρέπει να το κάνεις να συμβεί και μπορείς να τα καταφέρεις, εφόσον πιστέψεις ότι είναι εφικτό και να αρχίσεις να δρας.

Έχουμε μια παρόμοια παλαιά παροιμία, εδώ στην Ελλάδα, η οποία αποδίδεται στον Πυθαγόρα, που αναφέρει ότι *αρχή ήμισυ παντός*. Πόσο παράξενο και τυχαίο είναι, ότι δύο από μεγαλύτερους φιλόσοφους του κόσμου, ένας από την Ανατολή και ο άλλος από την Δύση, που ήταν σύγχρονοι, καθώς και οι δυο τους έζησαν τον 6ο αιώνα π.Χ., είπαν στην πραγματικότητα το ίδιο πράγμα, τον ίδιο καιρό!

Ωστόσο οι δύο παροιμίες έχουν μια λεπτή διαφορά: ο Laozi έδωσε έμφαση στην διανοητική απλότητα ενθάρρυνσης κάποιου να κάνει το πρώτο βήμα – πρέπει να κατανοήσετε ότι εάν θέλετε να καταφέρετε κάτι, πρέπει να αρχίσετε να ενεργείτε σχετικά · ο Πυθαγόρας έδωσε έμφαση στην 'βαρύτητα' της αρχής, καθώς περιέγραψε ότι το ξεκίνημα 'ζυγίζει', όχι ένα μικρό ποσοστό του όλου αλλά το μισό του – άλλωστε, το ξεκίνημα είναι συχνά ένα δύσκολο ζήτημα – στην Ελλάδα, έχουμε επίσης μια παραδοσιακή παροιμία, που παρομοίως λέει ότι *κάθε αρχή και δύσκολη*.

Στην ανθρώπινη ιστορία, υπήρχε πλήθος 'απίθανων' εξελίξεων και επιτευγμάτων που πριν συμβούν, θεωρούνταν απίθανο να συμβούν. Αλλά συνέβησαν και σήμερα, θεωρούνται δεδομένες και 'φυσικές'.

Το απίθανο και αδύνατο του σήμερα γίνεται το σύνηθες και 'φυσικό' του αύριο. Θέλετε παραδείγματα;

Η πτήση. Όταν οι αδερφοί Wright (ο Wilbur και Orville), σκέφτηκαν αρχικά ότι θα μπορούσαν να κατασκευάσουν μια ιπτάμενη μηχανή, στην είσοδο του 20ου αιώνα, σχεδόν όλος ο κόσμος τους χλεύαζε. Επιπλέον, προσέξτε ότι οι αδερφοί Wright, αυτοί οι πρωτοπόροι μηχανικοί, δεν είχαν δίπλωμα ανώτερης εκπαίδευσης · ήταν απλά απόφοιτοι Λυκείου και φυσικά, ήταν αυτοδίδακτοι ερασιτέχνες εφευρέτες – φυσικά, πολύ πιο ικανοί από πολλούς διπλωματούχους μηχανικούς, μορφωμένους σε πανεπιστήμια κ.λπ..

Όταν ο Wilbur Wright πέθανε από τυφοειδή πυρετό, στην ηλικία των 45 ετών, ο πατέρας του Milton έγραψε στο ημερολόγιό του σχετικά με τον γιο του: "Μια βραχεία ζωή, πλήρη σημασίας. Μια αστείρευτη διάνοια, ατάραχη διάθεση, μεγάλη αυτό-πεποίθηση και τόσο μεγάλης σεμνότητας, έβλεπε το σωστό ξεκάθαρα, το επεδίωκε σταθερά, έζησε και πέθανε."

Τι μπορούμε να δούμε από την περιγραφή του Wilbur από τον πατέρα του;

• αστείρευτη διάνοια = έξυπνος, ισχυρός νους
• ατάραχη διάθεση = ψυχραιμία, δεν επέτρεπε στον εαυτό του να εκνευριστεί
• μεγάλη αυτό-πεποίθηση = θέληση και πίστη στις δυνάμεις του
• σεμνότητα = απλός που δεν προκαλούσε
• το επεδίωκε σταθερά = ήταν συγκεντρωμένος στο να ενεργεί αποφασιστικά και συνεχώς στην κατεύθυνση των στόχων του

Κάποιος μπορεί να πει ότι αυτά τα χαρακτηριστικά είναι τα ίδια σε οποιοδήποτε πετυχημένο άνθρωπο, γενικότερα στη ζωή.

Άλλο ένα παράδειγμα είναι ο ηλεκτρισμός και συγκεκριμένα το Εναλλασσόμενο Ρεύμα, γνωστό με τα αρχικά AC (από το Alternating Current). Εάν σήμερα απολαμβάνουμε πλήθος συσκευών και βασικά ολόκληρη η ζωή μας, σχεδόν τα πάντα, εξαρτώνται από τον ηλεκτρισμό, αυτό συμβαίνει χάρη στις ανακαλύψεις του Tesla σε αυτό το πεδίο (ηλεκτρισμός). Πιστεύω ότι σήμερα, κανείς δεν μπορεί να φανταστεί τη ζωή του χωρίς ηλεκτρισμό. Σκεφτείτε ότι στους ανθρώπους του 19ου αιώνα και προς τα πίσω, η δυνατότητα του ηλεκτρισμού, θα φαίνονταν σαν θαύμα, περίπου κάτι σαν μαγεία και φυσικά θα θεωρούνταν αδύνατο να συμβεί. Αλλά συνέβη και τώρα θεωρείται κάτι δεδομένο. Για άλλη μια φορά, είναι ενδιαφέρον να μελετήσετε όσον αφορά στα χαρακτηριστικά που είχε, αυτός ο σπουδαίος επιστήμονας: ο Tesla έδειχνε βαθύ ενδιαφέρον στην εργασία του. Διέθετε την αγάπη για τον εαυτό του και την εμπιστοσύνη στις δυνάμεις του, που συνήθως πάνε με την επιτυχία. Μερικές φορές, βίωνε στιγμές έμπνευσης. Ο Tesla οραματίζονταν μια επινόηση – εφεύρεσή του στο μυαλό του με υπερβολική ακρίβεια, σε τέτοιο επίπεδο που όταν συχνά συνέχιζε στο στάδιο της κατασκευής, το έκανε χωρίς να την έχει σχεδιάσει · δούλευε δηλαδή από μνήμης. Αυτή η τεχνική είναι γνωστή ως 'picture thinking'. Και τι είναι το 'picture thinking' εάν όχι, μια πολύ εστιασμένη σκέψη παραλλήλως με τον έντονο οραματισμό αυτού που είχε στόχο να δημιουργήσει;

Δεν θα συνεχίσω με άλλα παραδείγματα σε άλλους τομείς · νομίζω ότι πιάνετε το νόημα: οτιδήποτε μπορεί να συμβεί, εφόσον σκεφτείτε πάνω σε αυτό και αρχίσετε να ενεργείτε σχετικά και μείνετε σταθερά εστιασμένος στον στόχο σας, έως ότου το καταφέρετε. Τα επιτεύγματα δεν χρειάζεται να επιφέρουν κοσμοϊστορικές αλλαγές · μπορεί να είναι μικρά αλλά δημιουργικά, εξαρτώμενα από τους στόχους μας.

Αλλά το θέμα αυτού του βιβλίου είναι οι επενδύσεις. Συνεπώς σε αυτό το θέμα, δείτε ένα σύγχρονο παράδειγμα πάνω σε αυτό το πεδίο: ο πιο πετυχημένος επενδυτής, ο Warren Buffett, είπε ότι *γνώριζε πάντα, ότι θα γίνονταν πλούσιος. Και δεν αμφέβαλε ποτέ, ούτε για ένα λεπτό.* Το απόφθεγμα αυτό του Buffett δείχνει την θετικότητά του, την εμπιστοσύνη στις δυνατότητές του, την ακλόνητη πίστη του και προσήλωσή του σε μια ιδέα / στόχο. Και ποιο είναι το αποτέλεσμα; Είναι ένας από τους πλουσιότερους ανθρώπους διεθνώς – ναι, τα πάντα άρχισαν με την στάση του νου του, και με τις σχετικές δράσεις του να ακολουθούν. Είχε ακλόνητη πίστη ότι μπορούσε να τα καταφέρει και κανένας δεν μπορούσε να του πει ότι αυτό ήταν αδύνατον.

Ακολουθήστε τα παραπάνω παραδείγματα της πραγματικής ζωής · σκεφτείτε κάτι – μπορεί αυτό να είναι μικρό, αλλά καλύτερα να είναι μεγάλο. Οραματιστείτε το – ίσως για αυτούς που δεν είναι συνηθισμένοι να οραματίζονται, να τους είναι δύσκολο στην αρχή. Επιμείνετε στην ανάπτυξη αυτού του έντονου οραματισμού της ιδέας σας / στόχου σας. Όσο πιο ζωντανός ο οραματισμός, τόσο το καλύτερο. Άλλωστε, η αρχή είναι το ήμισυ του παντός. Κάνατε το πρώτο βήμα, ίσως και περισσότερο, τώρα είστε πιο κοντά στο επίτευγμά σας. Ποτέ μην εγκαταλείπετε, όποιες δυσκολίες και εμπόδια και εάν συναντάτε. Τελειώνετε αυτό που ξεκινάτε. Διατηρείτε θετική στάση, δουλεύετε πάνω σε αυτό ξανά και ξανά, μείνετε εστιασμένοι και εντέλει, θα τα καταφέρετε!

Συνεπακόλουθα, για να καταστήσετε ευκολότερο να έχετε μια θετική νοοτροπία που θα σας βοηθάει να πλησιάσετε τους στόχους σας, πρέπει να απορρίψετε ό,τι σας κρατάει πίσω, εννοώντας με αυτό, κυρίως τις αρνητικές επιρροές: αποφύγετε να συναναστρέφεστε με *οποιονδήποτε* είναι αρνητικός και γκρινιάρης ως προς τους στόχους σας, που σας λέει ότι δεν μπορείτε να τα καταφέρετε κ.λπ.. Αρνητικός είναι επίσης όποιος είναι ανήσυχος, που να φοβάται, αγχώδης και καταθλιπτικός – αποφύγετέ τους, καθώς θα αποσπάσουν την εστίασή σας προς την κατεύθυνση της επιτυχίας των στόχων σας και θα μειώσουν την δική σας δημιουργική ενέργεια.

Εάν δίδετε σημασία στις αρνητικές προσεγγίσεις των άλλων προς εσάς, μειώνετε το θετικό δυναμικό σας. Αυτό είναι εμφανές και από τους κανόνες της άλγεβρας:

• Εάν σε ένα θετικό νούμερο προσθέσετε ένα αρνητικό, μειώνει το αποτέλεσμα και εάν το αρνητικό νούμερο είναι μεγαλύτερο από το θετικό, θα λάβετε αρνητικό αποτέλεσμα. Αυτό συμβαίνει όταν δίδετε σημασία σε αρνητικές προσεγγίσεις των άλλων απέναντί σας. Παραδείγματα: $10 + (-5) = 5$ ή $10 + (-12) = -2$.

• Από την άλλη πλευρά, εάν από ένα θετικό νούμερο αφαιρέσεις ένα αρνητικό νούμερο, αυξάνει το θετικό αποτέλεσμα. Αυτό συμβαίνει όταν έχετε αρνητικές επιρροές από άλλους ή και από τον ίδιο τον εαυτό σας, που σας πιέζουν προς τα κάτω και τις εξαλείψετε. Παράδειγμα: $10 - (-5) = 15$. Γι'αυτό είναι ουσιώδες να αφαιρέσετε και να εξαφανίσετε από την ζωή σας, οτιδήποτε σας κρατά προς τα κάτω, οτιδήποτε απαισιόδοξο και αρνητικό, είτε προέρχεται από άλλους είτε από τον ίδιο σας τον εαυτό.

Η φίλη μου η Cassandra Campell-Kemp το θέτει όμορφα λέγοντας, *η αρνητική σκέψη δημιουργεί εμπόδια · η θετική σκέψη τα εξαφανίζει!*

Γι'αυτό βγάλτε από τη λέξη αδύνατον το α και μένει δυνατόν! Όπως βλέπετε, λεπτή είναι η διαφορά μεταξύ της αρνητικής και θετικής διάθεσης. Πιστέψτε σε αυτό που έχτε στο μυαλό σας και αρχίστε να ενεργείτε προς αυτό! Μη σταματάτε μέχρι να το πετύχετε!

Η μέθοδος PDCA

Προκειμένου να πετύχετε στις επενδύσεις, μπορείτε να εφαρμόζετε την μέθοδο PDCA: τα αρχικά σημαίνουν Plan–Do–Check–Act (ή Plan–Do–Check–Adjust). Στα ελληνικά σημαίνουν αντίστοιχα: Σχεδίασε-Πράξε-Έλεγξε-Δράσε ή αντί του τελευταίου, μπορεί να είναι Αναπροσάρμοσε.

Το PDCA είναι ένα σύστημα – μέθοδος της επιστήμης του management και μπορείτε να το χρησιμοποιήσετε και τον τομέα των επενδύσεων. Όπως φαίνεται, είναι μια επαναληπτική μέθοδος τεσσάρων βημάτων που χρησιμοποιείται σε επιχειρήσεις για τον έλεγχο και συνεχή βελτίωση των διαδικασιών και προϊόντων. Ας το εξηγήσουμε εν συντομία:

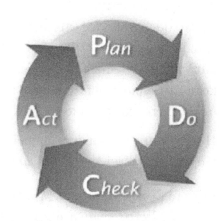

• **Σχεδίασε - Plan**: Πρέπει να καθορίσετε τους στόχους και τις διαδικασίες που απαιτούνται για να πετύχετε τα αποτελέσματα που θέλετε σε συμφωνία με τους στόχους σας. Δημιουργείτε λοιπόν το Σχέδιο.

• **Πράξε - Do**: Εφαρμόστε το σχέδιο, εκτελέστε τις διαδικασίες, πετυχαίνετε κάποιο αποτέλεσμα. Συλλέγετε τα δεδομένα για ανάλυση και χρήση στα επόμενα στάδια "Ελέγξτε - Check" και "Δράστε - Act".

• **Ελέγξτε - Check**: μελετήστε τα πραγματικά αποτελέσματα (που μετρήθηκαν και συλλέχθηκαν στο προηγούμενο στάδιο "Do") και συγκρίνετέ τα έναντι των αναμενόμενων αποτελεσμάτων (τους στόχους που είχατε θέσει από το "Σχεδίασε - Plan"), να εντοπίσετε οποιεσδήποτε αρνητικές αποκλίσεις.

• **Δράστε - Act**: Εάν ο Έλεγχος - Check δείξει ότι το Σχέδιο - Plan που εφαρμόστηκε στο "Πράξε - Do" πέτυχε αποτελέσματα κατώτερα των στόχων σας, πρέπει να πάτε σε νέο κύκλο δράσης · για κάποιο λόγο αποτύχατε, συνεπώς Αναπροσαρμόζετε - Adjust το Σχέδιό σας για να τα καταφέρετε σε μια νέα φάση. Και η μέθοδος PDCA, συνεχίζει σε κύκλους.

Φυσικά, εάν η δράση σας, πετύχει καλύτερα αποτελέσματα από αυτά των στόχων σας, στο επενδυτικό πεδίο, τότε αυτό είναι καλό και, όπως φαντάζεστε, δεν προσαρμόζετε το σχέδιο δράσης σας. Το πεδίο των επενδύσεων είναι πολύ 'ευαίσθητο' και εάν πραγματικά πετυχαίνουμε, δεν χρειάζεται να κάνουμε αλλαγές. Άλλωστε όπως και στα σπορ, δεν αλλάζεις μια ομάδα που κερδίζει.

Πρέπει να φοβόμαστε τις Mega-Bears;

Τι γίνεται εάν οι συνθήκες είναι τόσο άσχημες που θα γυρίσουν την αγορά σε μια mega-bear, ήτοι μια πολύ ισχυρή και παρατεταμένη χρονικά, πτωτική κίνηση; Ο κανόνας είναι ότι οι αγορές κινούνται κυρίως προς τα πάνω μακροπρόθεσμα αλλά ως εξαίρεση μπορεί να εισέλθουν σε μια μακροχρόνια πτωτική κίνηση. Συμβαίνει σπανίως αλλά συμβαίνει.

Ως παράδειγμα, συνέβη στην αμερικάνικη χρηματιστηριακή αγορά το 1929: πήρε 25 χρόνια στον Dow Jones για να ξεπεράσει την κορυφή του 1929 · εάν κάποιος είχε αγοράσει τον δείκτη τον Σεπτέμβριο του 1929, έπρεπε να περιμένει μέχρι το 1954 για να εξαλείψει και μόνο τις προηγούμενες ζημιές.

Συνέβη επίσης και στην σύγχρονη εποχή, στην Ιαπωνία: ο Nikkei-225, ο βασικός δείκτης της ιαπωνικής χρηματιστηριακής αγοράς σημείωσε ιστορικά υψηλά στις 38.916 μονάδες προς τα τέλη του Δεκεμβρίου του 1989. Είκοσι χρόνια μετά, στην διεθνή χρηματοοικονομική κρίση, ο Nikkei βρέθηκε στις 7.055 μονάδες · η πτώση από την ιστορικά υψηλή τιμή ήταν 81,9%. Στο τέλος του Σεπτεμβρίου 2015, ο Nikkei είχε συμπληρώσει 26 χρόνια, 'βυθισμένος' δηλαδή σε τιμές χαμηλότερες από το ιστορικό υψηλό, και ακόμα, ήταν 54% χαμηλότερα από την ιστορικά υψηλή τιμή.

Εδώ στην Ελλάδα, ο Γενικός Δείκτης του Χρηματιστηρίου Αθηνών, έχει πέσει από την ιστορικά υψηλή τιμή των 6.200 μονάδων (το έτος 1999) και τώρα, δεκαεπτά χρόνια αργότερα, ο Δείκτης βρίσκεται στις 633 μονάδες με ζημιές σχεδόν 90% και ακόμα, δεν διαφαίνεται φως στο τούνελ.

Τι θα συμβεί λοιπόν αν είμαστε αρκετά άτυχοι και όταν αποφασίσουμε να αρχίσουμε να επενδύουμε, οι οικονομικές συνθήκες είναι τόσο άσχημες που θα ωθήσουν την αγορά να εισέλθει σε μια δυνατή και παρατεταμένη χρονικά πτωτική τάση; Μπορούμε να επιβιώσουμε σε μια τέτοια αγορά που αποτελεί τον εφιάλτη των επενδυτών και να εξέλθουμε σώοι; Ας το εξετάσουμε...

Η περίπτωση της Ιαπωνίας

Η υπόθεση είναι ότι εάν χρησιμοποιούμε και ακολουθούμε ένα σύστημα, μπορούμε να τα καταφέρουμε. Ας δούμε το παράδειγμα με τον Nikkei. Για τους σκοπούς του ελέγχου που θέλουμε να κάνουμε, θα χρησιμοποιήσουμε μια τεχνική βασισμένη στον ταλαντωτή PMA (με κινητό μέσο 200 ημερών). Θα υποθέσουμε ότι αγοράζουμε όταν ο PMA είναι υπερπουλημένος, που σημαίνει ότι ο δείκτης μας είναι στο -20% ή περισσότερο αρνητικός και πουλάμε όταν φτάνει στο +20%, θεωρώντας ότι τότε, η αγορά είναι υπεραγορασμένη. Υποθέτουμε επίσης ότι πετυχαίνουμε την ίδια απόδοση όπως ο Nikkei, καθώς θα ακολουθούμε αυτόν τον βασικό δείκτη.

Καθώς μιλάμε για την ιαπωνική αγορά που ήταν υπερβολικά ακριβή κατά τα τέλη της δεκαετίας του '80, δεχόμαστε ότι αφού έσπασε η τελευταία ισχύουσα γραμμή ανοδικής τάσης, μείναμε εκτός αγοράς με συνολικό προς επένδυση κεφάλαιο $35.000 · όπως γνωρίζουμε εκείνη την χρονική στιγμή η αγορά ήταν υπερβολικά ακριβή και γι'αυτό, μόλις για την πρώτη συναλλαγή μας (την πρώτη μας αγορά) και κατ'εξαίρεση, περιμέναμε να δούμε τον PMA στο -30% και για τις υπόλοιπες συναλλαγές μας, σκοπεύαμε να αγοράσουμε όταν ο PMA θα είναι στο -20%.

Εάν ήμασταν πίσω χρονικά, στο 1989, το σύστημά μας θα μας όριζε να αγοράσουμε όταν ο PMA έπεφτε στο -30%, με άλλα λόγια, στα τέλη Σεπτεμβρίου του 1990. Από τα $35.000 θα τοποθετούσαμε στην αγορά $30.000, αφήνοντας $5.000 ή σχεδόν 15% του διαθέσιμου κεφαλαίου μας, για την περίπτωση που η αγορά θα κινούνταν άσχημα, διαθέσιμου για επιπλέον αγορές της τάξεως των $1.000 έκαστη εάν και όταν θα συνέβαιναν έντονες πτώσεις. Έτσι λοιπόν, εάν η αγορά απογοήτευε και συνέχιζε να κινείται προς τα κάτω, θα είχαμε κάποιο κεφάλαιο και θα μπορούσαμε να μειώσουμε με αυτές τις νέες αγορές στις πτώσεις, το μέσο κόστος κτήσεώς μας.

Σύμφωνα με το σύστημά μας, θα είχαμε κάνει τις ακόλουθες συναλλαγές (δείτε τον Πίνακα):

Date	Nikkei points	PMA	Transaction	Ammount ($)	Comment
1990-09-27	21771.91	-31.4%	BUY STRONG	+30,000	Initial capital
1992-04-08	17175.53	-23.6%	BUY soft	+1,000	We buy, as PMA fell at > -20%
1993-04-13	20740.29	20.6%	SELL	29,786	Our total portfolio sold as PMA climbed to +20%
1995-04-03	15381.29	-30.0%	BUY STRONG	29,786	We buy, our total ammount
1997-12-23	14799.40	-19.9%	BUY soft	+1,000	We buy, as PMA fell at > -20%
1999-07-19	18532.58	20.3%	SELL	37,141	Our total portfolio sold as PMA climbed to +20%
2001-03-05	12322.16	-19.5%	BUY STRONG	37,141	We buy, our total ammount
2001-09-11	10292.95	-20.9%	BUY soft	+1,000	We buy, as PMA fell at > -20%
2003-09-02	10690.08	22.3%	SELL	33,260	Our total portfolio sold as PMA climbed to +20%
2008-01-23	12829.06	-22.7%	BUY STRONG	33,260	We buy, our total ammount
2008-10-07	10155.90	-23.3%	BUY soft	+1,000	We buy, as PMA fell at > -20%
2009-08-11	10585.46	20.5%	SELL	28,486	

Χρησιμοποιώντας το παραπάνω σύστημα, τον Αύγουστο του 2009 θα είχαμε κάνει την τελευταία μας συναλλαγή και θα είχαμε μείνει εκτός αγοράς έκτοτε. Μετρώντας την απόδοσή μας με το αρχικά επενδεδυμένο κεφάλαιο των $30.000 συν τις 'μικρές' ακόλουθες αγορές, $1.000 έκαστη, που έγιναν τον Απρίλιο του 1992, τον Δεκέμβριο του 1997, τον Σεπτέμβριο του 2001, τον Οκτώβριο του 2008, έως τα $28.486 που βγάζαμε τον Αύγουστο του 2009, όταν πουλήσαμε το σύνολο του χαρτοφυλακίου μας και εξήλθαμε της αγοράς, η απόδοσή μας στην συνολική αυτή περίοδο θα ήταν - 16,2%. Εάν θέλετε να μετρήσετε την απόδοση, όχι από το επενδεδυμένο χαρτοφυλάκιο αλλά από όλο το διαθέσιμο ποσό, με άλλα λόγια, με τις $35.000 αντί $34.000 που τοποθετήσαμε στην αγορά (καθώς $1.000 δεν τοποθετήθηκαν), τότε η απόδοσή μας αλλάζει σε -18,6%.

Την ίδια στιγμή, από τον Σεπτέμβριο του 1990 όταν εισήλθαμε στην αγορά μέχρι και τον Σεπτέμβρη του 2015, ο Nikkei έχασε 22,2% ή αν μετρήσετε την απόδοσή του μέχρι την στιγμή που εξήλθαμε της αγοράς (Αύγουστος 2009) η απόδοσή του πέφτει στο -51,4%.

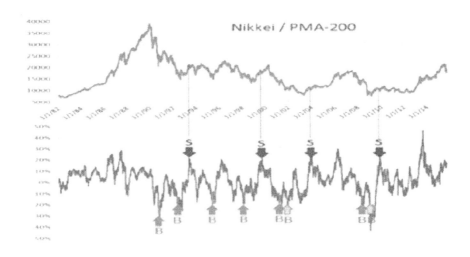

Με το σύστημά μας με τον PMA με τον κινητό μέσο των 200 ημερών, τα καταφέραμε καλύτερα από τον Nikkei αλλά ωστόσο άσχημα, αρκετά αρνητικά, σημειώνοντας ανεπιτυχείς αποδόσεις. Οτιδήποτε αρνητικό δεν είναι ικανοποιητικό διότι εάν είχαμε επενδύσει πραγματικά τότε, θα είχαμε ζημιές – και ο καθένας εισέρχεται στην αγορά για να κερδίσει.

Ειλικρινά, σε μια δυνατή και μακροχρόνια bear market όπως της Ιαπωνίας της δεκαετίας του '90 και εντεύθεν, είναι πολύ δύσκολο να πετύχεις θετική απόδοση χωρίς να σορτάρεις την αγορά. Αλλά ας κάνουμε άλλο ένα τεστ, αυτή την φορά, χρησιμοποιώντας τον PMA με ένα περισσότερο μακροπρόθεσμο κινητό μέσο...

Τώρα θα χρησιμοποιήσουμε τον PMA με τον εξαιρετικά μακροχρόνιο ΚΜΟ 600 ημερών. Ίδια μέθοδος: υποθέτουμε ότι μείναμε εκτός αγοράς μετά το κραχ του τέλους της δεκαετίας του '80, αναμένοντας υπομονετικά να βρούμε τον Nikkei σε χαμηλά επίπεδα. Καθορίζουμε τα χαμηλά επίπεδα ως εκείνα που έχουν αποκλίνει αρνητικά από τον PMA-600 περίπου στο -40%. Όταν ο PMA-600 δείξει -40% θα αγοράζαμε · όταν ο PMA-600 δείχνει +40%, θα πουλάμε τις θέσεις μας. Ξανά, υποθέτουμε ότι έχουμε κεφάλαιο προς επένδυση $35.000. Εξ αυτών των $35.000 θα επενδύσουμε αρχικά τις $30.000 και θα κρατήσουμε τις $5.000 για 'ήπιες' μετέπειτα αγορές των $1.000 έκαστη, στην περίπτωση που ο Nikkei θα υποχωρούσε περισσότερο. Τι αποτελέσματα θα μας έδινε αυτή η διαφοροποιημένη στρατηγική, που χρησιμοποιεί τον PMA-600 αντί του PMA-200;

Σύμφωνα με την μέθοδό μας, θα είχαμε κάνει τις ακόλουθες συναλλαγές (δείτε τον Πίνακα):

Date	Nikkei points	PMA	Transaction	Ammount ($)	Comment
1992-08-18	14309,41	-40,0%	BUY STRONG	+30.000	Initial capital
2001-09-24	9554,99	-40,0%	BUY soft	+1.000	We buy, as PMA fell at > -40%
2006-01-04	16361,54	40,4%	SELL	37,727	Our total portfolio sold as PMA climbed to +40%
2008-10-09	9157,49	-40,9%	BUY STRONG	37,727	PMA fell at -40%. We buy, our total ammount
2013-04-23	13529,65	40,9%	SELL	55,739	Our total portfolio sold as PMA passed +40%

Η πρώτη μας συναλλαγή θα είχε γίνει τον Αύγουστο του 1992, όταν ο PMA-600 έπεσε στο -40%. Θα αγοράζαμε επίσης, τον Σεπτέμβριο του 2001, άλλα $1.000 αφού ο Δείκτης θα είχε συνεχίσει προς τα κάτω επιθετικά. Τον Ιανουάριο του 2006 θα είχαμε πουλήσει όλο μας το χαρτοφυλάκιο, καθώς ο PMA έφτασε το +40%. Θα είχαμε εισέλθει ξανά στην αγορά τον Οκτώβριο του 2008 αγοράζοντας τα $37.727 που είχαμε αποκομίσει από την πώλησή μας. Θα είχαμε παραμείνει στην αγορά έως τον Απρίλιο του 2013, όταν ο PMA-600 πέρασε το +40%, σημάδι να πουλήσουμε και έτσι, εξήλθαμε της αγοράς, ρευστοποιώντας ό,τι είχαμε.

Το αποτέλεσμα θα ήταν $55.739 το οποίο συγκρινόμενο με τις $35.000 που είχαμε διαθέσιμα για επένδυση, αποτελεί θετική απόδοση της τάξης του 59,3% ή 79,8% συγκρινόμενο με το πραγματικό κεφάλαιο που επενδύθηκε, το οποίο ήταν $31.000. Η ετησιοποιημένη απόδοση στο πραγματικά επενδεδυμένο ποσό, είναι +2,9%, ήτοι θετική και μάλιστα σε μια φρικτή αγορά, κάτι που είναι πολύ, πολύ σπάνιο. Αυτό είναι επίτευγμα, δεν νομίζετε;

Ο Nikkei από τον Αύγουστο του 1992 που εισήλθαμε στην αγορά έως την τελευταία μας έξοδο (Απρίλιος 2013), έχασε 5,4%. Συνεπώς με την στρατηγική μας να ορίζει ότι εισερχόμαστε στην αγορά όταν ο PMA-600 είναι στο -40% και εξερχόμαστε της αγοράς στο +40%, **υπεραποδώσαμε ισχυρότατα έναντι της αγοράς.** Ακόμα και εάν, συγκρίνουμε την απόδοση του Nikkei από τον Αύγουστο του 1992 μέχρι τα τέλη του Σεπτεμβρίου 2015, σκεφτόμενοι ότι καθώς εξήλθαμε της αγοράς, 'χάσαμε' μερικά κέρδη καθώς ο Nikkei συνέχισε να ανέρχεται, η απόδοσή του σκαρφαλώνει στο +18,3% · η απόδοσή του γίνεται θετική αλλά παραμένει αρκετά χειρότερη από την δική μας.

Χρησιμοποιώντας την μέθοδο με τον PMA-600 και περιμένοντας μεγάλες αποκλίσεις, μας οδήγησε να πετύχουμε μια σημαντικά θετική διαφοροποίηση στην απόδοση συγκρινόμενη με αυτή του βασικού χρηματιστηριακού δείκτη. Δείτε ξανά τα τεστ που έκανα, χρησιμοποιώντας τον PMA-200 και PMA-600: το τελευταίο, οδήγησε σε ολιγότερες συναλλαγές συγκριτικά με το σύστημα με τον PMA-200. Φαίνεται συνεπώς ότι εάν χρησιμοποιούμε ένα σύστημα με λιγότερες συναλλαγές αλλά ένα σύστημα που αναγνωρίζει τα ακριβά και υποτιμημένα επίπεδα της αγοράς, μπορεί να μας οδηγήσει στην επιτυχία, ακόμα και σε μια πολύ άσχημη αγορά.

Τώρα λάβετε υπόψη σας ότι εάν ήμασταν ικανοί να προσαρμόσουμε το σχέδιό μας, αφού κατανοούσαμε τις συνθήκες που θα άλλαζαν, η απόδοση θα μπορούσε να ήταν πολύ καλύτερη. Πως θα μπορούσε να συμβεί αυτό;
Εύκολα, κατανοώντας ότι οι τιμές στην περιοχή του βέλους, ήταν υπερβολικά χαμηλές και από την θεμελιώδη άποψη όπως επίσης και την τεχνική. Ιδιαιτέρως από την τεχνική άποψη, πίσω τότε στα τέλη του 2012, είχαμε την ανοδική διάσπαση μιας μακροχρόνιας γραμμής καθοδικής τάσης, σε μια περίοδο που οι χρηματιστηριακές αγορές διεθνώς, ήταν θετικές.

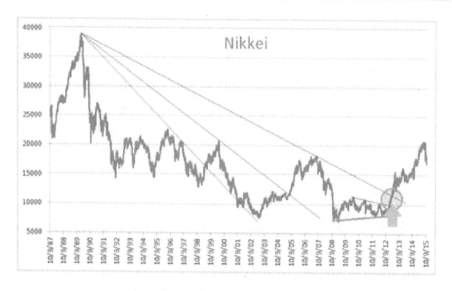

Με το να είμαστε ικανοί να αναγνωρίζουμε αυτές τις θεμελιώδεις και τεχνικές ενδείξεις μιας χαμηλά αποτιμώμενης αγοράς σε εν δυνάμει ανοδική τάση, θα μας οδηγούσε στο να εισερχόμασταν στην αγορά με ασφάλεια, περίπου στην περιοχή του βέλους. Εάν είχαμε ενεργήσει έτσι, θα είχαμε αγοράσει περίπου στις 11.000 μονάδες του Nikkei και θα είχαμε μείνει εντός αγοράς για όσο καιρό ο Δείκτης έμενε ανοδικός · αυτό συνεπάγεται τις ακόλουθες πιθανές εκδοχές δράσης, όπως φαίνονται παρακάτω:

• Θα είχαμε μείνει μέχρι την διάσπαση της γραμμής ανοδικής τάσης Α (δείτε το παρακάτω Γράφημα) · αυτό σημαίνει ότι θα είχαμε πουλήσει περίπου στο επίπεδο των 13.000 μονάδων ή κάτι περισσότερο. Αυτό συνεπάγεται μια πρόσθετη απόδοση τουλάχιστον +18% που θα είχε μεγαλώσει το κεφάλαιό μας στις $65.772 οδηγώντας μας σε συνολική απόδοση της τάξης του +112% επί του επενδεδυμένου μας κεφαλαίου (των $31.000).

• Εάν ήμασταν ικανοί να καταλάβουμε ότι οι τιμές παραμένουν μη ακριβές και ελκυστικές και το διεθνές ή / και γενικό περιβάλλον ήταν θετικό για τις χρηματιστηριακές επενδύσεις, θα μπορούσαμε να είχαμε μείνει στην αγορά έως να σπάσει η γραμμή ανοδικής τάσης Β

· αυτό σημαίνει ότι θα είχαμε πουλήσει στο επίπεδο των 15.000 μονάδων, οδηγώντας μας σε μια επιπρόσθετη απόδοση της τάξης του +36%, αυξάνοντας το κεφάλαιό μας σε $75.805 και φέροντας την συνολική μας απόδοση επί του επενδεδυμένου κεφαλαίου, στο +144%.

• Εάν ξανά ήμασταν ικανοί να καταλάβουμε ότι οι τιμές στο επίπεδο των 15.000 μονάδων παρέμεναν μη ακριβές με συνδυασμό καλής ψυχολογίας (γι'αυτό και είναι χρήσιμο να μάθουμε να 'διαβάζουμε' την ψυχολογία του πλήθους), θα μπορούσαμε να είχαμε μείνει εντός αγοράς μέχρι το σπάσιμο της γραμμής ανοδικής τάσης Ε · δεν θα είχαμε πουλήσει με το σπάσιμο της γραμμής τάσης D καθώς το επίπεδο τιμών ήταν παρόμοιο με αυτό της Β (γύρω στις 15.000 μονάδες) και οι τιμές όταν έσπασε η γραμμή D, δεν έπεσαν στα επίπεδα της σχεδόν οριζόντιας γραμμής στήριξης C και οι τιμές διαμόρφωσαν ένα νέο ανοδικό μοτίβο, που αποτυπώνεται στην γραμμή τάσης Ε. Συνεπώς, σε αυτή την περίπτωση που θα είχαμε μείνει στην αγορά διότι τεχνικά δεν ήταν επικίνδυνο και θα είχαμε μείνει εντός, μέχρι την διάσπαση της βραχυχρόνιας γραμμής τάσης Ε, θα αυξάναμε έτσι το κεφάλαιό μας σε $100.887 όπως και την συνολική μας απόδοση επί του επενδεδυμένου κεφαλαίου, στο +225%.

Για να κάνουμε όλα τα παραπάνω, καθώς η αγορά δεν ήταν πάντα σαφής όσον αφορούσε στις προθέσεις της (εάν θα πήγαινε πάνω ή προς τα κάτω), όπως θα επιθυμούσαμε, και παρόλο που υποστηρίζουμε την άκοπη μέθοδο των παθητικών και τυχαίων επενδύσεων, φαίνεται ωστόσο, ότι πρέπει να διαθέτουμε μια σφαιρική και βαθιά γνώση οικονομικών, ανάλυσης και ψυχολογίας προκειμένου να ήμασταν – και να είμαστε - ικανοί αφενός να κατανοήσουμε εάν οι τιμές ήταν καλώς αποτιμημένες ή υπερτιμημένες (αυτό έχει να κάνει κυρίως με το να είχαμε μια ισχυρή αντίληψη των θεμελιωδών), αφετέρου για να αναγνωρίσουμε την δυναμική της αγοράς · το τελευταίο έχει να κάνει κυρίως με αντίληψη των τεχνικών ενδείξεων και δυναμικών.

Επιστρέφοντας στο παράδειγμά μας με τον Nikkei, σε κάθε περίπτωση, κάποιος θα μπορούσε να είχε πουλήσει την θέση του όταν η ανοδική και μακροχρόνια γραμμή τάσης F έσπασε, τον Σεπτέμβριο του 2015, καθώς συνδυαστικά σε αυτά τα επίπεδα, οι τιμές θεμελιωδώς ήταν ακριβές και το περιβάλλον γυρνούσε πιθανότατα σε αρνητικό όπως επίσης αρνητική ήταν η γενικότερη ψυχολογία, ιδίως μετά την κατάρρευση της κινεζικής χρηματιστηριακής αγοράς (από τον Ιούνιο του 2015) – και γνωρίζουμε ότι η οικονομία της Ιαπωνίας επηρεάζεται και σχετίζεται εντόνως, με αυτήν της γειτονικής Κίνας. Φαίνεται ότι θα ήταν σοφό για κάποιον να εξέλθει της ιαπωνικής χρηματιστηριακής αγοράς σε εκείνη την στιγμή, καθώς έσπασε και η F, σηματοδοτώντας μια ισχυρή τεχνική αδυναμία, η οποία φυσικά, δεν ήταν άσχετη με τα προαναφερθέντα.

Εάν κάποιος είχε επενδύσει στον Nikkei και είχε μείνει εντός μέχρι το σπάσιμο της μακροχρόνιας γραμμής ανοδικής τάσης F, θα είχε ανεβάσει το προηγηθέν κεφάλαιό του των $55.739 σε περίπου

270

$86.000. Αυτό συνιστά μια συνολική απόδοση της τάξης του +177%.

Συμπερασματικά, διαπιστώνουμε ότι εάν κάποιος μπορεί να διαφοροποιήσει το σχέδιο δράσης του βάσει λογικής, μπορεί να πετύχει ισχυρές θετικές αποδόσεις, ακόμα και σε μια τόσο άσχημη αγορά όσο αυτή της Ιαπωνίας · με τα παραδείγματα που δώσαμε, φάνηκε ότι στην ιαπωνική αγορά ήταν δυνατή μια απόδοση περίπου +80% και εάν ήμασταν λίγο πιο ενεργά εμπλεκόμενοι, χρησιμοποιώντας απλές τεχνικές όπως αναγνώριση γραμμών τάσεως, θα μπορούσαμε να είχαμε πετύχει απόδοση από +112% έως +225%.

Μεγάλη Ύφεση

Ας ελέγξουμε άλλη μία εξαιρετικά δύσκολη περίοδο, αυτή της Μεγάλης Ύφεσης στις ΗΠΑ, μετά το οικονομικό κραχ του 1929. Υποθέτοντας ότι είχαμε ένα ποσό $35.000 προς επένδυση, όπως επίσης ότι θα πετυχαίναμε την ίδια απόδοση με αυτήν του Δείκτη (DJIA). Φυσικά τότε, για να πετύχεις μια απόδοση ίση με του Δείκτη δεν ήταν δυνατόν καθώς τα ETF δεν είχαν εφευρεθεί αλλά ωστόσο υποθέτουμε ότι θα πιάναμε την ίδια απόδοση με τον Δείκτη, για λόγους διευκόλυνσης του ελέγχου μας.

Χρησιμοποιήστε την φαντασία σας και επιστρέψτε στο 1929. Συνειδητοποιώντας το διαφαινόμενο κραχ και αναγνωρίζοντας στην εξέλιξη την διαμόρφωση της γραμμής καθοδικής τάσης (Τ1), αποφασίζουμε να μείνουμε εκτός της αγοράς, εκεί, κοντά στα επίπεδα της κορυφής.

Από εκείνα τα $35.000 που είχαμε προς επένδυση, θα τοποθετούσαμε τα $30.000 όταν οι συνθήκες θα ήταν ώριμες και ελκυστικές. Θα αναγνωρίζαμε αυτές τις συνθήκες όταν θα έπαυε να ισχύει η T1. Θα αφήναμε ποσό $5.000 ως κεφάλαιο για ώρα ανάγκης, για συναλλαγές σε πιθανά μη αναμενόμενα βυθίσματα της αγοράς, αφού θα είχαμε εισέλθει.

Έτσι, η πρώτη μας αγορά (B1 εκ του Buy = αγοράζω) θα γίνονταν τον Σεπτέμβριο του 1932 (δείτε ακόλουθο γράφημα), όταν η T1 έσπασε με τον δείκτη DJ να ανεβαίνει. Θα είχαμε επίσης τον PMA-600 στο -41,8% αλλά ανερχόμενο · αυτό σημαίνει έντονα υποτιμημένες τιμές και είναι πολύ λογικό – και αναμενόμενο, εάν βεβαίως αφαιρούσατε τα αισθήματα φόβου που θα επικρατούσαν εκείνη την εποχή – όταν έχει προηγηθεί μια πτώση τόσο μεγάλης κλίμακας όπως αυτή που οριοθετείται από την T1.

Ο δείκτης τότε διαμόρφωσε μια γραμμή ανοδικής τάσης (T2) και έτσι, μείναμε εντός αγοράς. Εξήλθαμε όταν έσπασε η T2 και η υπόθεσή μας ενισχύθηκε όταν ο PMA γύρισε αρνητικός (στο σημείο S1 εκ του Sell = πουλώ) τον Σεπτέμβριο του 1937. Λόγω της σημαντικής διαφαινόμενης αδυναμίας της αγοράς, στο S1 πουλήσαμε την συνολική μας θέση. Οι $30.000 θα είχαν γίνει $70.604.

Εισερχόμαστε ξανά, τον Νοέμβριο του 1937 (B2), όταν ο PMA-600 έφτασε τα εντονότερα του -30% υπερπουλημένα επίπεδα, αλλά επειδή η αγορά έδειχνε σε αυτή την περίοδο έντονα πτωτική, εισήλθαμε με το μισό ποσό από αυτό που είχαμε αποκομίσει από την προηγούμενη πώληση (αγοράσαμε δηλαδή $35.302).

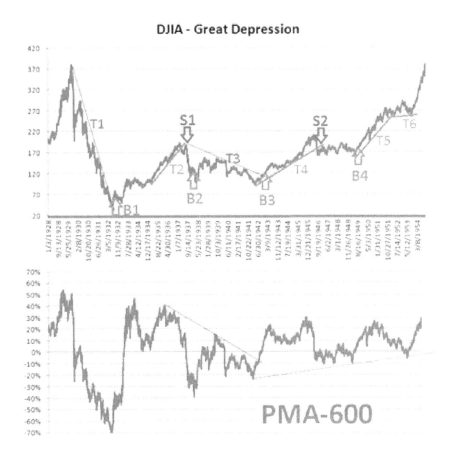

Η αγορά παρέμεινε κυρίως καθοδική όπως φαίνεται από την γραμμή τάσεως T3 και αγοράσαμε ξανά, όταν έπαυσε να ισχύει η T3, όπως επίσης ο PMA γύρισε σε θετικός, δείχνοντας ορμή. Στο σημείο B3 τοποθετήσαμε τα υπόλοιπα $35.302 που είχαμε. Η αγορά έπειτα διαμόρφωσε μια γραμμή ανοδικής τάσης (T4) και μείναμε εντός μέχρι αυτή να ακυρωθεί: τον Μάιο του 1947 πουλήσαμε το σύνολο της θέσεώς μας (S2) καθώς η αγορά φαίνονταν υπερβολικά αδύναμη και ο PMA βρέθηκε σε αρνητική περιοχή. Από την ρευστοποίηση του χαρτοφυλακίου μας, αποκομίσαμε $ 97.491.

Εάν δείτε το γράφημα, θα είχαμε διαψευστεί από την επακόλουθη κίνηση της αγοράς · ο DJIA δεν κινήθηκε πτωτικά όπως αναμέναμε, ως επί το πλείστον κινήθηκε πλευρικά. Το ίδιο συνέβη και με τον PMA-600 για λίγο καιρό, καθώς κυμάνθηκε γύρω από το μηδέν, δείχνοντας απροθυμία να ακολουθήσει μια σαφή κατεύθυνση.

Η σύγχυση έπαυσε όταν ο DJIA κινήθηκε προς τα πάνω αποφασιστικά, αρχίζοντας να διαμορφώνει την γραμμή ανοδικής τάσης T5, ακολουθώντας ο PMA ο οποίος γύρισε θετικός και μετά ανήλθε επιθετικά. Από εκείνη τη στιγμή και μετά, εισήλθαμε ξανά στην αγορά στο σημείο B4 με το συνολικό ποσό που είχαμε κερδίσει ($ 97.491) και μείναμε μακροπρόθεσμα καθώς η αγορά έγινε ισχυρή ανοδική.

Κάπως έτσι, φτάνουμε στα τέλη του Νοεμβρίου του 1954, όταν το χαρτοφυλάκιό μας αποτιμούνταν σε $194.151. Συγκρίνοντας το εν λόγω ποσό με το επενδεδυμένο κεφάλαιο των $30.000, έχουμε απόδοση της τάξης του +547,2% από τις επενδύσεις από τον Σεπτέμβριο του 1932. Για τη σύγκριση, ο DJIA την ίδια περίοδο, από τον Σεπτέμβριο του 1932 ως το Νοέμβριο του 1954, αυξήθηκε κατά 447,9% . Η απόδοση της θεωρητικής μας επένδυσης στις μετοχές του αμερικάνικου χρηματιστηρίου, δίδει έναν ετησιοποιημένο ρυθμό +8,8% σε μια αρκετά κακή περίοδο, αμέσως μετά το ξέσπασμα της Μεγάλης Ύφεσης, αλλά υπό την συνθήκη πάντα, ότι αποφύγαμε το αρχικό κραχ, από το 1929 έως το 1932.

Χρησιμοποίησα σκοπίμως διαφορετικές τεχνικές δράσης σε δύο άσχημες περιπτώσεις, της σχετικά πρόσφατης ιαπωνικής κατάρρευσης και της παλαιότερης μεγάλης κατάρρευσης των αμερικάνικων μετοχών. Γιατί το έκανα αυτό; Ήθελα να δείξω ότι είναι εφικτό να πετύχεις κέρδη, ακόμα και στις χειρότερες αγορές αρκεί όμως κάποιος να πράττει με λογική, με καθαρό μυαλό και άνευ επιρροής από την κακή ψυχολογία. Και μην ξεχνάτε ότι και οι δύο περιπτώσεις είναι εξαιρετικά σπάνιες · είναι η απίθανη

274

εξαίρεση. Η λογική σύμφωνα με την οποία πρέπει να πράττει κανείς, δεν είναι η ίδια σε όλες τις περιπτώσεις, γι'αυτό και οι τεχνικές διαφέρουν – και αυτό είναι το δύσκολο, να προσαρμόσεις ανάλογα με την περίπτωση την κατά τα άλλα, απλή τεχνική.

Πρακτικά και γενικώς, χρησιμοποιήσαμε τεχνικές σαν αυτές που περιγράφηκαν νωρίτερα, στο κεφάλαιο 'Πότε είναι καιρός να εισέλθουμε;'. Φυσικά, κάθε δύσκολη περίπτωση δεν μπορεί να είναι ίδια με μια παλαιότερη αλλά μπορεί να έχει ομοιότητες. Φαίνεται κρίσιμο να κατανοήσουμε πότε οι συνθήκες είναι πραγματικά άσχημες · εάν το καταλάβουμε αυτό, είναι καλό να χρησιμοποιούμε έναν PMA με περισσότερο μακροχρόνιο κινητό μέσο για όσο καιρό οι συνθήκες παραμένουν άσχημες. Αλλά δεν μπορεί να τυποποιηθεί και εδώ υπεισέρχεται και το στοιχείο των επενδύσεων ως τέχνη: κάποιος που είναι master και που για να είναι, παίζει ρόλο η γνώση, ο κοφτερός νους και η εμπειρία του, θα προσαρμόσει την απλή τεχνική αποτελεσματικότερα από κάποιον που δεν είναι και αυτή μπορεί να είναι η διαφορά μεταξύ του να κερδίσεις και να χάσεις σε μια δύσκολη αγορά.

Αυτό που έχει όμως σημασία για να κρατήσετε, είναι ότι **ακόμα και στις δυσκολότερες των αγορών**, μπορείς να περάσεις 'ανέγγιχτος', ίσως και με κέρδη, εάν ενεργείς βάσει ενός απλού σχεδίου, με λογική και πειθαρχημένα. Και αυτό μπορεί να το καταφέρει ο οποιοσδήποτε, αρκεί να ακολουθήσει τις 'γραμμές' που δόθηκαν στο παρόν βιβλίο. Αφήστε δε ότι στην πραγματικότητα, τα κέρδη θα μπορούσαν να προκύψουν πιο εύκολα, εάν προβαίναμε και σε σορτάρισμα της άσχημης αγοράς. Αλλά αφενός ήθελα τα παραδείγματα να είναι το δυνατόν πιο ρεαλιστικά, αφετέρου το σορτάρισμα θα μπορούσε να μας είχε αυξήσει τα κέρδη μερικώς, αλλά όπως είπαμε σε προηγούμενο σημείο, *θέλει δυο φορές προσοχή*, καθώς οι πτωτικές κινήσεις είναι πιο επιθετικές και πιο βραχύβιες, που σημαίνει ότι για να κερδίσει κανείς από αυτές, είναι σαφώς πιο δύσκολο από ό,τι με τις long θέσεις του, καθώς το σωστό timing φαίνεται κρισιμότατο για την επιτυχία των short τοποθετήσεων.

Μερικές Χρήσιμες Λεπτομέρειες

Σε αυτό το σημείο είναι χρήσιμο να σας παρουσιάσω ορισμένες λεπτομέρειες, μερικές συμβουλές, που στην πραγματικότητα είναι αρκετά σημαντικές, ιδίως για αυτούς που έχουν μικρή εμπειρία. Δεν λένε άλλωστε ότι "Ο Διάβολος κρύβεται στις λεπτομέρειες "; Γι'αυτό δώστε προσοχή:

1. Αποφασίζετε να εισέλθετε στην αγορά και επιλέγετε μερικές μετοχές ή ETF τυχαία. Εάν διαλέξετε τυχαία από την όλη 'δεξαμενή', ας πούμε του NYSE, τότε κατανοείτε ότι πρέπει να ελέγξετε εάν οι επιλογές σας ταιριάζουν στο "long" σενάριο (ότι εισερχόμαστε δηλαδή σε bull market). Αυτό σημαίνει ότι εάν μερικές από τις επιλογές σας είναι αταίριαστες, τις αποκλείετε και επιλέγετε άλλες. Για παράδειγμα, εάν επιλέξετε ένα short ETF (που παίζει τον Δείκτη προς τα κάτω – και κερδίζετε από την πτώση, εφόσον βέβαια επαληθευτεί), τότε αποκλείετε αυτό το συγκεκριμένο, καθώς δεν ταιριάζει στο σενάριό σας για μακροχρόνια (long) θέση σε μια εκτιμώμενη ανοδική αγορά. Βασικά είναι κοινή λογική.

2. Αποφασίζετε να επιλέξετε τυχαία ορισμένες μετοχές αλλά προτιμάτε να επιλέξετε μόνο από την κατηγορία της μεσαίας ή της μικρής κεφαλαιοποίησης κ.λπ.. Επισκεπτόμενοι το ακόλουθο link, μπορείτε να φιλτράρετε και να εξάγετε τις μετοχές σε ένα αρχείο csv, βάσει του μεγέθους κεφαλαιοποίησης και να επιλέξετε εξ αυτών τυχαία, αποκλείοντας με αυτόν τον τρόπο, να επιλέξετε μετοχές της

υψηλής κεφαλαιοποίησης, εάν αυτό είναι κάτι που θέλετε βέβαια. Μπορείτε επίσης να φιλτράρετε σε περισσότερο βάθος, διαλέγοντας την κλίμακα κεφαλαιοποίησης και ένα τομέα που προτιμάτε. *http://www.nasdaq.com/screening/companies-by-industry.aspx?exchange=NYSE&marketcap=Mid-cap.*

3. Όταν διαλέγετε ένα ETF, πρέπει να είστε προσεκτικοί. Εάν διαλέγετε ένα ETF που ακολουθεί, ας πούμε τον S&P 500, πρέπει να τεστάρετε προς τα πίσω χρονικά το ETF πριν το αγοράσετε, να δείτε εάν πραγματικά δίδει αυτό που υποτίθεται ότι πρέπει να δώσει. Για παράδειγμα συγκρίνετε ένα ETF πάνω στον S&P 500 με τον ίδιο τον δείκτη S&P 500, σε μια on-line εφαρμογή τεχνικής ανάλυσης, να δείτε εάν το ETF ακολουθεί πραγματικά από κοντά τον δείκτη, ορθά. Τίποτα δεν εξυπακούεται στην αγορά και πρέπει να κάνετε τους ελέγχους που απαιτούνται, για την δική σας ασφάλεια. Ή ελέγχετε ένα ETF, ας πούμε πάνω στην Μεσαία Κεφαλαιοποίηση με τον ίδιο τον δείκτη S&P 500, να δείτε εάν όντως το ETF υπεραποδίδει έναντι του S&P 500, όπως υποτίθεται ότι πρέπει να κάνει στην θεωρία.

Επιπλέον, εάν διαλέξετε ένα ξένο ETF, προσέξτε εάν είναι ή δεν είναι καλυμμένο (hedged) για συναλλαγματικό κίνδυνο: ως παράδειγμα, αναφέρω ένα ETF που αγοράζετε στο NYSE και το οποίο ακολουθεί τον DAX (τον βασικό δείκτη του γερμανικού χρηματιστηρίου) · το αγοράζετε με δολάρια αλλά οι μετοχές του γερμανικού χρηματιστηρίου συναλλάσσονται με ευρώ. Εάν το ETF δεν είναι καλυμμένο όσον αφορά τις διακυμάνσεις ισοτιμίας μεταξύ των εμπλεκόμενων νομισμάτων (δολάριο και ευρώ εν προκειμένω), μπορεί να παρουσιαστούν διαφορές συγκριτικά με την απόδοση του δείκτη που ακολουθεί. Εάν λοιπόν εξετάζετε να αγοράσετε κάτι σαν και αυτό, ελέγξτε το σε μια on-line εφαρμογή τεχνικής ανάλυσης, συγκρίνοντας το ETF με τον ίδιο τον δείκτη που ακολουθεί, να δείτε εάν τον ακολουθεί πιστά. Εάν δεν το ελέγξετε πρώτα, και αγοράσετε χωρίς να γνωρίζετε το ETF, υπάρχει η πιθανότητα π.χ. να κερδίσετε από τον δείκτη που ακολουθεί (αυτός όντως να ανέβει) αλλά εντέλει εσείς να χάσετε από τις συναλλαγματικές διαφορές, καθώς η μεταβολή του ενός εκ των δύο εμπλεκομένων νομισμάτων, θα είναι τέτοια που θα υπερκαλύπτει τα κέρδη του δείκτη και οδηγώντας σας σε ζημιά.

Γι'αυτό δώστε λίγο χρόνο για να ελέγξετε τις μετοχές και ETF που σκέφτεστε να αγοράσετε, να δείτε εάν συμπεριφέρονται όπως νομίζετε ότι πρέπει.

4. Μη ξεχνάτε ότι στην εποχή μας έχουμε την 'πολυτέλεια' να σορτάρουμε την αγορά: υπάρχουν ETF που σορτάρουν έναν δείκτη (π.χ.τον S&P 500) μία, ή δύο ή και τρεις φορές. Έχουμε λοιπόν την ευκαιρία να κερδίσουμε επίσης και από τις πτωτικές αγορές, αλλά να θυμάστε πάντα ότι οι short θέσεις μας πρέπει να είναι βραχυχρόνιες, πάνω στην πτωτική ορμή. Χρησιμοποιώντας τις bear markets και κερδίζοντας και από αυτές, μπορεί να ενισχύσει την απόδοση του χαρτοφυλακίου μας μακροχρόνια. Φυσικά τα κέρδη που μπορείτε να αποκομίσετε από τις αρκούδες, θα είναι μικρότερα από τα κέρδη από την περίοδο των ταύρων.

Όταν αποφασίσετε ότι θα σορτάρετε την αγορά, συμβαίνει διότι θεωρείτε ότι οι αρκούδες είναι εκεί έξω και είναι αξιωματικό πως θα πρέπει να ξεφορτώσετε τις μακροχρόνιες (long) θέσεις σας. Τέλος, όταν πρόκειται να σορτάρετε την αγορά, δεν μπορείτε να το κάνετε μέσω τυχαίας επιλογής, καθώς η διαδικασία για να σορτάρετε την αγορά είναι πολύ συγκεκριμένη, όπως επίσης οι επιλογές και τα μέσα για να πράξετε αυτό. Η τεχνική των τυχαίων επιλογών ταιριάζει όταν έχετε μακροχρόνιες (long) θέσεις, όταν μένετε εντός μιας bull market.

5. Να είστε προσεκτικοί με τις μετοχές μειωμένης εμπορευσιμότητας. Ως μειωμένης εμπορευσιμότητας, εννοώ τις μετοχές που κάνουν λίγες συναλλαγές και συνεπώς, μπορεί να είναι δύσκολο να τις αγοράσετε και να τις πουλήσετε. Το να

δυσκολεύεστε να τις αγοράσετε λόγω μειωμένης εμπορευσιμότητας, σημαίνει ότι μπορεί να αναγκαστείτε να αγοράσετε σε πιο υψηλή τιμή ή εάν προσπαθείτε να πουλήσετε, να αναγκαστείτε να πουλήσετε σε χαμηλότερη τιμή ή μπορεί ακόμα, να μην υπάρχουν επαρκείς αγοραστές, για να πουλήσετε όταν θέλετε. Οι μετοχές μειωμένης εμπορευσιμότητας, έχουν αυξημένο ρίσκο. Μπορείτε να αναγνωρίσετε τις μετοχές αυτές από τα γραφήματά τους. Τα ιστογράμματά τους συνήθως δεν έχουν 'βάθος' ή 'σώμα'· αποτελούνται μονάχα από μια μικρή οριζόντια γραμμούλα (την τιμή κλεισίματος), αποτυπώνοντας ότι δεν συνέβησαν συναλλαγές στην συνεδρίαση. Δείτε το παρακάτω παράδειγμα μετοχής που στο αριστερό χρονικό κομμάτι, απουσιάσουν οι συναλλαγές, με αποτέλεσμα οι τιμές κλεισίματος να είναι απλές οριζόντιες γραμμούλες χωρίς 'σώμα' – στα σημεία με τα βελάκια (στο δεύτερο μισό του γραφήματος, η εμπορευσιμότητα, φαίνεται βελτιωμένη):

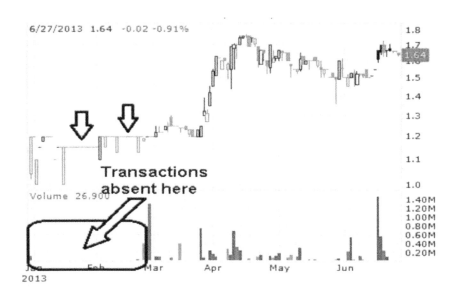

6.   Αποφύγετε χειραγωγούμενες μετοχές. Οι μετοχές που χειραγωγούνται, μπορούν να συμπεριφερθούν παράλογα. Ακόμα και εάν είναι μετοχές μιας καλής επιχείρησης (μιας επιχείρησης που παράγει καλά προϊόντα και τα οικονομικά της μεγέθη όπως ο

κύκλος εργασιών και τα κέρδη, αυξάνουν), δεν μπορείτε να στηριχθείτε σε αυτές. Οι χειραγωγούμενες μετοχές δεν υπακούουν σε κανέναν κανόνα · υπακούουν μονάχα στις διαθέσεις αυτών που τις χειραγωγούν. Αυτοί που τις χειραγωγούν, μπορούν εάν θέλουν να τις στείλουν στον ουρανό ή αν θέλουν, να τις στείλουν στον πάτο. Δείτε το ακόλουθο παράδειγμα μιας χειραγωγούμενης μετοχής:

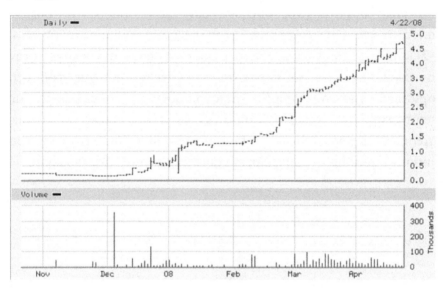

Καταλαβαίνουμε ότι είναι χειραγωγούμενη διότι οι τιμές κλεισίματος, διαμορφώνονται σχεδόν πάντα στα υψηλά της ημερήσιας διακύμανσης, λόγω βέβαια της χειραγώγησης, οδηγώντας έτσι την μετοχή, σε ολοένα υψηλότερα επίπεδα. Μπορεί να συμβεί όμως και το αντίθετο: οι τιμές κλεισίματος να διαμορφώνονται λόγω της χειραγώγησης σχεδόν πάντα στα χαμηλότερα επίπεδα της ημερήσιας διακύμανσης, οδηγώντας κατά συνέπεια την μετοχή, σε ολοένα χαμηλότερα επίπεδα τιμών. Οι μετοχές χειραγωγούνται ευκολότερα, όταν παρουσιάζουν μειωμένη εμπορευσιμότητα.

7. Έχετε στο μυαλό σας το ακόλουθο: Το 2008 εφαρμόστηκε στην αγορά η λογική του "Πολύ Μεγάλος για να Αποτύχει" (Too Big to Fail), προκειμένου να σώσουν το χρηματοοικονομικό σύστημα από

την κατάρρευση, που βίωνε εκείνη την χρονιά. Αυτή η συντονισμένη παρέμβαση από την Πολιτεία, ήταν κάτι το πρωτόγνωρο. Έπρεπε να δράσουν έτσι, διότι η οικονομία στην σύγχρονη εποχή είναι παγκοσμιοποιημένη και μία κρίση μπορεί να μεταφερθεί στιγμιαία σε όλο τον κόσμο · εάν δε ο πανικός επικρατήσει, όπως συνέβη το 2008, τότε θα υπάρχουν αδιανόητες αρνητικές συνέπειες. Τώρα έχουμε το προηγούμενο: η οικονομία διεθνώς θα συνεχίσει να είναι περιπλεγμένη μεταξύ όλων των χωρών, συνεπώς η λογική "Too Big to Fail" και συνεπακόλουθη δράση όπως διασώσεις (bailouts), θα εφαρμόζονται κάθε φορά που θα χρειάζεται, δίδοντας στην αγορά την απαιτούμενη διέγερση, που κατ'επέκταση θα οδηγήσει στην αντιστροφή. Αυτό είναι χρήσιμο και απαιτητό για την αντιστροφή. Και είναι χρήσιμο και για τους επενδυτές διότι τώρα, γνωρίζουμε ότι όταν ο κόσμος θα αντιμετωπίζει μια κρίση η οποία θα απειλεί το οικονομικό στάτους κβο, θα έχουμε την αναγκαία παρέμβαση για να απορροφήσει τις πιέσεις και να αποκαταστήσει ταχύτερα, την ισορροπία του συστήματος. Σας θυμίζω ότι στην Μεγάλη Ύφεση του 1929 και μετά, η χρηματιστηριακή αγορά στις ΗΠΑ έχασε περίπου 90% της αξίας της από την κορυφή έως τον πυθμένα. Σε μια μελλοντική αναταραχή, με την λογική του "Too Big to Fail", οι τιμές δεν μπορούν να πέσουν όσο έπεσαν το 1929. Οι απώλειες στον βασικό χρηματιστηριακό δείκτη, θεωρώ ότι θα περιοριστούν στο 30 έως 40%, ιδιαιτέρως βραχυπρόθεσμα. Διαφορετικά, στην περίπτωση δηλαδή που δεν θα εφαρμόζονταν η λογική "Too Big to Fail" και δεν θα υπήρχε παρέμβαση, τότε η παγκόσμια οικονομία θα κινδύνευε με σχεδόν ανεπανόρθωτη κατάρρευση. Δεν νομίζω ότι θα διακινδυνεύσουν ποτέ κάτι τέτοιο.

Βασικά Σημεία Επανάληψης

Η επανάληψη είναι η μητέρα της μαθήσεως, λέει μια ελληνική παροιμία. Η λαϊκή σοφία λέει την αλήθεια, καθώς γνωρίζουμε ότι όταν δεν επαναλαμβάνουμε κάτι ή εξασκούμαστε σε αυτό, εντέλει το ξεχνάμε. Πάρτε για παράδειγμα, έναν οικονομολόγο που πήρε το πτυχίο του από ένα επιφανές πανεπιστήμιο · η θεωρητική γνώση που έλαβε ήταν ισχυρή αλλά εάν δεν εξασκήσει για πολύ καιρό το επάγγελμα ή έστω κάτι που να σχετίζεται με αυτό, είναι σίγουρο ότι θα την ξεχάσει.

Από την άλλη πλευρά, ακόμα και αν κάποιος δεν είναι καλός σε κάτι, εάν εξασκείται σε αυτό ξανά και ξανά, γίνεται αρκετά καλός και δυνατός. Και κάποιος άλλος που στην αρχική φάση είναι καλός σε κάτι, που διαθέτει φυσικό ταλέντο σε αυτό, μπορεί να πλησιάσει την τελειότητα εάν εξασκείται τακτικά. Ανακαλέστε στη μνήμη σας, την πρώτη φορά που μάθατε να οδηγείτε: σας φαίνονταν αρκετά δύσκολο και έπρεπε να σκέφτεστε την κάθε σας κίνηση, αλλά με τον καιρό, ασκώντας την οδήγηση, κατέληξε να είναι κάτι το εύκολο, σχεδόν 'αυτόματο'. Η εξάσκηση κάνει την διαφορά.

Στα πρώιμα στάδια μιας διαδικασίας, όταν προηγείται η θεωρητική σκέψη, στην θέση της άσκησης εισέρχεται η επανάληψη. Το να επαναλαμβάνεις κάποια θεωρία (την ανάγνωση αυτής), σε οδηγεί σε μεγαλύτερα βάθη αντίληψής της.

Τι μάθαμε λοιπόν έως τώρα; Ποια είναι τα βασικά;

• Οι χρηματιστηριακές αγορές είναι χαοτικές και απρόβλεπτες βραχυμεσοπρόθεσμα. Ωστόσο και ως κανόνα (που έχει εξαιρέσεις), σε μακροπρόθεσμο ορίζοντα, κινούνται προς τα πάνω και προσφέρουν αποδόσεις καλύτερες από όλες τις εναλλακτικές μορφές επένδυσης, και μάλιστα αρκετά ανώτερες.

• Οι επαγγελματίες της αγοράς κατά κανόνα πετυχαίνουν απόδοση χειρότερη του βασικού χρηματιστηριακού δείκτη, όπως π.χ. ο S&P 500.

• Με τις παθητικές επενδύσεις, επιτυγχάνετε εύκολα απόδοση ίδια με του δείκτη που ακολουθείτε. Η παθητική επένδυση είναι υπέροχη καθώς μπορείτε να παρακολουθείτε έναν δείκτη και την άνοδό του, έναν υποσχόμενο τομέα κ.λπ.. Τίποτα δεν είναι ευκολότερο από αυτό.

• Με την τυχαία επένδυση, αναμένετε μια καλύτερη απόδοση από αυτήν του βασικού χρηματιστηριακού δείκτη, βασιζόμενος στις αυξημένες πιθανότητες να διαλέξετε μετοχές από την μεσαία κεφαλαιοποίηση, η οποία συνήθως εμφανίζει μεγαλύτερες δυνατότητες ανάπτυξης.

• Καθώς μέρος του συνόλου του χαρτοφυλακίου σας, επιλέγεται τυχαία, τότε αν είστε άτυχος, μπορεί να επιλέξετε μετοχές που θα υποαποδώσουν, ενδεχομένως και άσχημα. Γι'αυτό πρέπει να παρακολουθείτε προσεκτικά το χαρτοφυλάκιό σας και εάν έχετε τέτοιους 'κακούς σπόρους', τους πετάτε εκτός από τα αρχικά στάδια και αυτό συνεπάγεται ότι πρέπει να έχετε πάντα exit strategy.

• Παρόλο που η μέθοδος της παθητικής και τυχαίας επένδυσης είναι πολύ απλή, εύκολη και δεν απαιτεί την δαπάνη πολύ χρόνου, είναι καλό ωστόσο για εσάς, να αποκτήσετε γενική γνώση οικονομικών όπως και ειδικότερα, αποτίμησης της αγοράς, κυρίως μέσω θεμελιώδους ανάλυσης. Τότε μόνο, θα είστε ικανός να καταλάβετε πότε η αγορά είναι υπερτιμημένη ή αρκετά υποτιμημένη και να είστε σε συναγερμό για την παρατήρηση επιπλέον ισχυρών τεχνικών ενδείξεων, όπως περιγράψαμε, για να δράσετε δεόντως σε κάθε περίπτωση.

• Ακολουθείτε μια μέθοδο, να έχετε στρατηγικό σχέδιο δράσης και μην περιμένετε να αισθάνεστε καλά ή άσχημα · βασίζετε τις επενδύσεις σας στην λογική και όχι στα συναισθήματα. Το καλύτερο που έχετε να κάνετε, ιδίως εάν το σχέδιό σας βασίζεται σε τεχνικά, είναι να το ελέγξετε σε μια περίοδο του παρελθόντος για να δείτε εάν δούλεψε ικανοποιητικά.

• Ετοιμάστε τον εαυτό σας, να δουλεύει στο σχέδιο που έχετε καταρτίσει και να το ακολουθείτε. Να είστε έτοιμος όμως, ως εξαίρεση, για ειδικές αλλαγές, εάν και όταν χρειάζεται. Ποτέ μην λαμβάνετε κάτι ως δεδομένο· να είστε πάντα ανοιχτόμυαλοι.

• Εάν το σχέδιό σας δεν φέρνει αποτελέσματα, τότε κάνετε κάτι λάθος. Μην περιμένετε για θαύματα · τίποτα δεν αλλάζει άνευ δράσης · εσείς θα δημιουργήσετε τα 'θαύματα'. Βρείτε τα λάθη σας, διορθώστε τα και την επόμενη φορά, θα τα καταφέρετε καλύτερα.

Βάσει των προηγουμένων, σας συνιστώ να διαβάσετε το βιβλίο τουλάχιστον μια δεύτερη φορά – διαβάστε τις λεπτομέρειες και μελετήστε τους πίνακες καθώς περιέχουν πλήθος πληροφοριών, που σας δείχνουν την κατεύθυνση.

Επίλογος

Φτάνοντας στο τέλος αυτού του βιβλίου, ας κάνουμε λίγη ανάλυση γλωσσολογικής φύσεως. Το να ερευνούμε την ετυμολογία μπορεί να είναι πολύ χρήσιμη συνήθεια καθώς οι λέξεις σε όποια γλώσσα, ιδίως αυτών των γλωσσών που η ιστορία τους χάνεται σε μεγάλο βάθος χρόνου, πηγαίνοντας στην αρχαιότητα χιλιάδες χρόνια πίσω, μπορεί και συνήθως περιέχει μια *πολύ συμπυκνωμένη γνώση*, που αξίζει μελέτης.

Όχι μόνο στις επενδύσεις αλλά και στη ζωή γενικότερα, λέμε συχνά για τους εαυτούς μας – ή και για άλλους – ότι είμαστε στα αγγλικά **fortunate**, ήτοι καλότυχοι στα ελληνικά · άλλες φορές μιλάμε για ατυχία.

Έχει μεγάλο ενδιαφέρον συνεπώς να εξερευνήσουμε τι είναι **fortune** · καθώς για να είναι πετυχημένος κάποιος, χρειάζεται περιστασιακά μερική **luck** (τύχη). Επιπλέον, φαίνεται πολύ ενδιαφέρον ότι η λέξη fortune έχει την έννοια της τύχης - luck, όπως επίσης και την έννοια του πλούτου και περιουσίας.

Στα ελληνικά η λέξη luck είναι τύχη και προφέρεται tyk^{h}ē · στην αρχαία εποχή η Τύχη (Tyk^{h}ē) ήταν θεότητα, προσωποποίηση της καλής τύχης. Στα λατινικά η λέξη luck είναι fortuna (δείτε και την σύγχρονη αγγλική λέξη fortunately, που σημαίνει ευτυχώς) · όπως οι Έλληνες, έτσι και οι Ρωμαίοι είχαν την θεά της τύχης: την Fortuna. Αυτό που είναι πολύ ενδιαφέρον είναι ότι η ετυμολογία και στην ελληνική και στην λατινική γλώσσα, οδηγεί στην διασύνδεση των λέξεων τύχη και fortuna όχι με την έννοια του τυχαίου ή ανεξέλεγκτου όπως πολλοί ίσως νομίζουν αλλά με την έννοια της δύναμης / ισχύος / ικανοτήτων. Εξηγώ αμέσως γιατί: στα ελληνικά η λέξη Τείχη (η λίθινη προστατευτική κατασκευή, γύρωθεν μιας αρχαίας πόλης) προφέρονται σχεδόν ίδια με την λέξη τύχη. Αυτό φανερώνει αφενός ότι οι λέξεις Τείχη και τύχη είναι πολύ όμοιες, αφετέρου ότι οι δυο λέξεις φαίνεται να μοιράζονται μια κοινή γλωσσική ρίζα *tyk' / *teik- · βρίσκουμε επιπλέον ενδείξεις στην (αρχαία) Καρική γλώσσα όπου υπήρχε η λέξη tyk' με την έννοια της τύχης, μοίρας. Στα ελληνικά, επίσης από την αρχαία εποχή, έχουμε την λέξη τέχνη, που δήλωνε την εργασία, την επιστήμη αλλά και αυτό που εννοούμε και σήμερα ως τέχνη. Από την λέξη τέχνη προέρχεται η λέξη τεχνίτης, έχοντας την έννοια του εργαζόμενου και αυτού που αποκαλούμε έως και σήμερα, τεχνίτη. Δείτε και τη σύγχρονη αγγλική λέξη textile (που σημαίνει ύφασμα / υφαντουργικό προϊόν): προέρχεται από μια ΠρωτοΙνδοΕυρωπαϊκή λέξη - ρίζα, *teks που πρέπει να είναι ο πρόγονος των (αρχαίων) ελληνικών και καρικών λέξεων. Για να είχες στην αρχαιότητα ύφασμα - textile, χρειάζονταν γνώση, δράση και εμπειρία. Όλες οι παραπάνω λέξεις από ετυμολογικής απόψεως δείχνουν δράση, ικανότητες, δύναμη · την δύναμη που αποκτάς με το να κάνεις κάτι ξανά και ξανά, με τον έλεγχο αυτού και τις περιοδικές βελτιώσεις, γενικά βασιζόμενος στην γνώση και εμπειρία.

Πηγαίνοντας στην λατινική λέξη fortuna, φαίνεται ότι είναι σύνθετη, η οποία συνθέτεται από την fort + una. Η λέξη Una είναι το ένα, αλλά από πού προέρχεται και τι σημαίνει η fort; Έρχεται από την επίσης λατινική λέξη fortis, που είχε την έννοια του δυνατού. Δείτε και τη σύγχρονη αγγλική λέξη fortress που είναι, ένα μικρό χωριό περικλεισμένο από Τείχη: ένα κάστρο εν συντομία. Ή δείτε επίσης την αγγλική λέξη forte που χρησιμοποιείται σε εκφράσεις που δείχνουν κάτι στο οποίο ένα άτομο υπερέχει (παράδειγμα: His forte is mathematics – Το φόρτε του είναι τα μαθηματικά, εννοώντας ότι αυτός στον οποίον αναφερόμαστε είναι πραγματικά δυνατός στα μαθηματικά). Συνεπώς, fortuna σημαίνει ένα (μια μονάδα, ένα χωριό, μια πόλη κ.λπ.) το οποίο είναι δυνατό · και με το δυνατό εννοεί ότι είναι προετοιμασμένο για ένα ζήτημα, για ένα εγχείρημα, για μια υπόθεση, έχοντας προφανώς τη σχετική γνώση, ικανότητες και εμπειρία. Ένα fortress – κάστρο, είναι προετοιμασμένο με τα

286

Τείχη του, να αντέξει την επίθεση των εχθρών. Δεν αντέχει στην επίθεση που δέχεται, με τυχαίο τρόπο.

Σκάβοντας συνεπώς σε βάθος, βρίσκουμε ότι ένα fortunate person in life, δηλαδή ένα καλότυχο στη ζωή άτομο ή ένας επενδυτής στις αγορές, δεν είναι αποτέλεσμα τυχαίων περιστατικών και συμπτώσεων αλλά αυτός που διαθέτει γνώση, ικανότητες, εμπειρία και αυτός που είναι προετοιμασμένος για τους δύσκολους καιρούς και γνωρίζει πώς να δράσει όταν έλθουν τα δύσκολα. Για να είναι κανείς προετοιμασμένος και να γνωρίζει πώς να δράσει σε άσχημες συνθήκες, πρέπει να έχει ένα στρατηγικό σχέδιο δράσης, ένα σύστημα και μερικές φορές, κάποιες εναλλακτικές για την περίπτωση που το βασικό σχέδιο, το Plan A, αποτύχει.

Ας συνεχίσουμε με την εξέταση και άλλων εννοιών που σχετίζονται βεβαίως με το θέμα μας. Με τι ασχολούμαστε εδώ; Ασχολούμαστε με τις επενδύσεις **investments** στην χρηματιστηριακή αγορά.

Η λέξη invest προέρχεται από τα τέλη του 14ου αιώνος, εννοώντας "να ντύνεται κανείς με τις επίσημες στολές ενός γραφείου", το οποίο πήγαζε από την λατινική λέξη investire "να ντύνομαι με, να καλύπτομαι, να περιβάλλομαι" που ως σύνθετη λέξη προέρχονταν από τις "in, into" (εντός, εσωτερικά) + vestire "να ντύνομαι, με κάποιο ύφασμα". Η έννοια του "χρησιμοποιώ χρήματα για να παράξω κέρδος" εμφανίζεται κατά τον 17ο αιώνα όταν άρχισε να αναπτύσσεται το εμπόριο των Ανατολικών Ινδιών, και είναι πιθανότατα δανεισμός του ιταλικού investire (13ος αιώνας) από την ίδια λατινική ρίζα, με το νόημα πλέον του δίδω στο κεφάλαιο κάποιου, μια νέα μορφή, το επ΄αυτού ενδύω > επενδύω.

Πρέπει συνεπώς να επενδύουμε - invest, έτσι ώστε να δίδουμε στο κεφάλαιό μας μια νέα καλύτερη μορφή, να το μετατρέπουμε σε μια νέα ελκυστικότερη μορφή, που θα μας παραγάγει κέρδη εν αντιθέσει με το 'γυμνό' – μη επενδεδυμένο κεφάλαιο, το οποίο από παραγωγικής και κερδοφορικής πλευράς, παραμένει μη ελκυστικό.

Πως επενδύουμε; Επενδύουμε μέσω των αγορών - markets. Η λέξη market έχει τις ρίζες της από την ιταλική ρίζα *merk-, αναφερόμενη σε διάφορες πτυχές των οικονομικών και έχει νοήματα σχετικά με δημόσιο κτίσμα ή δημόσιο χώρο, όπου διαδραματίζονταν οι αγορές από τους πολύ αρχαίους καιρούς.

Ο θεός των Ρωμαίων, Mercurius (από την ίδια ρίζα *merk-), ήταν ένας από τους βασικούς θεούς του ρωμαϊκού πάνθεον, και είναι μεταξύ άλλων, ο προστάτης θεός του οικονομικού κέρδους, του εμπορίου, της τύχης και της αφθονίας. Το όνομά του-λέξη που τον περιγράφει, φαίνεται να σχετίζεται με τις λατινικές λέξεις merx ("εμπόρευμα"· συγκρίνετέ το και με την σύγχρονη αγγλική λέξη merchant με σχετικό νόημα), mercari (ανταλλάσσω) και merces (αμοιβή εργασίας).

Οι αρχαίοι Έλληνες καλούσαν και αυτοί τον προστάτη θεό του εμπορίου και των κερδών, Ερμή, ο οποίος ήταν ένας εκ των δώδεκα ανώτατων θεοτήτων (Ολύμπιοι). Ο Ερμής ουσιαστικά ήταν το ίδιο με τον Mercury των Ρωμαίων. Ένα από τα βασικά επίθετα του θεού, ήταν Κερδοφόρος. Ο Ερμής (Ἑρμῆς στα αρχαία ελληνικά, όπου προφέρεται ᴴermais), έχει την ίδια γλωσσική ρίζα με το ρήμα ἑρμηνεύω (που προφέρεται στην αρχαία ελληνική, ᴴer/mai/new/o). Φαίνεται επίσης να συνδέεται με το αρχαίο ελληνικό ρήμα εἴρω (που προφέρονταν ei/rw), που σήμαινε ενώνω, συνδέω.

Επιπλέον πάνω σ'αυτό, η λέξη – και όνομα – Ἑρμῆς φαίνεται να σχετίζεται με το ρήμα, της ευρύτερης γλωσσικής οικογένειας, αιρέω (προφέρονταν hai/re/w) και σήμαινε κατακτώ, όπως επίσης με το ουσιαστικό ήρως (προφέρονταν ᴴe/rws), η γνωστή μας δηλαδή λέξη ήρωας, δείτε σαν ονομασία και ετυμολογία και τον Ἥρακλης - Heracles, τον μεγάλο Έλληνα ήρωα.

Με ενδιαφέρον παρατηρούμε ότι και η λέξη αίρεση, από την οποία προέρχεται και η αιρετικός, προέρχεται από την αρχαία ελληνική λέξη αἵρεσις (προφερόμενη ʰair/es/is), που με την σειρά της προέρχεται από το παραπάνω αἱρέω - ʰai/re/w.

Κατά μυστήριο τρόπο, παρατηρούμε ότι λέξεις στα αρχαία ελληνικά που προέρχονται από τις κοντινότατες ρίζες *ʰer- and *ʰair-, που ηχούν περίπου πανομοιότυπα, μας δίδουν λέξεις του θεϊκού ονόματος του κερδοφόρου θεού, όπως επίσης τις έννοιες του ερμηνεύω, ενώνω, συνδέω, κατακτώ.

Ίσως η αρχαία ελληνική γλώσσα, μας δείχνει, πως η αιρετική επενδυτική οδηγεί στην επιτυχία: με την υποστήριξη του Ερμού του Κερδοφόρου, πρέπει να ερμηνεύουμε ορθώς τις διαθέσιμες πληροφορίες, έπειτα να ενώνουμε και συνδέουμε τα δεδομένα φτάνοντας σε ένα επενδυτικό συμπέρασμα, το οποίο θα μας οδηγήσει στην κατάκτηση των αγορών. Αλλά προσέχετε διότι η λέξη κερδοφόρος στα αγγλικά, profit-*bear*er περιέχει και την αρκούδα - bear... οι bear markets κρύβονται πάντα και γεννώνται στις υπερβολές των ανοδικών, κερδοφόρων αγορών.

Γνωρίζουμε επίσης ότι ένας αιρετικός, αμφισβητεί τα δόγματα, παραμένει ανοιχτόμυαλος και ευέλικτος στο να εξετάζει νέα πράγματα. Δεν πρέπει ποτέ να νοιώσετε εφησυχασμό και να πιστέψετε ότι μάθατε τα πάντα · αυτό μπορεί να σας καταστρέψει και όχι μόνο στο πεδίο των επενδύσεων. Να έχετε πάντα αυτά στο μυαλό σας.

Γι'αυτό γίνετε ένας Αιρετικός Επενδυτής! Πηγαίνετε και κατακτήστε τις αγορές! Αλλά μείνετε μετριοπαθείς και σοφοί. **Καλή τύχη!**

ΠΑΡΑΡΤΗΜΑ Α

Στον ακόλουθο Πίνακα, μπορείτε να δείτε την αγελαία συμπεριφορά στην αμερικάνικη χρηματιστηριακή αγορά. Βεβαίως παρόμοια είναι η κατάσταση σε όλες τις χρηματιστηριακές αγορές όλου του κόσμου.

Σε κάθε ένα από αυτά τα 31 χρόνια από το 1955 ως το 1985, μπορείτε να δείτε πόσες μετοχές αυξήθηκαν, υποχώρησαν και πόσες έμειναν αμετάβλητες, ως νούμερο και ως ποσοστό, σε ετήσια βάση. Για παράδειγμα, το έτος 1955 και από σύνολο 1024 μετοχών, οι 690 ανήλθαν, οι 287 κατήλθαν και 47 έμειναν αμετάβλητες. Το ίδιο σε επίπεδο ποσοστού, 67,38% ανήλθαν και 28,03% υποχώρησαν. Μπορείτε να δείτε επίσης τα εύρη της ανόδου και της καθόδου: 200 μετοχές ανήλθαν κάτω του 10%, 184 μεταξύ 10 και 20%, 101 μεταξύ 20 και 30%, 89 μεταξύ 30 και 40%, 42 μεταξύ 40 και 50% και 74 κέρδισαν 50% ή περισσότερο. Από την άλλη πλευρά, εξ αυτών των 287 μετοχών που υποχώρησαν, 179 σημείωσαν απώλειες μικρότερες του 10%, 57 υποχώρησαν μεταξύ 10 και 20%, 42 μεταξύ 20 και 30%, 6 μεταξύ 30 και 40%, 3 μεταξύ 40 και 50% και καμία στο εύρος του 50% ή περισσότερο. Σε όρους ποσοστών, από αυτές που ανήλθαν, 19,5% (του συνόλου των μετοχών, όχι μόνο επί αυτών που ανήλθαν) κέρδισαν έως 10%, 18,0% μεταξύ 10 και 20%, 9,9% μεταξύ 20 και 30%, 8,7% μεταξύ 30 και 40%, 4,1% μεταξύ 40 και 50% και 7,2% είχαν κέρδη 50% ή περισσότερο. Από την άλλη πλευρά, 17,5% του συνόλου των μετοχών υποχώρησαν έως 10%, 5,6% παρουσίασαν απώλειες μεταξύ 10 και 20%, 4,1% έχασαν μεταξύ 20 και 30%, 0,6% μεταξύ 30 και 40%, 0,3% μεταξύ 40 και 50% και δεν παρατηρήθηκε καμία με εύρος ζημιών 50% ή περισσότερο.

Στο κάτω μέρος του Πίνακα, μπορείτε να δείτε επίσης τους μέσους όρους αυτών των 31 ετών, την μέγιστη τιμή και την ελάχιστη.

Για παράδειγμα, ο μέσος όρος για αυτά τα 31 χρόνια είναι ότι 56,82% του συνόλου των μετοχών κινούνται ανοδικά (σε κάθε έτος), η μέγιστη τιμή των μετοχών που κινούνται ανοδικά και παρατηρήθηκε σε αυτά τα 31 χρόνια ήταν 97,20% και ήταν το έτος 1958 που φαίνεται ότι ήταν εξαιρετικά ανοδικό και η ελάχιστη τιμή ήταν 9,52%, παρατηρηθείσα το έτος 1974, εννοώντας ότι μόνο το 9,52% του συνόλου των μετοχών αυξήθηκαν εκείνο το έτος.

Είναι επίσης ενδιαφέρον να δούμε τον ψηλότερο μέσο όρο μεταξύ των κατηγοριών εύρους ποσοστιαίων κερδών ή και απωλειών, για αυτά τα 31 χρόνια (ο οποίος είναι 12,85%) και αφορά στο εύρος των κερδών του 50% ή περισσότερο (σε ετήσια πάντα βάση), ακολουθούμενο από το 12,33% που είναι το εύρος απωλειών έως 10% και το τρίτο μεγαλύτερο ποσοστό είναι 12,27% που είναι το εύρος κερδών έως 10%.

Με άλλα λόγια, παρατηρούμε ότι το μεγαλύτερο ποσοστό παρουσιάζει το μεγαλύτερο εύρος απόδοσης κερδών και αυτό είναι καλό, εάν η ιστορία είναι οδηγός μας, δείχνοντας ότι ένας μακροχρόνιος επενδυτής, ακόμα και αν επιλέξει τυχαία τις μετοχές του, έχει σχετικά αυξημένες πιθανότητες να επιλέξει μεταξύ των μετοχών που θα υπεραποδώσουν ισχυρά και αμέσως μετά, έρχεται αντιμέτωπος με δυο σημαντικά ποσοστά που είναι σχεδόν ίδια (12,33% και 12,27%), τα οποία είναι από τα εύρη των πιο αδύναμων απωλειών (έως 10%) και των πιο αδύναμων κερδών (έως 10%). Και το πρώτο είναι κακό αλλά το δεύτερο είναι 'ασθενικά' καλό. Γι'αυτό πρέπει να είμαστε προσεκτικοί, να παρακολουθούμε το χαρτοφυλάκιό μας και να το φιλτράρουμε εγκαίρως και σύμφωνα με τις τεχνικές που αναπτύχθηκαν, στοχεύοντας στο να καταφέρουμε να έχουμε κυρίως μετοχές που ξεχωρίζουν θετικά και να αποβάλουμε αυτές που μας κρατάνε χαμηλά.

Year	UP						DOWN					
	Under 10%	10 - 19.9%	20 - 29.9%	30 - 39.9%	40 - 49.9%	50% and Over	Under 10%	10 - 19.9%	20 - 29.9%	30 - 39.9%	40 - 49.9%	50% and Over
1955	200	184	101	89	42	74	179	57	42	6	3	0
1956	118	101	75	35	26	43	194	186	99	48	16	20
1957	124	59	27	8	4	7	149	168	161	155	98	70
1958	49	93	136	150	170	435	19	6	1	0	0	0
1959	177	155	92	57	42	100	218	115	51	16	11	2
1960	134	99	74	38	26	33	152	177	150	109	52	13
1961	140	196	170	143	72	170	94	57	21	8	2	1
1962	101	55	23	18	1	6	203	231	212	151	71	38
1963	238	221	128	100	52	93	153	75	31	22	3	1
1964	225	231	169	92	42	93	150	70	40	27	5	5
1965	184	154	137	101	92	229	172	75	25	13	0	0
1966	123	62	32	27	15	29	190	276	245	139	53	13
1967	125	154	126	120	67	426	89	54	13	6	0	0
1968	167	194	136	126	72	218	111	91	26	14	1	1
1969	69	53	36	18	13	12	106	166	251	178	153	144
1970	210	128	80	43	21	31	180	155	143	105	84	65
1971	208	161	144	97	54	180	187	132	62	33	18	3
1972	220	191	113	71	50	102	235	153	88	66	41	27
1973	50	43	27	29	7	32	78	164	237	191	211	368
1974	61	26	18	11	7	17	90	184	244	274	238	288
1975	97	165	155	141	136	611	67	39	28	17	3	3
1976	139	227	227	167	152	431	67	50	14	8	1	1
1977	218	182	109	63	42	97	300	228	137	62	26	11
1978	217	162	118	81	46	118	273	299	96	43	13	5
1979	192	190	145	107	89	359	174	143	53	16	4	3
1980	159	169	132	96	89	310	229	155	74	27	11	7
1981	195	159	111	73	50	92	198	194	146	110	76	46
1982	118	167	203	123	92	306	120	107	69	59	40	32
1983	177	203	193	147	123	282	146	85	41	22	0	13
1984	231	201	109	38	16	30	215	195	158	104	66	63
1985	149	231	213	148	123	259	100	78	43	26	11	25

Year	Total shares UP	Total shares DOWN	Unchanged shares	Total Shares	Total % UP	Total % DOWN
1955	690	287	47	1024	67,38%	28,03%
1956	398	563	74	1035	38,45%	54,40%
1957	229	801	13	1043	21,96%	76,80%
1958	1041	26	4	1071	97,20%	2,43%
1959	623	413	15	1051	59,28%	39,30%
1960	404	653	11	1068	37,83%	61,14%
1961	891	183	14	1088	81,89%	16,82%
1962	204	906	10	1120	18,21%	80,89%
1963	832	285	18	1135	73,30%	25,11%
1964	852	297	13	1162	73,32%	25,56%
1965	897	285	8	1190	75,38%	23,95%
1966	288	916	6	1210	23,80%	75,70%
1967	1038	162	6	1206	86,07%	13,43%
1968	913	244	4	1161	78,64%	21,02%
1969	201	998	3	1202	16,72%	83,03%
1970	513	732	8	1253	40,94%	58,42%
1971	844	435	17	1296	65,12%	33,56%
1972	747	610	14	1371	54,49%	44,49%
1973	188	1249	5	1442	13,04%	86,62%
1974	140	1318	13	1471	9,52%	89,60%
1975	1305	157	17	1479	88,24%	10,62%
1976	1343	141	9	1493	89,95%	9,44%
1977	711	764	20	1495	47,56%	51,10%
1978	742	729	26	1497	49,57%	48,70%
1979	1082	393	15	1490	72,62%	26,38%
1980	955	503	15	1473	64,83%	34,15%
1981	680	770	19	1469	46,29%	52,42%
1982	1009	427	13	1449	69,63%	29,47%
1983	1125	307	10	1442	78,02%	21,29%
1984	625	801	17	1443	43,31%	55,51%
1985	1123	283	17	1423	78,92%	19,89%
Average					56,82%	41,91%
Max.					97,20%	89,60%
Min.					9,52%	2,43%

Year	shares UP						shares DOWN					
	Under 10%	10-19.9%	20-29.9%	30-39.9%	40-49.9%	50% and Over	Under 10%	10-19.9%	20-29.9%	30-39.9%	40-49.9%	50% and Over
1955	19,5%	18,0%	9,9%	8,7%	4,1%	7,2%	17,5%	5,6%	4,1%	0,6%	0,3%	0,0%
1956	11,4%	9,8%	7,2%	3,4%	2,5%	4,2%	18,7%	18,0%	9,6%	4,6%	1,5%	1,9%
1957	11,9%	5,7%	2,6%	0,8%	0,4%	0,7%	14,3%	16,1%	15,4%	14,9%	9,4%	6,7%
1958	4,6%	8,7%	12,7%	14,0%	15,9%	40,6%	1,8%	0,6%	0,1%	0,0%	0,0%	0,0%
1959	16,8%	14,7%	8,8%	5,4%	4,0%	9,5%	20,7%	10,9%	4,9%	1,5%	1,0%	0,2%
1960	12,5%	9,3%	6,9%	3,6%	2,4%	3,1%	14,2%	16,6%	14,0%	10,2%	4,9%	1,2%
1961	12,9%	18,0%	15,6%	13,1%	6,6%	15,6%	8,6%	5,2%	1,9%	0,7%	0,2%	0,1%
1962	9,0%	4,9%	2,1%	1,6%	0,1%	0,5%	18,1%	20,6%	18,9%	13,5%	6,3%	3,4%
1963	21,0%	19,5%	11,3%	8,8%	4,6%	8,2%	13,5%	6,6%	2,7%	1,9%	0,3%	0,1%
1964	19,4%	19,9%	14,5%	7,9%	3,6%	8,0%	12,9%	6,0%	3,4%	2,3%	0,4%	0,4%
1965	15,5%	12,9%	11,5%	8,5%	7,7%	19,2%	14,5%	6,3%	2,1%	1,1%	0,0%	0,0%
1966	10,2%	5,1%	2,6%	2,2%	1,2%	2,4%	15,7%	22,8%	20,2%	11,5%	4,4%	1,1%
1967	10,4%	12,8%	10,4%	10,0%	7,2%	35,3%	7,4%	4,5%	1,1%	0,5%	0,0%	0,0%
1968	14,4%	16,7%	11,7%	10,9%	6,2%	18,8%	9,6%	7,8%	2,2%	1,2%	0,1%	0,1%
1969	5,7%	4,4%	3,0%	1,5%	1,1%	1,0%	8,8%	13,8%	20,9%	14,8%	12,7%	12,0%
1970	16,8%	10,2%	6,4%	3,4%	1,7%	2,5%	14,4%	12,4%	11,4%	8,4%	6,7%	5,2%
1971	16,0%	12,4%	11,1%	7,5%	4,2%	13,9%	14,4%	10,2%	4,8%	2,5%	1,4%	0,2%
1972	16,0%	13,9%	8,2%	5,2%	3,6%	7,4%	17,1%	11,2%	6,4%	4,8%	3,0%	2,0%
1973	3,5%	3,0%	1,9%	2,0%	0,5%	2,2%	5,4%	11,4%	16,4%	13,2%	14,6%	25,5%
1974	4,1%	1,8%	1,2%	0,7%	0,5%	1,2%	6,1%	12,5%	16,6%	18,6%	16,2%	19,6%
1975	6,6%	11,2%	10,5%	9,5%	9,2%	41,3%	4,5%	2,6%	1,9%	1,1%	0,2%	0,2%
1976	9,3%	15,2%	15,2%	11,2%	10,2%	28,9%	4,5%	3,3%	0,9%	0,5%	0,1%	0,1%
1977	14,6%	12,2%	7,3%	4,2%	2,8%	6,5%	20,1%	15,3%	9,2%	4,1%	1,7%	0,7%
1978	14,5%	10,8%	7,9%	5,4%	3,1%	7,9%	18,2%	20,0%	6,4%	2,9%	0,9%	0,3%
1979	12,9%	12,8%	9,7%	7,2%	6,0%	24,1%	11,7%	9,6%	3,6%	1,1%	0,3%	0,2%
1980	10,8%	11,5%	9,0%	6,5%	6,0%	21,0%	15,5%	10,5%	5,0%	1,8%	0,7%	0,5%
1981	13,3%	10,8%	7,6%	5,0%	3,4%	6,3%	13,5%	13,2%	9,9%	7,5%	5,2%	3,1%
1982	8,1%	11,5%	14,0%	8,5%	6,3%	21,1%	8,3%	7,4%	4,8%	4,1%	2,8%	2,2%
1983	12,3%	14,1%	13,4%	10,2%	8,5%	19,6%	10,1%	5,9%	2,8%	1,5%	0,0%	0,9%
1984	16,0%	13,9%	7,6%	2,6%	1,1%	2,1%	14,9%	13,5%	10,9%	7,2%	4,6%	4,4%
1985	10,5%	16,2%	15,0%	10,4%	8,6%	18,2%	7,0%	5,5%	3,0%	1,8%	0,8%	1,8%
Average	12,27%	11,67%	8,93%	6,45%	4,63%	12,85%	12,33%	10,51%	7,61%	5,18%	3,25%	3,03%
Max.	20,97%	19,88%	15,63%	14,01%	15,87%	41,31%	20,74%	22,81%	20,88%	18,63%	16,18%	25,52%
Min.	3,47%	1,77%	1,22%	0,75%	0,09%	0,54%	1,77%	0,56%	0,09%	0,00%	0,00%	0,00%

ΠΑΡΑΡΤΗΜΑ Β

Θέτοντας σε πρακτική όσα μάθαμε, στις σημερινές συνθήκες

Χρησιμοποιώντας τις προηγούμενες τεχνικές, προειδοποίησα εγκαίρως για το σκάσιμο της φούσκας της Κίνας, στο τέλος του Ιουνίου 2015. Οι λόγοι για αυτό το πτωτικό κάλεσμα, ήταν:

• Οι τιμές στο χρηματιστήριο της Σαγκάης ήταν υπερτιμημένες από θεμελιώδη άποψη.

• Η συνολική οικονομία της Κίνας είχε ορισμένα σοβαρά αλλά 'κρυμμένα' θεμελιώδη προβλήματα · προβλήματα που θα μπορούσαν να ιδωθούν στις λεγόμενες "πόλεις φαντάσματα" (ghost cities) της Κίνας.

• Ακόμα και παντελώς άσχετοι άνθρωποι με την χρηματιστηριακή αγορά (της Κίνας), όπως ηλικιωμένοι συνταξιούχοι και μάλιστα ηλικιωμένες συνταξιούχες νοικοκυρές, παππούδες και γιαγιάδες, είχαν εμπλακεί στην χρηματιστηριακή αγορά (έτυχε να δω μια φωτογραφία που έδειχνε ορισμένες ηλικιωμένες κινέζες σε ένα δωμάτιο, να κοιτάζουν σε οθόνες τις διακυμάνσεις των μετοχών) – κάτι ενδεικτικό ότι η αγορά είχε γυρίσει σε μεγάλο ponzi και ήταν θέμα χρόνου, να σκάσει.

• Τον Ιούνιο του 2015, παρουσιάστηκε μια τεχνική διάσπαση.

Αντί να κάνω λοιπόν μια μεγάλη ανάλυση, ανάρτησα απλά αυτή την εικόνα -μικροανάλυση στο Facebook:

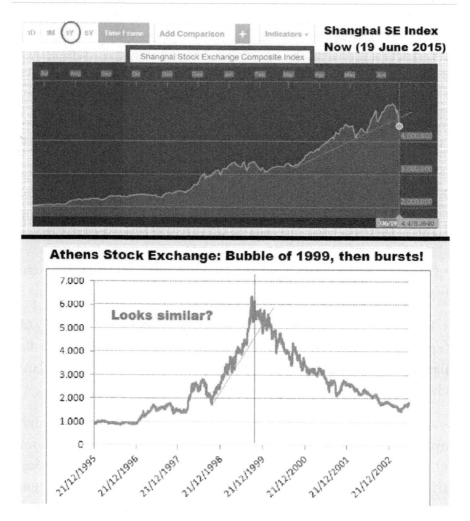

Για να είναι φανερές ποιες θα μπορούσαν να είναι οι συνέπειες, παρουσίασα την υπόθεση με μια αναλογία με το σκάσιμο της φούσκας της ελληνικής χρηματιστηριακής αγοράς, πίσω στο 1999. Παρόλο που οι δύο αγορές έχουν μεγάλη διαφορά στο μέγεθος, η ψυχολογία είναι που κινεί όλες τις αγορές και είναι η ίδια σε μικρές και μεγαλύτερες αγορές. Ένα χρόνο σχεδόν αφού προειδοποίησα για το σκάσιμο της φούσκας του χρηματιστηρίου της Σαγκάης, ο βασικός δείκτης Shanghai Stock Exchange Composite Index βρίσκονταν γύρω στις 2.900 μονάδες (τον Ιούνιο του 2016) με απώλειες σχεδόν 45% από την κορυφή των 5.167 μονάδων από τα μέσα Ιουνίου 2015.

Μπορείτε να δείτε την παραπάνω εικόνα στο Facebook, στο ακόλουθο link:

https://www.facebook.com/taxcoachplus/photos/a.633042686733813.1073 741828.610974708940611/900518389986240/?type=3&theater

Λίγο καιρό αργότερα, προειδοποίησα για **πτωτική αγορά** επίσης, για την **αμερικάνικη χρηματιστηριακή αγορά**. Συγκεκριμένα, στα τέλη Αυγούστου 2015 προειδοποίησα για γύρισμα στον S&P 500. Οι βασικοί λόγοι γι'αυτό, ήταν:

• μετά από εφτά συνεχόμενα ανοδικά έτη, η αγορά φαίνονταν σημαντικά υπερτιμημένη από την θεμελιώδη οπτική.

• Η αγορά έδειχνε μια σημαντική τεχνική αδυναμία, καθώς ο S&P 500 ο οποίος κινούνταν σύμφωνα με την γραμμή ανοδικής τάσης Α, γύρισε σε μια λιγότερο ανοδική γραμμή (Β) που ακόμα και αυτή, στο τέλος του Αυγούστου έσπασε. Τεχνικά μιλώντας, από τον Μάιο έως τον Ιούλιο του 2015, ο S&P 500 φαίνονταν να έχει βρεθεί σε μια ζώνη κορεσμού (τρεις κορυφές στο ίδιο επίπεδο και μερικοί υποχωρούντες πυθμένες), αποτελούσαν ισχυρή τεχνική ένδειξη για γύρισμα προς τα κάτω.

• Το συστημικό ρίσκο παγκοσμίως φαίνονταν αυξημένο, καθώς υπήρχαν ορισμένες πηγές έντονης αναταραχής όπως και η ομαλή προσγείωση – όπως εκτιμώ – της Κίνας, χαοτικές εξελίξεις στην Ευρώπη και η απειλή του Ισλαμικού Κράτους.

Δείτε το γράφημα για τον S&P 500, που έκανα στις 21 Αυγούστου 2015:

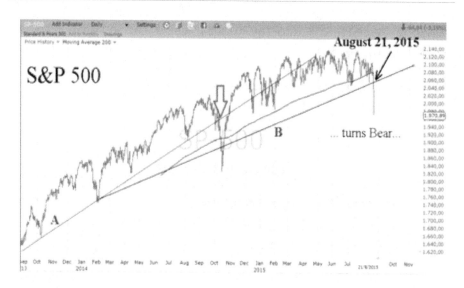

Μπορείτε να δείτε το πτωτικό κάλεσμα όσον αφορά στον S&P 500 σε άρθρο που έκανα εκείνη την περίοδο, στο ακόλουθο link:

http://taxcoach.gr/blog/%CE%B5%CF%80%CE%B5%CE%BD%CE%B4%CF%85%CF%83%CE%B5%CE%B9%CF%83-%CE%B1%CF%81%CF%87%CE%AF%CF%83%CE%B1%CE%BC%CE%B5/

• Υ/Γ: Από την στιγμή που προειδοποίησα, ο S&P 500 υποχώρησε μετά διακυμάνσεων, έως και 14% και έως τον Ιανουάριο του 2016, έδειχνε να επιβεβαιώνει το πτωτικό μοτίβο. Όμως στη συνέχεια και ουσιαστικά στο πρώτο εξάμηνο του 2016, ο S&P 500 ανέκαμψε και πέτυχε και νέα υψηλά. Ωστόσο, αυτό δεν αλλάζει την διαπίστωσή μου, καθώς όλοι οι παραπάνω λόγοι ουσιαστικά ισχύουν, βραχυπρόθεσμα μπορεί τεχνικά ο δείκτης να διόρθωσε και να δείχνει μια σχετική δυναμική, όμως η εντροπία της αγοράς είναι αυξημένη σε σχέση με τα τέλη του 2014 συν το ότι η δυνητική συνέχιση της ανόδου φαίνεται εξαιρετικά αδύναμη εν συγκρίσει με το δυνητικό ρίσκο της πτωτικής κίνησης, που δείχνει υψηλό. Άλλωστε, το μοτίβο μιας ξεκάθαρα ανοδικής αγοράς δεν υφίσταται και θα δούμε τι θα συμβεί στη συνέχεια. Είχα αναφέρει δε, ότι λόγος της καθυστέρησης εκδήλωσης της πτώσης με ξεκάθαρο τρόπο, ίσως ήταν οι προεδρικές εκλογές στις ΗΠΑ, οι οποίες θα γίνονταν στις 8 Νοεμβρίου 2016, πιθανότατα διότι δεν θα ήθελαν να πήγαιναν σε αυτές με μια άσχημη χρηματιστηριακή αγορά. Βεβαίως οι εκλογές έγιναν αλλά η αγορά στη συνέχεια όχι μόνο δεν έπεσε αλλά συνέχισε κατά βάση ανοδικά, σε νέα ιστορικά υψηλά. Πάλι, το όλο περιβάλλον δεν άλλαξε βελτιούμενο, έτσι ώστε να δικαιολογεί την περαιτέρω κούρσα. Ίσα – ίσα που επειδή η κούρσα απέχει μακράν από τα αδύναμα θεμελιώδη και κυρίως με την κερδοφορία, συνεπάγεται ότι έχει πολύ κερδοσκοπία. Συνήθως σε αυτές τις περιπτώσεις, η κερδοσκοπία φουσκώνει για κάμποσο καιρό, μάλιστα η FED δείχνει να παρέχει προς το παρόν την απαιτούμενη γι'αυτό ρευστότητα, αλλά δεν παύει να υπάρχει μια ολοένα διογκούμενη δυσαρμονία αποτίμησης (πολύ υψηλής) σε σχέση με το θεμελιώδες υπόβαθρο. Αυτό κάποια στιγμή θα συγκλίνει, και επειδή το θεμελιώδες υπόβαθρο δεν μπορεί να κινηθεί δυναμικά ανοδικά, τότε μένει η σύγκλιση να υλοποιηθεί με πτώση που κατά πάσα πιθανότητα θα είναι ισχυρή.

Ίδωμεν…

Μπορείτε να επικοινωνήσετε με τον συγγραφέα στα:

e-mail: sofpan@yahoo.com

https://www.facebook.com/Panayiotis.Sofianopoulos

https://www.facebook.com/heretic.investor/

Αφού διαβάσατε το βιβλίο, παρακαλώ να κάνετε και

ένα review αυτού στο amazon.com.

Τέλος, μπορείτε να αναζητήσετε τα σεμινάρια που κάνω

και να τα πούμε από κοντά.

Προτεινόμενες Πηγές και Βιβλιογραφία

Το βιβλίο αυτό βασίστηκε στην γνώση και εμπειρία του συγγραφέα. Ωστόσο, πιστεύω ότι είναι χρήσιμο να παρουσιάσω μερικές πηγές για όσους αναζητούν κάτι περισσότερο. Και στην εποχή μας, μπορείτε να βρείτε αυτές τις πληροφοριακές και εκπαιδευτικές πηγές, στο ίντερνετ και ελεύθερα.

Διαδικτυακές Πηγές

Συνεπώς χρησιμοποιώ στο ίντερνετ για πληροφοριακούς κυρίως σκοπούς, τα ακόλουθα websites (ενδεικτικά αλλά όχι περιοριστικά):

- Bloomberg
- BBC
- Zerohedge
- The Big Picture (http://ritholtz.com/)
- The Motley Fool (http://www.fool.com/)
- Seeking Alpha
- Business Insider
- Yahoo! Finance (επίσης για Εφαρμογές και 'εργαλεία')
- Google Finance (επίσης για Εφαρμογές και 'εργαλεία')

Για εκπαιδευτικούς σκοπούς ή για χρήση εφαρμογών, χρησιμοποιώ τα ακόλουθα websites (ενδεικτικά αλλά όχι περιοριστικά):

- Investopedia
- BigCharts / MarketWatch
- Freestockcharts.com
- Investing.com

Προτεινόμενα Βιβλία (αλφαβητικά):

- "A Random Walk Down Wall Street" by Burton Malkiel
- "Common Stocks and Uncommon Profits" by Philip Fisher

- "Extraordinary Popular Delusions and the Madness of Crowds" by Charles Mackay (αυτό δεν είναι αμιγώς χρηματιστηριακό, αλλά είναι χρήσιμο, διότι μελετά την τρέλα του πλήθους, που συναντάμε συχνά στα χρηματιστήρια)
- "Investment Psychology Explained" by Martin J. Pring
- "One Up On Wall Street" by Peter Lynch
- "Psychology of the Stock Market" by G. C. Selden
- "Stocks for the Long Run" by Jeremy Siegel
- "The Intelligent Investor" by Benjamin Graham
- "The Little Book of Common Sense Investing" by Jack Bogle
- "Technical Analysis Explained" by Martin J. Pring